여러분의 합격을 응원하는
해커스공무원의 특별 혜택!

JN412882

FREE
공무원 국어 특강

해커스공무원(gosi.Hackers.com) 접속 후 로그인 ▶
상단의 [무료강좌] 클릭하여 이용

온라인 단과강의 20% 할인쿠폰

F57C253DF42FA6AD

해커스공무원(gosi.Hackers.com) 접속 후 로그인 ▶ 상단의 [나의강의실] 클릭 ▶
좌측의 [쿠폰등록] 클릭 ▶ 쿠폰번호 입력 후 이용

* 등록 후 7일간 사용 가능(ID당 1회에 한해 등록 가능)

합격예측 온라인 모의고사 응시권 + 해설강의 수강권

6EE9E59BBE63B87C

해커스공무원(gosi.Hackers.com) 접속 후 로그인 ▶ 상단의 [나의강의실] 클릭 ▶
좌측의 [쿠폰등록] 클릭 ▶ 쿠폰번호 입력 후 이용

* ID당 1회에 한해 등록 가능

해커스 매일국어 어플 이용권

DGUGP9U6KIOCAGEP

구글플레이/앱스토어에서 [해커스 매일국어] 검색 ▶ 어플 다운로드 ▶
어플 이용 시 노출되는 쿠폰 입력란에 쿠폰번호 입력 후 사용

* 등록 후 30일간 사용 가능(ID당 1회에 한해 등록 가능)
* 해당 자료는 [해커스공무원 국어 기본서] 교재 내용으로 제공되는 자료로,
  공무원 시험 대비에 도움이 되는 유용한 자료입니다.

쿠폰 이용 관련 문의 **1588-4055**

단기 합격을 위한
해커스공무원 커리큘럼

입문
탄탄한 기본기와 핵심 개념 완성!

누구나 이해하기 쉬운 개념 설명과 풍부한 예시로 부담없이 쌩기초 다지기

TIP 베이스가 있다면 **기본 단계**부터!

▼

기본+심화
필수 개념 학습으로 이론 완성!

반드시 알아야 할 기본 개념과 문제풀이 전략을 학습하고
심화 개념 학습으로 고득점을 위한 응용력 다지기

▼

기출+예상 문제풀이
문제풀이로 집중 학습하고 실력 업그레이드!

기출문제의 유형과 출제 의도를 이해하고 최신 출제 경향을 반영한
예상문제를 풀어보며 본인의 취약영역을 파악 및 보완하기

▼

동형모의고사
동형모의고사로 실전력 강화!

실제 시험과 같은 형태의 실전모의고사를 풀어보며 실전감각 극대화

▼

마무리
시험 직전 실전 시뮬레이션!

각 과목별 시험에 출제되는 내용들을 최종 점검하며 실전 완성

PASS

**단계별 교재 확인 및
수강신청은 여기서!**

gosi.Hackers.com

* 커리큘럼 및 세부 일정은 상이할 수 있으며,
자세한 사항은 해커스공무원 사이트에서 확인하세요.

해커스공무원

국어
논리 333 Vol.1

해커스

> **"** 매일 논리 문제를 풀고 싶은데
> 풀 만한 교재가 없네. **"**

> **"** 이론을 아무리 공부해도
> 실전에서 적용을 못하겠어. **"**

해커스가 자신 있게 만들었습니다.

매일 논리 문제 풀이 연습을 하고 싶지만 풀 만한 교재가 없어 갈증을 느끼는 수험생 여러분을 위해 30일 동안 논리를 완벽하게 연습할 수 있는 교재를 만들었습니다.

『해커스공무원 국어 논리 333 Vol.1』으로
하루 3분 3문제씩 30일 만에 논리 영역을 완성할 수 있습니다.

논리적 사고력은 하루아침에 생기는 것이 아닙니다. 이론 학습뿐 아니라 문제 풀이 연습을 꾸준히 해야 논리 점수가 높아집니다. 『해커스공무원 국어 논리 333 Vol.1』으로 매일 꾸준히 논리 문제 풀이 연습을 한다면 반드시 논리 영역을 완성할 수 있습니다.

『해커스공무원 국어 논리 333 Vol.1』은 단계별 학습이 가능합니다.

단순히 수업을 듣는 것만으로는 논리 점수를 올릴 수 없습니다. 실제 시험의 출제 경향과 문제 유형을 파악하고 문제 풀이 전략을 각각의 유형에 적용하는 실전 문제 풀이 연습을 통해야만 비로소 탄탄한 논리 실력을 완성할 수 있습니다.

논리 점수 향상을 위한 30일간의 여정

해커스가 여러분과 함께 합니다.

차례

PART 1 명제 추론

PART 2 논증 평가

책의 특징 및 구성

01 매일 3문제씩 풀어 볼 수 있는 **DAY별 구성**

『해커스공무원 국어 논리 333 Vol. 1』은 매일 꾸준히 논리 문제를 풀어 볼 수 있도록 DAY별로 문제를 수록했습니다. 매일 3문제씩 30일 동안 총 90문제를 풀어보면서 논리적 사고력을 향상시키고 실전 감각을 유지할 수 있습니다.

02 기초 개념부터 실전 적용까지 이어지는 **단계별 구성**

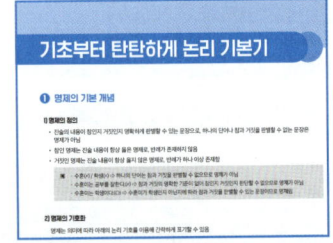

기초부터 탄탄하게 논리 기본기

논리 문제 풀이에 필요한 필수 개념을 학습하며, 명제를 기호화하는 연습을 통해 논리 문제 풀이에 필요한 개념과 기호화에 익숙해질 수 있습니다.

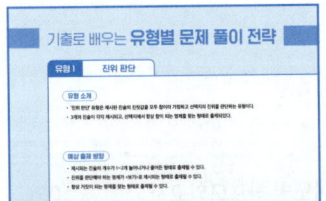

기출로 배우는 유형별 문제 풀이 전략

유형별로 문제에서 요구하는 바를 빠르게 파악하고 문제를 정확하게 푸는 방법을 배울 수 있습니다.

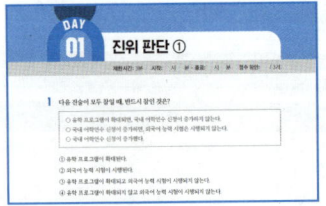

DAY별 예상 문제 풀이

공무원 국어 시험 문제와 동일한 유형의 예상 문제를 매일 풀어 봄으로써 학습한 개념을 문제 풀이에 적용할 수 있습니다.

03 실전 감각을 길러주는 난이도별 하프모의고사

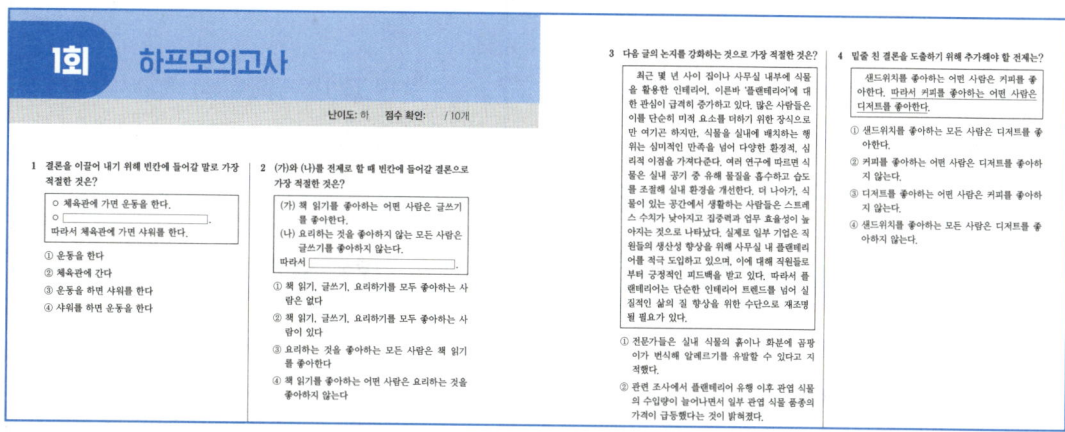

회차당 10문항씩 구성된 난이도별 하프모의고사 3회분을 통해 여러 유형의 문제가 구분 없이 제시되어도 당황하지 않고 풀이하는 실전 연습을 할 수 있습니다.

04 학습 효과를 극대화하는 상세하고 풍부한 해설

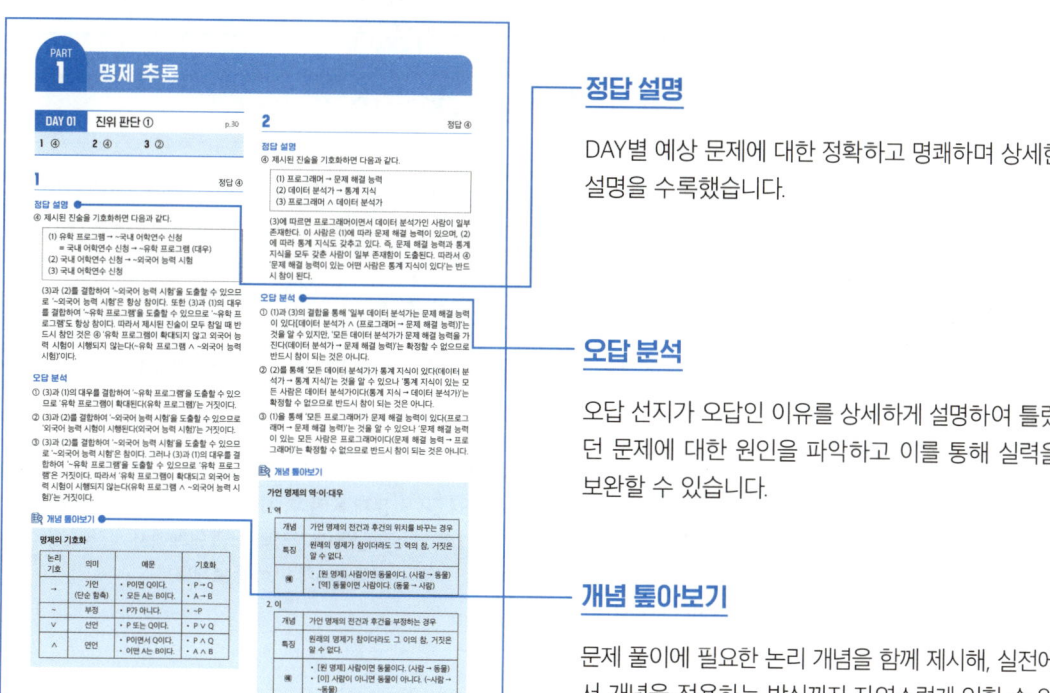

정답 설명

DAY별 예상 문제에 대한 정확하고 명쾌하며 상세한 설명을 수록했습니다.

오답 분석

오답 선지가 오답인 이유를 상세하게 설명하여 틀렸던 문제에 대한 원인을 파악하고 이를 통해 실력을 보완할 수 있습니다.

개념 톺아보기

문제 풀이에 필요한 논리 개념을 함께 제시해, 실전에서 개념을 적용하는 방식까지 자연스럽게 익힐 수 있습니다.

약점 유형별 맞춤 학습 플랜

"공부한 이론을 문제 풀이에 어떻게 적용해야 할지 모르겠어."

학습 플랜

STEP 1 '기출로 배우는 유형별 문제 풀이 전략'을 통해 유형별 문제 풀이 전략을 확인하세요.

STEP 2 DAY별로 동일한 유형의 문제를 풀어보며 학습한 이론을 문제 풀이에 활용하는 방법을 연습하세요.

STEP 3 틀린 문제가 있다면 어떤 이론을 어떻게 적용했어야 하는지 해설을 통해 확인하고 자신의 풀이 방식을 점검해 보세요.

"기호화가 익숙하지 않아서 문제를 풀다가 자꾸만 막혀."

학습 플랜

STEP 1 '기호화 연습하기'를 통해 명제를 기호화하는 연습을 하세요. 간단한 명제부터 복잡한 명제까지 순차적으로 연습할 수 있습니다.

STEP 2 문제를 풀 때 주어, 서술어, 논리 연결사를 확인하고 정확하게 기호화하는데 집중해 보세요.

STEP 3 틀린 문제가 있다면 어떻게 기호화했어야 하는지 해설을 통해 확인하고 자신의 기호화 방식을 점검해 보세요.

"똑같은 유형만 계속 틀려서 걱정이야."

학습 플랜

STEP 1 '기출로 배우는 유형별 전략'에서 약점인 문제 유형의 문제 풀이 전략을 학습하세요.

STEP 2 약점 유형의 문제만 골라 해당 유형의 문제 풀이 전략을 적용하여 제한 시간 안에 풀어 보세요.

STEP 3 채점 후 틀린 문제는 문제 풀이 전략을 다시 적용해 보며 지문과 선지를 분석해 보세요.

"논리에서 시간을 단축하고 싶은데 빠르고 정확하게 푸는 게 어려워."

학습 플랜

STEP 1 매일 제한 시간 안에 3문제를 풀어 보세요.

STEP 2 가장 시간이 오래 걸리는 유형을 따로 분리해 집중 훈련하세요.

STEP 3 문제 풀이 후, 시간이 오래 걸린 문제는 풀이 과정을 복기하며 어떤 단계에서 시간이 지체되었는지 분석해 보세요.

매일 학습 점검표

매일 3문제씩 풀어본 후 문제풀이 시간을 기록하고, 틀린 문항은 □박스에 체크해서 복습해 보세요.

학습일	문항	체크	풀이 시간		학습일	문항	체크	풀이 시간		학습일	문항	체크	풀이 시간
DAY 01 월 일	1	□	분 초		DAY 11 월 일	1	□	분 초		DAY 21 월 일	1	□	분 초
	2	□	분 초			2	□	분 초			2	□	분 초
	3	□	분 초			3	□	분 초			3	□	분 초
DAY 02 월 일	1	□	분 초		DAY 12 월 일	1	□	분 초		DAY 22 월 일	1	□	분 초
	2	□	분 초			2	□	분 초			2	□	분 초
	3	□	분 초			3	□	분 초			3	□	분 초
DAY 03 월 일	1	□	분 초		DAY 13 월 일	1	□	분 초		DAY 23 월 일	1	□	분 초
	2	□	분 초			2	□	분 초			2	□	분 초
	3	□	분 초			3	□	분 초			3	□	분 초
DAY 04 월 일	1	□	분 초		DAY 14 월 일	1	□	분 초		DAY 24 월 일	1	□	분 초
	2	□	분 초			2	□	분 초			2	□	분 초
	3	□	분 초			3	□	분 초			3	□	분 초
DAY 05 월 일	1	□	분 초		DAY 15 월 일	1	□	분 초		DAY 25 월 일	1	□	분 초
	2	□	분 초			2	□	분 초			2	□	분 초
	3	□	분 초			3	□	분 초			3	□	분 초
DAY 06 월 일	1	□	분 초		DAY 16 월 일	1	□	분 초		DAY 26 월 일	1	□	분 초
	2	□	분 초			2	□	분 초			2	□	분 초
	3	□	분 초			3	□	분 초			3	□	분 초
DAY 07 월 일	1	□	분 초		DAY 17 월 일	1	□	분 초		DAY 27 월 일	1	□	분 초
	2	□	분 초			2	□	분 초			2	□	분 초
	3	□	분 초			3	□	분 초			3	□	분 초
DAY 08 월 일	1	□	분 초		DAY 18 월 일	1	□	분 초		DAY 28 월 일	1	□	분 초
	2	□	분 초			2	□	분 초			2	□	분 초
	3	□	분 초			3	□	분 초			3	□	분 초
DAY 09 월 일	1	□	분 초		DAY 19 월 일	1	□	분 초		DAY 29 월 일	1	□	분 초
	2	□	분 초			2	□	분 초			2	□	분 초
	3	□	분 초			3	□	분 초			3	□	분 초
DAY 10 월 일	1	□	분 초		DAY 20 월 일	1	□	분 초		DAY 30 월 일	1	□	분 초
	2	□	분 초			2	□	분 초			2	□	분 초
	3	□	분 초			3	□	분 초			3	□	분 초

기초부터 탄탄하게 논리 기본기

① 명제의 기본 개념

1) 명제의 정의

- 진술의 내용이 참인지 거짓인지 명확하게 판별할 수 있는 문장으로, 하나의 단어나 참과 거짓을 판별할 수 없는 문장은 명제가 아님
- 참인 명제는 진술 내용이 항상 옳은 명제로, 반례가 존재하지 않음
- 거짓인 명제는 진술 내용이 항상 옳지 않은 명제로, 반례가 하나 이상 존재함

> 예
> · 수훈(×) / 학생(×) ⇨ 하나의 단어는 참과 거짓을 판별할 수 없으므로 명제가 아님
> · 수훈이는 공부를 잘한다.(×) ⇨ 참과 거짓의 명확한 기준이 없어 참인지 거짓인지 판단할 수 없으므로 명제가 아님
> · 수훈이는 학생이다.(○) ⇨ 수훈이가 학생인지 아닌지에 따라 참과 거짓을 판별할 수 있는 문장이므로 명제임

2) 명제의 기호화

명제는 의미에 따라 아래의 논리 기호를 이용해 간략하게 표기할 수 있음

기호	의미	명제	기호화
→	가정(if), 단순 함축	만약 P이면 Q이다. / 모든 P는 Q이다.	P→Q
~	부정(not)	P가 아니다. / P는 거짓이다.	~P
∧	연언(and)	P이면서 Q이다. / P이고 Q이다. / 어떤 P는 Q이다.	P∧Q
∨	선언(or)	P이거나 Q이다. / P 또는 Q이다.	P∨Q
≡	동치	P와 Q는 논리적으로 동일하다.	P≡Q

② 명제의 종류

1) 정언 명제

① **정언 명제의 정의**: 어떤 대상 또는 상황에 대하여 조건을 붙이지 않고 단언적으로 말하는 명제를 정언 명제라고 함

② **정언 명제의 구성 요소**

구성 요소	설명	예
주어	논의의 대상이 되는 말	
술어	주어의 특징이나 성격에 대해 설명하는 말	(모든/어떤) ○○은/는 □□ (이다/아니다).
양화사	주어의 범위를 지정하는 말	양화사　주어　술어　계사
계사	주어와 술어를 연결하며 긍정/부정을 나타내는 말	

③ 정언 명제의 종류

구분	설명	기호화	표준 명제
전칭 긍정 명제	주어가 대상의 전체를 지칭하는 명제	P → Q	· 모든 P는 Q이다. · 어떤 P도 Q가 아닌 것은 없다.
전칭 부정 명제		P → ~Q	· 모든 P는 Q가 아니다. · 어떤 P도 Q가 아니다.
특칭 긍정 명제	주어가 대상의 일부를 지칭하는 명제	P ∧ Q	어떤 P는 Q이다.
특칭 부정 명제		P ∧ ~Q	어떤 P는 Q가 아니다.

2) 복합 명제

① **복합 명제의 정의**: 논리 연결사(if, and, or 등)로 명제와 명제를 연결한 명제를 복합 명제라고 함

② **복합 명제의 종류**

구분	설명	기호화	표준 명제
가언 명제	어떤 대상 또는 상황에 대하여 조건(if)을 붙여 '~(이)면'으로 연결함	P → Q	· P이면 Q이다. · 만일 P라면 Q이다.
가언 명제의 후건 부정		P → ~Q	· P이면 Q가 아니다. · 만일 P라면 Q가 아니다.
연언 명제	둘 이상의 명제나 대상을 '그리고(and)', '~(이)면서'로 연결함	P ∧ Q	· P 그리고 Q이다. · P이면서 Q이다.
연언 명제의 부정		~(P ∧ Q) ≡ ~P ∨ ~Q	· P이면서 Q인 것은 없다. · P가 아니거나 Q가 아니다.
선언 명제	둘 이상의 명제나 대상을 '또는(or)', '(이)거나'로 연결함	P ∨ Q	P이거나 Q이다.
선언 명제의 부정		~(P ∨ Q) ≡ ~P ∧ ~Q	· P이거나 Q인 것은 없다. · P가 아니면서 Q도 아니다.

3) 가언 명제의 활용

① **'→'로 기호화할 수 있는 명제**

- '→'는 가정(if), 단순 함축의 의미를 가지고 있으며, 가언(조건) 명제와 전칭 명제를 '→'로 기호화할 수 있음
- '→'의 앞에 나오는 명제를 '전건', '→'의 뒤에 나오는 명제를 '후건'이라고 함

> 예 'P이면   Q이다'
>   ↓   ↓
>   전건   후건

② **가언 명제의 역·이·대우**

- 전건과 후건의 위치를 바꾸거나 각각을 부정할 경우 만들어지는 명제를 각각 '역, 이, 대우'라고 함
- 명제가 참일 경우, 그 명제의 역과 이의 참, 거짓은 알 수 없으나, 그 명제의 대우는 반드시 참이 됨
  (*원래의 명제와 그 명제의 대우는 진릿값이 항상 같음)

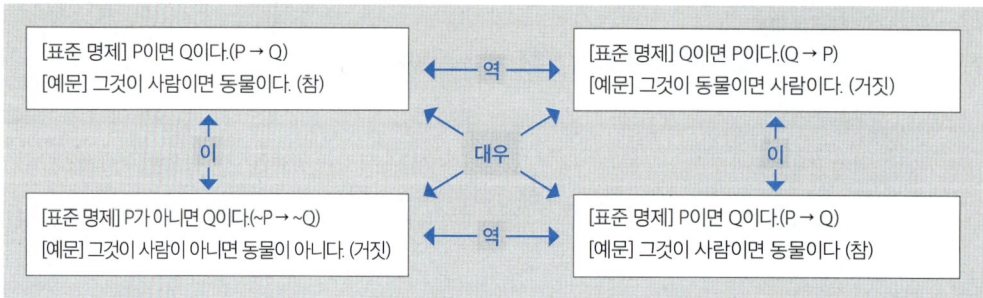

| [표준 명제] P이면 Q이다.(P → Q) [예문] 그것이 사람이면 동물이다. (참) | ←역→ | [표준 명제] Q이면 P이다.(Q → P) [예문] 그것이 동물이면 사람이다. (거짓) |

이 ↕ 대우 ↕ 이

| [표준 명제] P가 아니면 Q이다.(~P → ~Q) [예문] 그것이 사람이 아니면 동물이 아니다. (거짓) | ←역→ | [표준 명제] P이면 Q이다.(P → Q) [예문] 그것이 사람이면 동물이다 (참) |

③ **충분조건과 필요조건 관계**

구분	설명	벤다이어그램
충분조건	· 가언 명제가 'P이면 Q이다(P → Q)'가 성립할 때, P를 충분조건이라고 함 · P라는 조건이 Q가 참이 되기 위해 충분한 조건이라는 의미임	Q (필요조건) P (충분조건)
필요조건	· 가언 명제가 'P이면 Q이다(P → Q)'가 성립할 때 Q를 필요조건이라고 함 · Q라는 결과가 P가 참이 되기 위해 필요한 조건이라는 의미	
필요충분조건	· 'P이면 Q이면서 Q이면 P이다{(P → Q) ∧ (Q → P)}'와 같이 두 명제에서 충분조건과 필요조건이 동시에 성립하는 관계 · 'P ≡ Q'로 표기하기도 함	P=Q (필요충분조건)

④ **여러 형태로 나타나는 가언 명제**

아래 예문들은 논리적으로 모두 'P이면 Q이다(P → Q)'의 의미를 가짐

- · P이기 위해서 Q이어야(만) 한다.
- · Q일 때에만 P이다.
- · Q일 경우에만 P이다.
- · Q이어야만 P이다.
- · Q가 아니면 P가 아니다.

❸ 명제의 추론 규칙

1) 동치 규칙

- 동치란 명제가 논리적으로 동등하며, 모든 경우에 명제의 진릿값이 동일하다는 의미임
- 동치 관계에 있는 명제는 항상 같은 의미이므로 타당한 논리 추론 규칙으로 활용할 수 있음

① 이중 부정

어떤 명제를 부정한 뒤 한 번 더 부정하면 그 진릿값은 변하지 않음

$\sim(\sim P) \equiv P$	빵을 먹지 않는다는 것은 거짓이다. ≡ 빵을 먹는다.

② 동어 반복

동일한 명제를 연언이나 선언으로 반복해도 그 진릿값은 변하지 않음

$P \wedge P \equiv P$	이 숫자는 짝수이고 짝수이다. ≡ 이 숫자는 짝수이다.
$P \vee P \equiv P$	이 숫자는 짝수이거나 짝수이다. ≡ 이 숫자는 짝수이다.

③ 교환 법칙

연언과 선언으로 기호화하는 명제는, 앞 명제와 뒤 명제의 순서를 바꾸어도 그 진릿값은 변하지 않음

$P \wedge Q \equiv Q \wedge P$	빵을 먹고 커피를 마신다. ≡ 커피를 마시고 빵을 먹는다.
$P \vee Q \equiv Q \vee P$	빵을 먹거나 커피를 마신다. ≡ 커피를 마시거나 빵을 먹는다.

④ 결합 법칙

연언으로만 연결되거나 선언으로만 연결된 명제는, 연산의 순서를 바꾸어도 그 진릿값은 변하지 않음

$(P \wedge Q) \wedge R \equiv P \wedge (Q \wedge R)$	빵을 먹고 커피를 마시고, 책을 읽는다. ≡ 빵을 먹고, 커피를 마시고 책을 읽는다.
$(P \vee Q) \vee R \equiv P \vee (Q \vee R)$	빵을 먹거나 커피를 마시거나, 책을 읽는다. ≡ 빵을 먹거나, 커피를 마시거나 책을 읽는다.

⑤ 분배 법칙

연언을 선언으로 재분배하거나 선언을 연언으로 재분배 할 때 그 진릿값은 변하지 않음

$P \wedge (Q \vee R) \equiv (P \wedge Q) \vee (P \wedge R)$	국어를 공부하고, 영어나 과학을 공부한다. ≡ 국어를 공부하고 영어를 공부한다. 또는 국어를 공부하고 과학을 공부한다.
$P \vee (Q \wedge R) \equiv (P \vee Q) \wedge (P \vee R)$	영화를 보거나, 카페를 가고 커피를 마실 것이다. ≡ 영화를 보거나 카페를 갈 것이다. 그리고 영화를 보거나 커피를 마실 것이다.

⑥ 드모르간의 법칙

연언 명제의 부정문과 선언 명제의 부정문은, 앞뒤 명제를 부정한 뒤 각각 선언 명제와 연언 명제로 표현했을 때 그 진릿값은 변하지 않음

$\sim(P \wedge Q) \equiv \sim P \vee \sim Q$	빵을 먹고 커피를 마신다는 것은 거짓이다. ≡ 빵을 먹지 않거나, 커피를 마시지 않는다.
$\sim(P \vee Q) \equiv \sim P \wedge \sim Q$	빵을 먹거나 커피를 마신다는 것은 거짓이다. ≡ 빵을 먹지 않고 커피를 마시지 않는다.

⑦ 대우 규칙

가언 명제의 전건과 후건을 부정하고 두 명제의 위치를 바꾸어도 그 진릿값은 변하지 않음

P→Q ≡ ~Q→~P	빵을 먹으면 커피를 마신다. ≡ 커피를 마시지 않으면 빵을 먹지 않은 것이다. 모든 사람은 동물이다. ≡ 모든 동물이 아닌 것은 사람이 아니다.

⑧ 실질 함축

가언 명제는 전건이 참이라면 후건도 반드시 참이어야 함. 이를 다르게 말하면 전건이 참일 때 후건이 거짓인 경우가 없다는 의미임. 즉 가언 명제를 다음과 같이 연언 명제의 부정문으로 나타내도 그 진릿값은 변하지 않음. 또한 이를 드모르간의 법칙을 통해 풀면 선언 명제 'P가 아니거나 Q이다(~P ∨ Q)'로 표현할 수 있음

P→Q ≡ ~(P ∧ ~Q) ≡ ~P ∨ Q	사람이면 동물이다. ≡ 사람이면서 동물이 아닌 경우는 없다. ≡ 사람이 아니거나 동물이다.

⑨ 가언 명제의 부정

가언 명제 'P이면서 Q이다(P → Q)'가 거짓이라는 것은 전건(P)이 참이면서 후건(Q)이 거짓인 경우를 의미함. 따라서 가언 명제가 거짓임이 밝혀지거나 가언 명제를 부정할 경우, 전건의 긍정과 후건의 부정을 연언 명제로 표현할 수 있음

~(P→Q) ≡ ~(~P ∨ Q) ≡ P ∧ ~Q	시험에 합격하면 장학금을 받는 것은 거짓이다. ≡ 시험에 합격하지 않았거나 장학금을 받는다는 것은 거짓이다. ≡ 시험에 합격했지만 장학금은 받지 않는다.

⑩ 수출입 규칙

연언을 전건으로 하는 가언 명제를 중첩된 가언 명제로 변환하거나, 중첩된 가언 명제를 연언을 전건으로 하는 가언 명제로 변환했을 때 그 진릿값은 동일함

(P ∧ Q)→R ≡ P→(Q→R)	배가 고프고 돈이 있으면, 음식을 구매한다. ≡ 배가 고픈 경우에, 돈이 있으면 음식을 구매한다.

2) 함축 규칙

- 함축이란 전제가 참일 때 결론이 반드시 참임을 보장하는 논리적 관계임
- 함축 관계에 있는 규칙은 타당한 논리 추론 규칙으로 이용할 수 있음

① 전건 긍정과 후건 부정

전건을 긍정하여 후건의 긍정을 결론으로 추론하는 것을 '전건 긍정', 후건을 부정하여 전건의 부정을 결론으로 추론하는 것을 '후건 부정'이라 함

[전제 1] P→Q [전제 2] P [결론] Q	[전제 1] 봄이 오면 꽃이 핀다. [전제 2] 봄이 왔다. [결론] 따라서 꽃이 핀다.
[전제 1] P→Q [전제 2] ~Q [결론] ~P	[전제 1] 불을 붙이면 연기가 난다. [전제 2] 연기가 나지 않는다. [결론] 따라서 불을 붙이지 않았다.

② 연언지 단순화와 연언화

연언 명제에서 각각의 연언지를 결론으로 단순화해 각각의 명제가 참임을 추론하는 것을 '연언지 단순화'라고 하며, 독립적인 명제를 결합하여 연언 명제를 결론으로 추론하는 것을 '연언화'라고 함

[전제] $P \wedge Q$ [결론 1] P [결론 2] Q	[전제] 오늘 날씨가 맑고 따뜻하다. [결론 1] 오늘 날씨가 맑다. [결론 2] 오늘 날씨가 따뜻하다.
[전제 1] P [전제 2] Q [결론] $P \wedge Q$	[전제 1] 오늘 날씨가 맑다. [전제 2] 오늘 날씨가 따뜻하다. [결론] 오늘 날씨가 맑고 따뜻하다

③ 선언지 제거

선언 명제에서 하나의 명제를 부정함으로써 다른 하나의 명제를 결론으로 추론할 수 있음

[전제 1] $P \vee Q$ [전제 2] ~P [결론] Q	[전제 1] 밥을 먹거나 빵을 먹는다. [전제 2] 밥을 먹지 않았다. [결론] 빵을 먹었다.

④ 모순

가언 명제에서 전건이 동일할 때 후건이 모순되는 경우 전건의 부정을 결론으로 추론할 수 있음

[전제 1] $P \rightarrow Q$ [전제 2] $P \rightarrow$ ~Q [결론] ~P	[전제 1] 그가 범인이면 현장에 그의 지문이 있다. [전제 2] 그가 범인이면 현장에 그의 지문이 없다. [결론] 그는 범인이 아니다.

⑤ 딜레마

가언 명제에서 후건이 동일할 때 전건이 가능한 모든 경우를 제시할 경우 후건의 긍정을 결론으로 추론할 수 있음

[전제 1] $P \rightarrow Q$ [전제 2] ~$P \rightarrow Q$ [결론] Q	[전제 1] 그가 범인이면 현장에 그의 지문이 있다. [전제 2] 그가 범인이 아니면 현장에 그의 지문이 있다. [결론] 현장에 그의 지문이 있다.

❹ 논증의 기본 개념

1] 논증의 정의

- 정당한 근거나 일반적인 원리를 바탕으로 진리를 증명하는 것을 말함
- 하나의 결론을 하나 이상의 전제가 뒷받침하는 형식이 일반적임

> · 전제: 어떤 명제를 근거로 다른 명제를 도출할 때, 근거가 되는 명제
> · 결론: 어떤 명제를 근거로 다른 명제를 도출할 때, 도출된 결과로서의 명제

2) 타당한 논증의 종류

- 타당한 논증은 전제가 참일 때 그 결론이 항상 참이 되는 논증임
- 명제를 활용한 타당한 논증은 전제 두 개와 결론 한 개가 제시되는 삼단 논증이 주로 활용됨

① 정언 삼단 논법

두 개의 정언 명제를 전제로 하여 또 다른 정언 명제를 결론으로 도출하는 방법임

[전제 1] 모든 A는 B이다.(A→B) [전제 2] 모든 B는 C이다.(B→C) [결론] 따라서 모든 A는 C이다.(A→C)	[전제 1] 모든 새는 날 수 있다. [전제 2] 모든 참새는 새이다. [결론] 따라서 모든 참새는 날 수 있다.

② 가언 삼단 논법

두 개의 가언 명제를 전제로 하여 또 다른 가언 명제를 결론으로 도출하는 방법임

[전제 1] P이면 Q이다.(P→Q) [전제 2] Q이면 R이다.(Q→R) [결론] 따라서 P이면 R이다.(P→R)	[전제 1] 음식을 주문하면 배달이 온다. [전제 2] 배달이 오면 음식을 먹는다. [결론] 따라서 음식을 주문하면 음식을 먹는다.

③ 선언 삼단 논법

한 개의 선언 명제와 선언지 한 개를 부정한 명제를 전제로 하여 나머지 선언지의 긍정을 결론으로 도출하는 방법임

[전제 1] P 또는 Q이다.(P∨Q) [전제 2] P가 아니다.(~P) [결론] 따라서 Q이다.(Q)	[전제 1] 문이 열려 있거나 창문이 열려 있다. [전제 2] 문이 열려 있지 않다. [결론] 따라서 창문이 열려 있다.

3) 타당하지 않은 논증의 종류

- 타당하지 않은 논증은 전제가 참이더라도 그 결론이 항상 참이 되지는 않는 논증임
- 해당 논증은 논리적으로 성립하지 않기 때문에 오류를 뜻밤임

① 전건 부정의 오류

참인 명제의 전건을 부정하여 후건의 부정을 결론으로 도출하는 오류임

[전제 1] P이면 Q이다.(P→Q) [전제 2] P가 아니다.(~P) [결론] Q가 아니다.(~Q)	[전제 1] 자전거를 타면 운동이 된다. [전제 2] 시연이는 자전거를 타지 않았다. [결론] 시연이는 운동을 하지 않았다. - 오류 (*시연이가 다른 운동을 했을 가능성이 존재함)

② 후건 긍정의 오류

참인 명제의 후건을 긍정하여 전건을 결론으로 도출하는 오류임

[전제 1] P이면 Q이다.(P→Q) [전제 2] Q이다.(Q) [결론] P이다.(P)	[전제 1] 자전거를 타면 운동이 된다. [전제 2] 시연이는 운동을 했다. [결론] 시연이는 자전거를 탔다. - 오류 (*시연이가 다른 운동을 했을 가능성이 존재함)

③ 선언지 긍정의 오류

선언 명제 중 하나의 선언지를 긍정하여 나머지 선언지의 부정을 결론으로 도출하는 오류임

| [전제 1] P 또는 Q이다.(P ∨ Q)
[전제 2] P이다.(P)
[결론] Q가 아니다.(~Q) | [전제 1] 수훈이는 국밥이나 비빔밥을 먹는다.
[전제 2] 수훈이는 국밥을 먹는다.
[결론] 수훈이는 비빔밥을 먹지 않는다. - 오류
(*수훈이가 두 가지를 모두 먹었을 가능성이 존재함) |

❺ 논증의 평가(강화/약화)

1) 논증 평가의 정의

- 제시된 주장과 근거 간의 논리적 관계를 분석하고, 논증의 타당성이나 논리적 허점을 판별하는 비판적 사고 과정을 의미함
- 제시된 주장을 정확하게 파악하며, 주장을 강화하는 근거와 주장을 약화하는 근거와 주장과 무관한 근거를 구분할 수 있어야 함

2) 근거의 종류

① 주장을 강화하는 근거

주장을 강화하는 근거는 제시된 주장을 뒷받침하며 논증의 신뢰성과 설득력을 높이는 증거를 뜻함

> 예 [주장] 규칙적인 운동은 수명을 연장시킨다.
> [근거] 주 5회 30분 이상 운동을 하는 사람들은 그렇지 않은 사람보다 평균적으로 7년 더 오래 산다.
> ⇨ 주장과의 연관성이 분명하고 객관적인 내용이 제시되어 있으며 논리적으로 타당하므로 주장을 강화하는 근거임

② 주장을 약화하는 근거

주장을 약화하는 근거는 제시된 주장을 반박하며 신뢰성과 설득력을 떨어뜨리는 요소를 의미함

> 예 [주장] 규칙적인 운동은 수명을 연장시킨다.
> [근거1] 규칙적인 운동은 수명 연장과 직접적인 관련이 없다.
> [근거2] 운동을 전혀 하지 않는 사람이 규칙적으로 운동을 한 사람보다 오래 산 경우가 많았다.
> ⇨ '근거1'은 주장에서 오류가 될 수 있는 내용을 직접적으로 지적한 경우이며, '근거2'는 주장에 반대되는 사례를 제시한 경우로, 모두 주장을 약화하는 근거임

③ 주장과 무관한 근거

주장과 무관한 근거는 주장과 관련이 없는 내용이나 논점에서 벗어난 내용이 제시되어 주장을 강화하지도 않고 약화하지도 않는 사례를 의미함

> 예 [주장] 규칙적인 운동은 수명을 연장시킨다.
> [근거] 규칙적으로 운동하는 사람들은 규칙적으로 운동하지 않는 사람들보다 운동 용품을 더 많이 구매한다.
> ⇨ 주장과 관련이 없고 논점에서 벗어난 내용으로, 주장을 강화하지도 않고 약화하지도 않는 사례이므로 주장과 무관한 근거임

기호화 연습하기

■ **다음 문장을 올바르게 기호화하시오.**

01 빵을 좋아하면 밥을 좋아하지 않는다.

▶

02 아이스크림을 좋아하는 사람은 모두 아이스커피를 좋아한다.

▶

03 책을 좋아하는 사람 중에 영상 매체를 좋아하는 사람이 있다.

▶

04 비싸거나 품질이 나쁜 제품은 인기가 없다.

▶

05 집에 갈 때 택시를 타거나 버스를 탈 것이다.

▶

06 시험에 합격하면 축하 파티를 하거나 여행을 간다.

▶

07 성실한 학생만이 장학금을 받는다.

▶

08 스트레스를 받으면 잠도 못 자고 식욕도 없어진다.

▶

09 야근을 하는 어떤 사람은 운동을 하지 않는다.

▶

10 정직한 사람만이 다른 사람들의 신뢰를 얻는다.

▶

11 잠을 못 자거나 스트레스를 받으면 집중할 수 없고 효율도 나지 않는다.

▶

12 요리를 좋아하면 배달 음식을 좋아하지 않고 인스턴트 음식도 좋아하지 않는다.

▶

13 계획이 없거나 의지가 없으면 목표를 달성할 수 없다.
▶

14 실력이 부족하지 않고 노력을 하면 성공하거나 인정받는다.
▶

15 다이어트를 하면 야식이나 간식을 먹지 않는다.
▶

16 책을 읽거나 영화를 보면 상상력이 풍부해지고 어휘력도 늘어난다.
▶

17 완벽한 공연을 하려면 연출, 연기, 음향, 조명이 모두 준비되어야 한다.
▶

18 우리는 휴가 때 여행, 휴식, 독서 중 반드시 하나는 할 것이다.
▶

19 음식이 맵거나 뜨거울 경우에는 천천히 먹어야 한다.
▶

20 절약을 하면 과소비를 하지 않고 충동구매도 하지 않는다.
▶

21 실력이 부족할 경우에만 과외를 받는다.
▶

22 취업 준비생이거나 인턴으로 근무 중인 사람은 모두 3년 이하의 경력을 가진 사람이다.
▶

23 국어국문학과 학생은 경제학 수업 혹은 경영학 수업을 수강하지 않는다.
▶

24 회사에 다니는 사람 중에 단축 근무를 하지 않으면서 야근도 하지 않는 사람이 있다.
▶

 정답

01 빵→~밥	07 장학금→성실	13 (~계획 ∨ ~의지)→~목표 달성	19 (매움 ∨ 뜨거움)→천천히 먹기
02 아이스크림→아이스커피	08 스트레스→(~잠 ∧ ~식욕)	14 (~실력 부족 ∧ 노력)→(성공 ∨ 인정)	20 절약→(~과소비 ∧ ~충동구매)
03 책 ∧ 영상 매체	09 야근 ∧ ~운동	15 다이어트→~(야식 ∨ 간식)	21 과외→실력 부족
04 (비쌈 ∨ 나쁜 품질)→~인기	10 신뢰→정직	16 (책 ∨ 영화)→(상상력 ∧ 어휘력)	22 (취업 준비생 ∨ 인턴)→3년 이하 경력
05 택시 ∨ 버스	11 (~잠 ∨ 스트레스)→(~집중 ∧ ~효율)	17 완벽한 공연→(연출 ∧ 연기 ∧ 음향 ∧ 조명)	23 국어국문학과 →~(경제학 ∨ 경영학)
06 합격→(축하 파티 ∨ 여행)	12 요리→(~배달 ∧ ~인스턴트)	18 여행 ∨ 휴식 ∨ 독서	24 회사 ∧ (~단축 근무 ∧ ~야근)

■ **다음 문장을 올바르게 기호화하시오.**

25 게임을 하면 공부를 하지 않는다.

▶

26 반려동물을 키우면 애정도 생기고 책임감도 늘어난다.

▶

27 모든 완벽주의자는 사소한 일에도 스트레스를 받는다.

▶

28 새로운 취미를 시작하려면 용기가 있거나 여유가 있어야 한다.

▶

29 감기에 걸린 사람 중에 외출을 하지 않는 사람이 있다.

▶

30 카페에 가면 커피를 마시고 책을 읽는다.

▶

31 특별한 날일 경우에만 선물을 준다.

▶

32 요리를 하거나 베이킹을 하면 창의력이 생기고 만족감도 느낀다.

▶

33 회사 분위기가 좋다면 직원들은 이직을 생각하지 않고 업무에도 만족할 것이다.

▶

34 명상을 하면 걱정도 하지 않고 불안해하지도 않는다.

▶

35 나는 여름이면 항상 휴가를 가서 수영을 하고 아이스크림을 먹는다.

▶

36 서점에 가면 책을 구매하고 포장을 부탁할 것이다.

▶

37 배가 고프거나 단것을 먹고 싶으면 참을 수 없고 바로 먹게 된다.

▶

38 건강하고 시간이 있으면 운동도 하고 취미 활동도 한다.

▶

39 경험이 부족한 사람 중에 전문가인 사람은 없다.
▶

40 주말이면 집에 있거나 데이트를 하거나 친구를 만난다.
▶

41 프리랜서이거나 재택근무를 하면서, 사무실로 출근을 하지 않는 사람이 있다.
▶

42 팀장이 되기 위해서는 리더십이 있어야만 한다.
▶

43 시간이 없으면 운동도 못 하고 공부도 못 한다.
▶

44 건강한 생활을 추구하면 금연을 하고 금주도 한다.
▶

45 미성년자이거나 학생이면 정규직으로 일하지 않는다.
▶

46 반장과 부반장 중 한 명이라도 지각하면 선생님이 화를 낸다.
▶

47 오직 입장권이 있을 때만 콘서트를 볼 수 있다.
▶

48 팀 프로젝트가 원활하다면 팀원들이 갈등을 겪지 않고 협력을 잘한 것이다.
▶

49 맛있는 음식을 만들기 위해선 신선한 재료를 사용해야 하고 정확한 시간과 적당한 온도를 준수해야 한다.
▶

50 오 주무관이 회의에 참석하지 않는데 박 주무관이나 서 주무관이 회의에 참석한다는 것은 거짓이다.
▶

 정답

25 게임→~공부	32 (요리∨베이킹)→(창의력∧만족감)	39 ~(경험 부족∧전문가)	46 (반장 지각∨부반장 지각)→선생님 화
26 반려동물→(애정∧책임감)	33 회사 분위기→(~이직 생각∧업무 만족)	40 주말→(집∨데이트∨친구)	47 콘서트→입장권
27 완벽주의자→스트레스	34 명상→(~걱정∧~불안)	41 (프리랜서∨재택근무)∧~사무실 출근	48 팀 프로젝트→(~갈등∧협력)
28 새로운 취미→(용기∨여유)	35 여름→(휴가∧수영∧아이스크림)	42 팀장→리더십	49 맛있는 음식→(신선한 재료∧정확한
29 감기∧~외출	36 서점→(책 구매∧책 포장)	43 ~시간→(~운동∧~공부)	시간∧적당한 온도)
30 카페→(커피∧책)	37 (배고픔∨단것)→(~참음∧바로 먹음)	44 건강한 생활→(금연∧금주)	50 ~[~오 주무관∧(박 주무관∨서 주무관)]
31 선물→특별한 날	38 (건강∧시간)→(운동∧취미 활동)	45 (미성년자∨학생)→~정규직	

PART 1

명제 추론

기출로 배우는 유형별 문제 풀이 전략

기출로 배우는 **유형별 문제 풀이 전략**

유형 1 진위 판단

유형 소개

- '진위 판단' 유형은 제시된 진술의 진릿값을 모두 참이라 가정하고 선택지의 진위를 판단하는 유형이다.
- 3개의 진술이 각각 제시되고, 선택지에서 항상 참이 되는 명제를 찾는 형태로 출제되었다.

예상 출제 방향

- 제시되는 진술의 개수가 1~2개 늘어나거나 줄어든 형태로 출제될 수 있다.
- 진위를 판단해야 하는 명제가 <보기>로 제시되는 형태로 출제될 수 있다.
- 항상 거짓이 되는 명제를 찾는 형태로 출제될 수 있다.

유형에 강해지는 전략

1단계 제시된 진술을 기호화한다.

- 제시된 진술과 동치 관계에 있는 명제가 무엇인지, 진술끼리 연결할 수 있는지를 파악하여 정리해 두면 문제 풀이 시간을 단축할 수 있다.

2단계 각각의 선택지를 기호화한다.

3단계 제시된 진술을 바탕으로 각 선택지의 진위를 판단한다.

대표 유형 분석

다음 진술이 모두 참일 때 반드시 참인 것은?

2025년 지방직 9급

○ 영희가 친구 혹은 선생님을 만났다면, 영희는 커피를 마셨다.
　　　　　　　　　　　　　　　　　(친구 ∨ 선생님) → 커피
○ 영희는 친구 혹은 선배를 만났다.　친구 ∨ 선배
○ 영희는 커피를 마신 적이 없다.　~커피

① 영희는 선배를 만났다. 선배

② 영희는 친구를 만났다. 친구

③ 영희는 선생님을 만났다. 선생님

④ 영희는 선배와 선생님을 모두 만났다. 선배 ∧ 선생님

1단계　진술 기호화

• 진술의 핵심적인 키워드를 뽑아 기호화한다.
　(1): (친구 ∨ 선생님)→커피
　(2): 친구 ∨ 선배
　(3): ~커피 [확정된 진술]

• 동치 관계에 있는 명제도 정리한다.
　(1)의 대우: ~커피→(~친구 ∧ ~선생님)
　(2)의 실질 함축: ~친구→선배 ≡ ~선배→친구

2단계　선택지 기호화

• 선택지의 핵심적인 키워드를 뽑아 기호화한다.
　① 선배　　　　　　② 친구
　③ 선생님　　　　　④ 선배 ∧ 선생님

3단계　진위 판단

① • (2)의 실질 함축에 의하면 '선배'가 참이 되기 위해서는 '~친구'가 참이어야 함
　• (1)의 대우에 의하면 '~친구'가 참이 되기 위해서는 '~커피'가 참이어야 함
　• (3)에서 '~커피'가 참인 것이 확정되었음
　• 따라서 ① '선배'의 진릿값은 반드시 참임

② • (3)과 (1)의 대우에 의하면 '~친구'가 참으로 확정됨
　• 따라서 ② '친구'의 진릿값은 반드시 거짓임

③ • (3)과 (1)의 대우에 의하면 '~선생님'이 참으로 확정됨
　• 따라서 ③ '선생님'의 진릿값은 반드시 거짓임

④ • '선배 ∧ 선생님'이 참이 되기 위해서는 '선배'와 '선생님' 모두 참이어야 함
　• (3)과 (1)의 대우에 의하면 '~선생님'이 참으로 확정되므로, '선생님'은 거짓임
　• 따라서 ④ '선배 ∧ 선생님'의 진릿값은 반드시 거짓임

기출로 배우는 **유형별 문제 풀이 전략**

유형 2 결론 추론

유형 소개

- '결론 추론' 유형은 제시된 진술을 전제로 했을 때 결론으로 도출할 수 있는 명제를 추론하는 유형이다.
- 2~4개의 전제가 각각 제시되고, 선택지에서 빈칸에 들어갈 수 있는 타당한 명제를 찾는 형태로 출제되었다.

예상 출제 방향

- 제시되는 전제의 개수가 1~2개 늘어나거나 줄어든 형태로 출제될 수 있다.
- 전제가 대화문이나 줄글로 제시되는 형태로 출제될 수 있다.
- 결론으로 도출할 수 있는 명제가 <보기>로 제시되는 형태로 출제될 수 있다.

유형에 강해지는 전략

1단계 제시된 전제를 기호화한다.

- 제시된 전제와 동치 관계에 있는 명제가 무엇인지, 전제끼리 연결할 수 있는지를 파악하여 정리해 두면 문제 풀이 시간을 단축할 수 있다.

2단계 각각의 선택지를 기호화한다.

3단계 제시된 전제를 바탕으로 했을 때 결론으로 도출할 수 있는 선택지가 무엇인지 판단한다.

대표 유형 분석

(가) ~ (다)를 전제로 할 때 빈칸에 들어갈 결론으로 가장 적절한 것은?

2025년 국가직 9급

> (가) 인공일반지능이 만들어지거나 인공지능 산업이 쇠퇴한다.
> 인공일반지능 ∨ 인공지능 산업 쇠퇴
>
> (나) 인공일반지능이 만들어지면, 인간의 생활이 편리해지는 동시에 많은 사람이 직장을 잃는다. 인공일반지능 → (생활 편리 ∧ 직장 잃음)
>
> (다) 인공지능 산업이 쇠퇴하면, 많은 사람이 직장을 잃는 동시에 세계 경제가 침체된다. 인공지능 산업 쇠퇴 → (직장 잃음 ∧ 경제 침체)
>
> 따라서 _____.

① 세계 경제가 침체된다 경제 침체

② 인간의 생활이 편리해진다 생활 편리

③ 많은 사람이 직장을 잃는다 직장 잃음 ✓

④ 인간의 생활이 편리해지고 세계 경제가 침체된다 생활 편리 ∧ 경제 침체

1단계 전제 기호화

- 전제의 핵심적인 키워드를 뽑아 기호화한다.
  - (가): 인공일반지능 ∨ 인공지능 산업 쇠퇴
  - (나): 인공일반지능→(생활 편리 ∧ 직장 잃음)
  - (다): 인공지능 산업 쇠퇴→(직장 잃음 ∧ 경제 침체)

- 논리적으로 연결할 수 있는 전제가 있다면 정리해 둔다.
  - (가)+(나): (생활 편리 ∧ 직장 잃음) ∨ 인공지능 산업 쇠퇴
  - (가)+(다): 인공일반지능 ∨ (직장 잃음 ∧ 경제 침체)

2단계 선택지 기호화

- 선택지의 핵심적인 키워드를 뽑아 기호화한다.
  - ① 경제 침체
  - ② 생활 편리
  - ③ 직장 잃음
  - ④ 생활 편리 ∧ 경제 침체

3단계 항상 참이 되는 선택지 판단

① • (다)에 의하면 '인공지능 산업 쇠퇴'가 확정되면 '경제 침체'가 항상 참이 되나, '인공지능 산업 쇠퇴'는 제시된 전제를 통해 확정할 수 없음
  • 따라서 ① '경제 침체'가 항상 참이 되지는 않음

② • (나)에 의하면 '인공일반지능'이 확정되면 '생활 편리'가 항상 참이 되나, '인공일반지능'은 제시된 전제를 통해 확정할 수 없음
  • 따라서 ② '생활 편리'가 항상 참이 되지는 않음

③ • (나)에 의하면 '인공일반지능'이 확정되면 '직장 잃음'이 참이 되고, (다)에 의하면 '인공지능 산업 쇠퇴'가 확정되면 '직장 잃음'이 참이 됨
  • 또한 (가)에 의하면 '인공일반지능'이나 '인공지능 산업 쇠퇴' 중 최소 하나는 확정이 됨
  • 따라서 ③ '직장 잃음'은 항상 참이 되므로 결론으로 적절함

④ • (나)에 의하면 '인공일반지능'이 확정되면 '생활 편리'가 참이 되고, (다)에 의하면 '인공지능 산업 쇠퇴'가 확정되면 '경제 침체'가 참이 됨
  • 그러나 '인공일반지능 ∧ 인공지능 산업 쇠퇴'는 제시된 전제만으로는 확정할 수 없음
  • 따라서 ④ '생활 편리 ∧ 경제 침체'는 항상 참이 되지는 않음

기출로 배우는 유형별 문제 풀이 전략

유형 3 　　전제 추론

유형 소개

- '전제 추론' 유형은 제시된 결론을 도출하기 위해 전제로 추가되어야 하는 명제를 추론하는 유형이다.
- 2개의 전제와 1개의 결론이 대화문이나 줄글로 제시되고, 선택지에서 결론을 이끌어 내기 위해 추가되어야 하는 전제를 찾는 형태로 출제되었다.

예상 출제 방향

- 제시되는 전제의 개수가 1~2개 늘어나거나 줄어든 형태로 출제될 수 있다.
- 전제로 추가되어야 하는 명제가 <보기>로 제시되는 형태로 출제될 수 있다.

유형에 강해지는 전략

1단계 제시된 전제와 결론을 기호화한다.

- 제시된 전제 및 결론과 동치 관계에 있는 명제가 무엇인지, 전제끼리 연결할 수 있는지를 파악하여 정리해 두면 문제 풀이 시간을 단축할 수 있다.

2단계 각각의 선택지를 기호화한다.

3단계 각 선택지를 제시된 전제들에 대입했을 때 결론을 도출할 수 있는 논리적 연결 관계가 성립하는지 확인한다.

대표 유형 분석

다음 글의 밑줄 친 결론을 이끌어 내기 위해 추가해야 할 것은?

2025년 지방직 9급

> 마라톤을 하는 사람은 모두 식단을 조절하거나 근력 운동을 한다.
> 마라톤 → (식단 조절 ∨ 근력 운동)
> 근력 운동을 하는 사람은 모두 건강하다. 따라서 <u>마라톤을 하는 사람은</u>
> 근력 운동 → 건강함   마라톤 → 건강함
> <u>모두 건강하다.</u>

① 건강한 사람은 모두 식단을 조절한다. 건강함 → 식단 조절

☑ 식단을 조절하는 사람은 모두 건강하다. 식단 조절 → 건강함

③ 식단을 조절하는 사람 중에 근력 운동을 하는 사람은 없다.
식단 조절 ∧ ~근력 운동

④ 식단 조절과 근력 운동을 병행하는 사람 중에 건강하지 않은 사람은 없다.
(식단 조절 ∧ 근력 운동) → 건강함

1단계 전제 및 결론 기호화

• 제시된 전제와 결론의 핵심적인 키워드를 뽑아 기호화한다.
[전제1]: 마라톤→(식단 조절∨근력 운동)
[전제2]: 근력 운동→건강함
[결 론]: 마라톤→건강함

• 논리적으로 연결할 수 있는 전제가 있다면 정리해 둔다.
[전제1]+[전제2]: 마라톤→(식단 조절∨건강함)

2단계 선택지 기호화

• 선택지의 핵심적인 키워드를 뽑아 기호화한다.
① 건강함→식단 조절
② 식단 조절→건강함
③ 식단 조절∧~근력 운동
④ (식단 조절∧근력 운동)→건강함

3단계 논리적 연결 관계 판단

① '건강함→식단 조절'을 추가하더라도 [결론]을 이끌어 낼 수 없음

② • [전제1]과 [전제2]를 연결하면 '마라톤→[식단 조절∨(근력 운동→건강함)] ≡ 마라톤→(식단 조절∨건강함)'으로 정리할 수 있음
  • [전제1] + [전제2]에 ② '식단 조절→건강함'을 연결하면 '마라톤→[(식단 조절→건강함)∨건강함] ≡ 마라톤→(건강함∨건강함)'으로 정리할 수 있음
  • '건강함∨건강함'은 '건강함'과 동치이므로 ② '식단 조절→건강함'가 추가되면 [결론]인 '마라톤 → 건강함'을 이끌어 낼 수 있음

③ '식단 조절∧~근력 운동'을 추가하더라도 [결론]을 이끌어 낼 수 없음

④ '(식단 조절∧근력 운동)→건강함'을 추가하더라도 [결론]을 이끌어 낼 수 없음

진위 판단 ①

1 다음 진술이 모두 참일 때, 반드시 참인 것은?

> ○ 유학 프로그램이 확대되면, 국내 어학연수 신청이 증가하지 않는다.
> ○ 국내 어학연수 신청이 증가하면, 외국어 능력 시험은 시행되지 않는다.
> ○ 국내 어학연수 신청이 증가했다.

① 유학 프로그램이 확대된다.

② 외국어 능력 시험이 시행된다.

③ 유학 프로그램이 확대되고 외국어 능력 시험이 시행되지 않는다.

④ 유학 프로그램이 확대되지 않고 외국어 능력 시험이 시행되지 않는다.

2 다음 진술이 모두 참일 때 반드시 참이 되는 것은?

> ○ 모든 프로그래머는 문제 해결 능력이 있다.
> ○ 모든 데이터 분석가는 통계 지식이 있다.
> ○ 일부 프로그래머는 데이터 분석가이다.

① 모든 데이터 분석가는 문제 해결 능력이 있다.

② 통계 지식이 있는 모든 사람은 데이터 분석가이다.

③ 문제 해결 능력이 있는 모든 사람은 프로그래머이다.

④ 문제 해결 능력이 있는 어떤 사람은 통계 지식이 있다.

3 제시된 진술이 모두 참이라고 할 때 반드시 참인 진술은?

> ○ 문화 예술에 관심이 많으면, 직업 선택이 제한되지 않는다.
>
> ○ 경제적 어려움을 겪지 않을 경우에만 직업 선택이 제한되지 않는다.
>
> ○ 경제적 어려움을 겪는다.

① 직업 선택이 제한되지 않는다.

② 문화 예술에 관심이 많지 않다.

③ 문화 예술에 관심이 많고 경제적 어려움을 겪는다.

④ 직업 선택이 제한되고 경제적 어려움을 겪지 않는다.

정답 및 해설 p.126

진위 판단 ②

1 제시된 내용이 모두 사실로 밝혀졌을 때, 반드시 참이 되는 것은?

> ○ 우주 탐사 임무에 지원하려면 고압 적응 훈련을 완료해야 한다.
> ○ 고압 적응 훈련을 완료하려면 기본적인 물리학 지식이 있어야 한다.
> ○ 국제 연구에 참여하지 않으려면 우주 탐사 임무에 지원해야 한다.

① 우주 탐사 임무에 지원하면 기본적인 물리학 지식이 없다.

② 기본적인 물리학 지식이 있으면 국제 연구에 참여할 수 있다.

③ 국제 연구에 참여하려면 고압 적응 훈련을 완료해야 한다.

④ 고압 적응 훈련을 완료하지 않으면 국제 연구에 참여할 수 있다.

2 다음 진술이 모두 참일 때 반드시 참인 것은?

> ○ 과학적 탐구 방법을 습득하면 비판적 사고력이 발달한다.
> ○ 비판적 사고력이 발달하면 정보 분석 능력이 향상된다.
> ○ 정보 분석 능력이 향상되지 않으면 합리적 의사결정도 이루어지지 않는다.

① 합리적 의사결정이 이루어지면 비판적 사고력이 발달한다.

② 과학적 탐구 방법을 습득하면 정보 분석 능력은 향상되지 않는다.

③ 비판적 사고력이 발달하지 않으면 합리적 의사결정이 이루어진다.

④ 정보 분석 능력이 향상되지 않으면 과학적 탐구 방법을 습득하지 않는다.

3 다음 진술이 모두 참이라고 할 때, 반드시 참이 되는 것은?

> ○ 오케스트라를 관람하면 클래식 음악에 대한 이해가 깊어진다.
> ○ 오케스트라를 관람하고 재즈 페스티벌에 참여한다.
> ○ 재즈 페스티벌에 참여하면 즉흥 연주 능력이 향상되지 않는다.

① 클래식 음악에 대한 이해가 깊어지고 즉흥 연주 능력이 향상된다.

② 클래식 음악에 대한 이해가 깊어지고 재즈 페스티벌에 참여하지 않는다.

③ 클래식 음악에 대한 이해가 깊어지고 즉흥 연주 능력이 향상되지 않는다.

④ 클래식 음악에 대한 이해가 깊어지지 않고 즉흥 연주 능력이 향상되지 않는다.

정답 및 해설 p.127

1 다음 진술이 모두 참일 때 반드시 참이 되는 것은?

> ○ 유진이 미술관에 갔거나 영화관에 갔다면, 유진은 박물관에 가지 않았다.
> ○ 유진이 영화관에 가지 않았다면, 유진은 공연장에 갔다.
> ○ 유진은 박물관에 갔다.

① 유진은 미술관에 갔다.

② 유진은 공연장에 갔다.

③ 유진은 영화관에 갔다.

④ 유진은 미술관과 공연장에 가지 않았다.

2 다음 진술이 모두 참일 때, 반드시 참인 것은?

> ○ 지역 교류가 활성화되면 문화 행사가 늘어난다.
> ○ 지역 교류가 활성화되지 않거나 공동체 의식이 강화되면, 주민 갈등은 증가하지 않는다.
> ○ 주민 갈등이 증가했다.

① 문화 행사가 늘어난다.

② 공동체 의식이 강화되었다.

③ 지역 교류가 활성화되지 않았다.

④ 문화 행사가 늘어나고 공동체 의식이 강화되었다.

3 다음 진술이 모두 참이라고 할 때, 반드시 참인 것은?

○ 환경 규제가 약화되면, 친환경 기술력이 감소한다.
○ 친환경 기술력이 감소하거나 대기가 오염되지 않으면, 건강 위험도는 상승하지 않는다.
○ 건강 위험도가 상승했다.

① 대기가 오염되지 않았다.
② 환경 규제가 약화되었다.
③ 친환경 기술력이 감소했다.
④ 환경 규제가 약화되지 않았다.

정답 및 해설 p.129

1 다음 조건들이 참이라고 할 때 반드시 참인 것은?

> ○ 채식 위주의 식단을 유지하면 콜레스테롤 수치가 낮다.
> ○ 고지방 음식을 자주 섭취하면 콜레스테롤 수치가 낮지 않다.
> ○ 요가를 정기적으로 수련하는 사람은 채식 위주의 식단을 유지한다.

① 요가를 정기적으로 수련하는 사람은 고지방 음식을 자주 섭취한다.

② 콜레스테롤 수치가 낮은 모든 사람은 요가를 정기적으로 수련한다.

③ 콜레스테롤 수치가 낮지 않은 사람은 모두 고지방 음식을 자주 섭취한다.

④ 고지방 음식을 자주 섭취하는 사람은 채식 위주의 식단을 유지하지 않는다.

2 다음 진술이 모두 참일 때, 반드시 참인 것은?

> ○ 역사적 건축물이 보존되면, 관광객 만족도는 하락하지 않는다.
> ○ 관광객 만족도가 하락하지 않으면, 지역 상권이 유지된다.
> ○ 지역 상권이 유지되지 않았다.

① 역사적 건축물이 보존되지 않았다.

② 관광객 만족도가 하락하지 않았다.

③ 역사적 건축물이 보존되었고 지역 상권이 유지되었다.

④ 관광객 만족도가 하락하지 않았고 지역 상권이 유지되지 않았다.

3 다음 조건을 따랐을 때 반드시 참인 것은?

○ 어떤 운동선수는 체력 훈련을 하지 않는다.
○ 체력 훈련을 하지 않는 모든 사람은 경기에 출전하지 않는다.

① 모든 운동선수는 경기에 출전한다.

② 어떤 운동선수는 경기에 출전하지 않는다.

③ 모든 운동선수는 체력 훈련을 하지 않는다.

④ 운동선수가 아닌 모든 사람은 체력 훈련을 하지 않는다.

정답 및 해설 p.130

1 다음 명제가 모두 참일 때, 반드시 참인 것은?

> ○ 과학자는 모두 귀납적 사고를 한다.
> ○ 충동적인 사람은 모두 귀납적 사고를 하지 않는다.

① 충동적인 사람은 모두 과학자이다.

② 과학자는 모두 충동적인 사람이 아니다.

③ 귀납적 사고를 하는 사람은 모두 과학자이다.

④ 귀납적 사고를 하지 않는 사람은 모두 충동적이다.

2 다음 진술이 모두 참일 때 반드시 참인 것은?

> ○ 가은이 견학을 가거나 민지가 견학을 가면, 영수도 견학을 간다.
> ○ 영수가 견학을 가면 현숙도 견학을 간다.
> ○ 가은이 견학을 간다.

① 민지가 견학을 간다.

② 현숙이 견학을 가지 않는다.

③ 현숙과 영수 모두 견학을 간다.

④ 영수와 민지는 모두 견학을 가지 않는다.

3 다음 조건을 따랐을 때 반드시 참인 것만을 고르면?

○ 스포츠센터에는 수영부와 농구부, 두 개의 부만 있으며 스포츠센터 회원은 하나의 부만 가입할 수 있다.
○ 체육대학을 졸업한 회원은 모두 수영부에 소속되어 있다.
○ 농구부에 소속된 회원은 모두 야간 훈련을 한다.
○ 야간 훈련을 하는 회원 중 체육대학을 졸업한 회원이 있다.
---

① 야간 훈련을 하는 회원은 모두 체육대학을 졸업했다.

② 수영부에 소속된 회원 중 야간 훈련을 하는 회원이 있다.

③ 야간 훈련을 하는 회원은 모두 농구부에 소속되어 있다.

④ 수영부에 소속되지 않은 회원 중 체육대학을 졸업한 회원이 있다.

정답 및 해설 p.131

진위 판단 ⑥

1 다음 명제가 모두 참이라고 할 때 반드시 참인 것은?

> ○ 캐나다로 여행을 가는 사람은 모두 여행자 보험에 가입한다.
> ○ 미국으로 여행을 가는 사람은 모두 여행자 보험에 가입하고 여권을 소지한다.
> ○ 캐나다로 여행을 가지 않는 사람은 모두 여권을 소지하지 않는다.

① 캐나다로 여행을 가는 사람은 모두 미국으로 여행을 간다.

② 여권을 소지하지 않은 사람은 모두 캐나다로 여행을 가지 않는다.

③ 여행자 보험에 가입하지 않은 사람은 모두 캐나다와 미국으로 여행을 가지 않는다.

④ 미국으로 여행을 가는 사람은 모두 캐나다로 여행을 가지 않고 여행자 보험에는 가입한다.

2 다음 진술이 모두 참일 때 반드시 참인 것은?

> ○ 프로그래밍을 배우는 사람 중 일부는 소프트웨어를 개발한다.
> ○ 컴퓨터 전공이 아닌 사람은 모두 프로그래밍을 배우지 않는다.
> ○ 소프트웨어를 개발하는 사람은 모두 코딩 테스트를 본다.

① 컴퓨터 전공인 사람 중 일부는 코딩 테스트를 본다.

② 컴퓨터 전공인 사람은 모두 소프트웨어를 개발하지 않는다.

③ 코딩 테스트를 보지 않는 사람은 모두 소프트웨어를 개발한다.

④ 프로그래밍을 배우는 사람은 모두 코딩 테스트를 보지 않는다.

3 다음 조건들이 참이라고 할 때 반드시 참인 것은?

○ A는 시험에 합격하지 못한다.
○ A가 시험에 합격하면, B는 시험에 합격하지 못한다.
○ C가 시험에 합격하면, B도 시험에 합격한다.
○ A와 C가 모두 시험에 합격하지 못한 것은 아니다.

① B만 시험에 합격한다.

② A와 C가 시험에 합격한다.

③ B와 C가 시험에 합격한다.

④ B는 시험에 합격하지만 C는 시험에 합격하지 못한다.

정답 및 해설 p.132

결론 추론 ①

1 (가)와 (나)를 전제로 결론을 이끌어 낼 때, 빈칸에 들어갈 말로 가장 적절한 것은?

> (가) 산림청 소속의 모든 직원은 산악 생존 훈련을 받았다.
> (나) 산림청 소속의 어떤 직원은 식물학을 전공하지 않았다.
> 따라서 [＿＿＿＿＿＿＿＿].

① 식물학을 전공한 모든 사람은 산악 생존 훈련을 받았다

② 산악 생존 훈련을 받은 어떤 사람은 식물학을 전공했다

③ 산악 생존 훈련을 받은 모든 사람은 산림청 소속 직원이다

④ 식물학을 전공하지 않은 어떤 사람은 산악 생존 훈련을 받았다

2 (가)와 (나)가 모두 참이라고 할 때 빈칸에 들어갈 결론으로 가장 적절한 것은?

> (가) □□구장은 올해 전광판을 교체하거나 관중석을 증축해야 한다.
> (나) 올해 □□구장의 전광판은 교체하지 않기로 결정됐다.
> 따라서 [＿＿＿＿＿＿＿＿＿].

① □□구장은 올해 관중석을 증축할 것이다

② □□구장은 올해 관중석을 증축하지 않을 것이다

③ □□구장은 올해 전광판을 교체할 것이고 관중석도 증축할 것이다

④ □□구장은 올해 전광판을 교체하지 않을 것이고 관중석도 증축하지 않을 것이다

3 (가)와 (나)를 전제로 할 때 빈칸에 들어갈 결론으로 가장 적절한 것은?

> (가) 규칙적으로 운동하면 면역력이 향상된다.
> (나) 면역력이 향상되지 않았다.
> 따라서 [   ].

① 규칙적으로 운동했다

② 규칙적으로 운동하지 않았다

③ 규칙적으로 운동했고 면역력이 향상되지 않았다

④ 면역력이 향상되었으면 규칙적으로 운동한 것이다

정답 및 해설 p.133

1 다음 빈칸에 들어갈 말로 가장 적절한 것은?

> 희원, 태현, 민지, 지수 네 학생의 수업 수강과 관련하여 다음과 같은 사실들이 알려졌다.
>
> ○ 희원과 태현 중 적어도 한 명은 문학 수업을 수강한다.
> ○ 태현이 문학 수업을 수강하면 민지는 역사 수업과 철학 수업을 수강한다.
> ○ 민지가 역사 수업과 철학 수업을 수강하면 지수는 과학 수업을 수강하지 않는다.
> ○ 지수는 과학 수업을 수강한다.
>
> 이를 통해 희원이 [   ]을 수강한다는 것을 알 수 있게 되었다.

① 역사 수업

② 철학 수업

③ 과학 수업

④ 문학 수업

2 (가) ~ (다)를 전제로 할 때 빈칸에 들어갈 결론으로 가장 적절한 것은?

> (가) 행정복지센터가 증설되거나 문화예술 프로그램이 다양화된다.
> (나) 행정복지센터가 증설되면, 주민 만족도가 향상되고 운영 예산이 증가한다.
> (다) 문화예술 프로그램이 다양화되지 않았다.
>
> 따라서 [   ].

① 운영 예산이 증가한다

② 운영 예산이 증가하지 않는다

③ 주민 만족도가 향상되지 않는다

④ 행정복지센터가 증설되지 않는다

3 (가)와 (나)를 전제로 결론을 이끌어 낼 때, 빈칸에 들어갈 말로 가장 적절한 것은?

> (가) 모든 현상은 자연적 현상이거나 인위적 현상이다.
> (나) 자연적 현상이라면 예측이 가능하다.
> 따라서 ▢▢▢▢▢▢▢▢▢▢▢▢▢▢▢.

① 인위적 현상이라면 예측이 가능하다

② 인위적 현상이라면 예측이 가능하지 않다

③ 인위적 현상이 아니라면 예측이 가능하다

④ 인위적 현상이 아니라면 예측이 가능하지 않다

정답 및 해설 p.135

1 (가)와 (나)를 전제로 할 때 빈칸에 들어갈 결론으로 가장 적절한 것은?

> (가) 하이브리드 자동차는 연료 효율이 높고 배기가스 배출량이 적다.
> (나) 이 자동차는 연료 효율이 높지 않다.
> 따라서 _____.

① 이 자동차는 하이브리드 자동차가 아니다

② 이 자동차는 배기가스 배출량이 적지 않다

③ 이 자동차는 하이브리드 자동차이면서 연료 효율이 높지 않다

④ 이 자동차의 배기가스 배출량이 적으면 하이브리드 자동차이다

2 (가)와 (나)가 모두 참이라고 할 때, 빈칸에 들어갈 말로 가장 적절한 것은?

> (가) 고전 문학을 연구한 모든 사람은 문장력이 우수하다.
> (나) 고전 문학을 연구한 어떤 사람은 철학적 소양이 깊다.
> 따라서 _____.

① 철학적 소양이 깊은 모든 사람은 문장력이 우수하다

② 철학적 소양이 깊은 어떤 사람은 문장력이 우수하다

③ 문장력이 우수한 모든 사람은 고전 문학을 연구했다

④ 문장력이 우수한 어떤 사람은 철학적 소양이 깊지 않다

3 다음 빈칸에 들어갈 말로 **가장 적절한 것은?**

심해 탐사와 관련하여 다음과 같은 사실들이 알려졌다.

○ 연구소 A나 연구소 B가 심해 탐사선을 운영한다.

○ 태평양이나 대서양에서 탐사가 진행되면, 연구소 A는 심해 탐사선을 운영하지 않는다.

○ 태평양과 대서양 모두에서 탐사가 진행되지 않는다면, 추가 예산이 배정된다.

○ 추가 예산은 배정되지 않았다.

이를 통해 [   ]을 알 수 있게 되었다.

① 연구소 A가 심해 탐사선을 운영한다는 것

② 연구소 B가 심해 탐사선을 운영한다는 것

③ 태평양에서 탐사가 진행되지 않는다는 것

④ 대서양에서 탐사가 진행되지 않는다는 것

정답 및 해설 p.136

제한시간: 3분　시작:　시　분 ~ 종료:　시　분　점수 확인:　/ 3개

1 (가) ~ (다)를 전제로 할 때 빈칸에 들어갈 결론으로 가장 적절한 것은?

> (가) 오늘은 유화 기법과 수채화 기법으로 그림을 그린다.
> (나) 유화 기법으로 그리면, 색의 중첩 표현이 가능하고 건조 시간이 길다.
> (다) 수채화 기법으로 그리면, 건조 시간이 길고 투명한 색감을 표현할 수 있다.
> 따라서 오늘 그린 그림은 [   ].

① 건조 시간이 길다

② 건조 시간이 길지 않다

③ 투명한 색감을 표현할 수 없다

④ 색의 중첩 표현이 가능하지 않다

2 다음 대화의 빈칸에 들어갈 말로 가장 적절한 것은?

> 기상학자: 태풍 관측은 위성 탐지나 해상 부이로 진행해야 합니다.
> 연구원: 태풍 관측은 해상 부이로 진행하지 않습니다.
> 팀장: 태풍 관측을 위성 탐지로 진행하면, 대기층 분석이 필요하지 않습니다.
> 국장: 지금까지의 논의를 종합하면, [   ]

① 대기층 분석이 필요하지 않겠군요.

② 태풍 관측을 해상 부이로 진행하겠군요.

③ 태풍 관측을 위성 탐지로 진행하지 않겠군요.

④ 태풍 관측을 위성 탐지로 진행하고 대기층 분석이 필요하겠군요.

3 다음 빈칸에 들어갈 말로 가장 적절한 것은?

> 정 대리, 이 부장, 김 과장, 최 팀장의 업무와 관련하여 다음과 같은 사실이 밝혀졌다.
>
> ○ 정 대리가 코드를 작성하면, 김 과장이 검토하지 않는다.
> ○ 이 부장이 승인하면, 김 과장이 검토한다.
> ○ 이 부장이 승인하지 않으면, 최 팀장은 보고를 받는다.
> ○ 최 팀장은 보고를 받지 않는다.
> 이를 통해 [   ]는 것을 알게 되었다.

① 최 팀장이 보고를 받고 김 과장이 검토한다

② 김 과장이 검토하지 않고 정 대리가 코드를 작성한다

③ 이 부장이 승인하고 정 대리가 코드를 작성하지 않는다

④ 이 부장이 승인하지 않고 정 대리가 코드를 작성하지 않는다

정답 및 해설 p.137

결론 추론 ⑤

제한시간: 3분   시작: 시   분 ~ 종료: 시   분   점수 확인: / 3개

1 (가)와 (나)를 전제로 할 때 빈칸에 들어갈 결론으로 가장 적절한 것은?

> (가) 환경 보호 단체에 가입하지 않은 사람 중 일부는 채식주의자이다.
> (나) 기후 변화 포럼에 참석한 사람은 모두 환경 보호 단체에 가입했다.
> 따라서 _____

① 채식주의자는 모두 환경 보호 단체에 가입하지 않았다.

② 채식주의자 중 일부는 기후 변화 포럼에 참석하지 않았다.

③ 기후 변화 포럼에 참석하지 않은 사람은 모두 환경 보호 단체에 가입하지 않았다.

④ 기후 변화 포럼에 참석하면서 환경 보호 단체에 가입한 사람은 모두 채식주의자가 아니다.

2 다음 대화의 빈칸에 들어갈 말로 가장 적절한 것은?

> 갑: 참고 자료실을 이용할 수 없는 경우에만 열람실이 리모델링을 해요.
> 을: 대학원생들이 논문을 작성하면 참고 자료실을 이용할 수 있어요.
> 병: 대학원생들이 논문을 작성해요.
> 정: 그렇다면 _____.

① 참고 자료실을 이용할 수 없어요

② 열람실이 리모델링을 하지 않아요

③ 열람실이 리모델링을 하고 참고 자료실을 이용할 수 있어요

④ 대학원생들이 논문을 작성하지 않고 참고 자료실을 이용할 수 없어요

3 (가) ~ (다)를 전제로 할 때 빈칸에 들어갈 결론으로 가장 적절한 것은?

(가) 공모전 수상작으로 선정되는 작품은 모두 창의성이 뛰어나거나 실용성이 높다.
(나) 실용성이 높은 작품은 모두 기업의 후원을 받는다.
(다) 이 작품은 창의성이 뛰어나지 않고 기업의 후원을 받지 않는다.
따라서 이 작품은 ⬚⬚⬚⬚⬚⬚⬚⬚⬚⬚⬚⬚⬚⬚⬚⬚⬚.

① 실용성이 높다

② 공모전 수상작으로 선정된다

③ 공모전 수상작으로 선정되지 않는다

④ 실용성이 높고 기업의 후원을 받는다

정답 및 해설 p.138

1 (가) ~ (다)를 전제로 할 때 빈칸에 들어갈 결론으로 가장 적절한 것은?

> (가) 모든 수학 교사는 논리적 사고력을 갖추고 있다.
> (나) 어떤 수학 교사는 학생 중심 교육을 실천하지 않는다.
> (다) 모든 혁신적 교수법을 활용하는 사람은 학생 중심 교육을 실천한다.
> 따라서 _____

① 어떤 수학 교사는 혁신적 교수법을 활용한다.

② 모든 수학 교사는 학생 중심 교육을 실천하지 않는다.

③ 어떤 논리적 사고력을 갖춘 사람은 학생 중심 교육을 실천한다.

④ 어떤 수학 교사는 논리적 사고력을 갖추고 있으면서 혁신적 교수법을 활용하지 않는다.

2 (가)와 (나)를 전제로 결론을 이끌어 낼 때, 빈칸에 들어갈 말로 가장 적절한 것은?

> (가) 자동차를 소유하고 보험에 가입하지 않은 사람은 존재하지 않는다.
> (나) 보험에 가입한 모든 사람은 정기 점검을 받는다.
> 따라서 _____ .

① 자동차를 소유한 모든 사람은 정기 점검을 받는다

② 자동차를 소유한 모든 사람은 보험에 가입하지 않는다

③ 자동차를 소유한 모든 사람은 정기 점검을 받지 않는다

④ 보험에 가입하지 않은 모든 사람은 자동차를 소유한다

3 다음 빈칸에 들어갈 말로 가장 적절한 것은?

산악, 수상, 항공, 동굴 네 종류의 레저 활동 참여와 관련하여 다음과 같은 사실들이 알려졌다.

○ 산악과 수상 중 적어도 한 종류의 레저 활동에는 <초급 교육>이 필요하다.

○ 수상 레저 활동에 <초급 교육>이 필요하면 항공 레저 활동에는 <안전 인증> 또는 <의료 검사>가 필요하다.

○ 항공 레저 활동에 <안전 인증> 또는 <의료 검사>가 필요하면 동굴 레저 활동에는 <특별 허가>가 필요하다.

○ 동굴 레저 활동에는 <특별 허가>가 필요하지 않다.

이를 통해 [   ]는 것을 알 수 있게 되었다.

① 항공 레저 활동에는 <안전 인증>이 필요하다

② 산악 레저 활동에는 <초급 교육>이 필요하다

③ 동굴 레저 활동에는 <특별 허가>가 필요하다

④ 수상 레저 활동에는 <초급 교육>이 필요하다

정답 및 해설 p.139

1 (가) ~ (다)를 전제로 결론을 이끌어 낼 때 빈칸에 들어갈 말로 가장 적절한 것은?

> (가) ○○시에서는 신재생 에너지를 활용하고 자원을 절약할 것이다.
> (나) 신재생 에너지를 활용하면, 전기료가 인상되지만 탄소는 배출하지 않는다.
> (다) 자원을 절약하면, 정부로부터 추가 예산 지원을 받고 친환경 도시로 지정된다.
> 따라서 ○○시에서는 ＿＿＿＿＿＿＿＿＿＿＿.

① 탄소를 배출할 것이다

② 전기료가 인상되지 않을 것이다

③ 전기료가 인상되고 친환경 도시로 지정될 것이다

④ 탄소를 배출하지 않고 정부로부터 추가 예산 지원을 받지 않을 것이다

2 다음 빈칸에 들어갈 말로 가장 적절한 것은?

> ○ 마케팅 교육을 받은 어떤 직원은 소셜 미디어 관리 능력도 갖추고 있다.
> ○ 소셜 미디어 관리 능력을 갖춘 직원은 모두 디지털 콘텐츠를 제작할 수 있다.
> 따라서 ＿＿＿＿＿＿＿＿＿＿＿

① 마케팅 교육을 받은 직원은 모두 디지털 콘텐츠를 제작할 수 있다.

② 마케팅 교육을 받은 어떤 직원은 디지털 콘텐츠를 제작할 수 있다.

③ 디지털 콘텐츠를 제작할 수 있는 직원은 모두 마케팅 교육을 받았다.

④ 디지털 콘텐츠를 제작할 수 있는 직원은 모두 소셜 미디어 관리 능력을 갖추고 있다.

3 다음 글의 내용이 모두 참이라고 할 때, 빈칸에 들어갈 말로 가장 적절한 것은?

> 학생회에서는 축제, 체육 대회, 경시대회, 학술제의 개최 여부를 두고 아래와 같은 기본 방침을 정했다.
>
> ○ 축제를 개최한다면 체육 대회도 개최한다.
> ○ 경시대회를 개최하지 않는다면 학술제도 개최하지 않는다.
> ○ 축제나 학술제 중 적어도 한 개의 행사는 개최한다.
> ○ 학술제를 개최하지 않는다.
>
> 이를 고려했을 때 학생회에서는 □□□□□□□□□□□□□□.

① 축제와 체육 대회를 개최할 것이다

② 경시대회와 학술제를 개최하지 않을 것이다

③ 축제를 개최하고 체육 대회를 개최하지 않을 것이다

④ 경시대회를 개최하고 학술제를 개최하지 않을 것이다

정답 및 해설 p.140

전제 추론 ①

1 다음 글의 밑줄 친 결론을 이끌어 내기 위해 추가해야 할 전제로 적절한 것은?

> 인공지능을 활용하는 기업 중에 지속 가능한 비즈니스 모델을 가진 기업이 있다. 따라서 <u>지속 가능한 비즈니스 모델을 가진 기업 중에 글로벌 시장에 진출한 기업이 있다.</u>

① 인공지능을 활용하는 기업은 모두 글로벌 시장에 진출한 기업이다.

② 글로벌 시장에 진출한 기업 중에 인공지능을 활용하는 기업이 있다.

③ 글로벌 시장에 진출하지 않은 기업은 모두 인공지능을 활용하는 기업이다.

④ 지속 가능한 비즈니스 모델을 가진 기업은 모두 글로벌 시장에 진출하지 않은 기업이다.

2 다음 대화의 빈칸에 들어갈 말로 가장 적절한 것은?

> A: 농구 경기 영상을 확인하지 않으면 판정에 이의를 제기할 수 있습니다.
> B: 판정에 이의를 제기하면 심판진이 추가 회의를 소집해야 합니다.
> A: _____.
> B: 그렇다면 농구 경기 영상을 확인하지 않으면 경기 시간이 연장될 것입니다.

① 경기 시간은 연장되지 않습니다

② 심판진은 추가 회의를 소집하지 않습니다

③ 심판진이 추가 회의를 소집하면 경기 시간이 연장됩니다

④ 농구 경기 영상을 확인하면 판정에 이의를 제기할 수 없습니다

3 다음 대화의 빈칸에 들어갈 말로 가장 적절한 것은?

항공 공학자: 시험 비행은 저고도나 고고도에서 실시해야 합니다.

안전 책임자: 시험 비행을 저고도에서 실시하면 특별 안전 점검을 거쳐야 합니다.

비행 통제관: 시험 비행을 [   ].

프로젝트 매니저: 모든 사항을 검토한 결과, 비행사 교육을 진행하지 않거나 특별 안전 점검을 거치겠군요.

---

① 고고도에서 실시합니다

② 저고도에서 실시하지 않습니다

③ 고고도에서 실시하면 비행사 교육을 진행합니다

④ 고고도에서 실시하면 비행사 교육을 진행하지 않습니다

정답 및 해설 p.142

전제 추론 ②

1 다음 글의 밑줄 친 결론을 이끌어 내기 위해 추가해야 할 전제로 적절한 것은?

> 수질 오염이 심각하면 정수 시설을 정비한다. 올해는 수질 오염이 심각하고 강수량이 많을 것이다. 따라서 올해는 정수 시설을 정비하고 <u>배수로를 점검할 것이다.</u>

① 배수로를 점검하면 수질 오염이 심각하다.

② 정수 시설을 정비하면 강수량이 많지 않다.

③ 배수로를 점검하지 않으면 강수량이 많지 않다.

④ 수질 오염이 심각하지 않으면 배수로를 점검하지 않는다.

2 다음 대화의 빈칸에 들어갈 말로 가장 적절한 것은?

> 갑: 세미나 진행은 대형 강의실이나 소형 회의실에서 해야 합니다.
> 을: 세미나 진행은 _____.
> 병: 음향 장비를 설치하지 않으면, 대형 강의실에서 세미나를 진행할 수 없습니다.
> 정: 그렇다면 우리는 음향 장비를 설치해야 하겠군요.

① 소형 회의실에서 세미나를 진행합니다

② 대형 강의실에서 세미나를 진행할 수 없습니다

③ 소형 회의실에서 세미나를 진행할 수 없습니다

④ 대형 강의실과 소형 회의실에서 모두 세미나를 진행할 수 없습니다

3 다음 글의 결론을 이끌어 내기 위해 추가해야 할 것은?

건강에 관심이 있는 사람들은 모두 정기적으로 운동한다. 따라서 건강에 관심이 있는 사람들은 모두 건강보험 할인 혜택을 받을 수 있다.

① 건강에 관심이 있는 사람들은 모두 정기적으로 운동하지 않는다.
② 건강보험 할인 혜택을 받는 사람들은 모두 정기적으로 운동한다.
③ 건강에 관심이 없는 사람들은 모두 건강보험 할인 혜택을 받을 수 있다.
④ 정기적으로 운동하는 사람들은 모두 건강보험 할인 혜택을 받을 수 있다.

정답 및 해설 p.143

전제 추론 ③

1　다음 글의 결론을 이끌어 내기 위해 추가해야 할 것은?

> 전철을 이용하지 않는 사람은 모두 자가용을 이용하지 않는다. 버스를 이용하는 사람은 모두 자가용을 이용한다. 따라서 전철을 이용하는 사람 중 일부는 도보를 선호한다.

① 전철을 이용하는 사람 중 일부는 버스를 이용한다.

② 도보를 선호하는 사람 중 일부는 자가용을 이용한다.

③ 버스를 이용하는 사람은 모두 도보를 선호하지 않는다.

④ 도보를 선호하는 사람은 모두 전철을 이용하지 않는다.

2　다음 글의 밑줄 친 결론을 이끌어 내기 위해 추가해야 할 전제로 적절한 것은?

> 농작물 실험은 온실 재배나 노지 재배로 진행해야 한다. 농작물 시험을 온실 재배로 진행하면 온도 조절 시스템을 구축해야 한다. 따라서 온도 조절 시스템을 구축해야 한다.

① 농작물 실험을 노지 재배로 진행한다.

② 농작물 실험을 온실 재배로 진행하지 않는다.

③ 농작물 실험을 노지 재배로 진행하지 않는다.

④ 농작물 실험을 온실 재배로 진행하지 않으면 노지 재배로 진행한다.

3 다음 대화의 (가)에 들어갈 말로 적절한 것은?

> 철수: 월별 계획서를 제출하지 않으면 활동 지원금을 받을 수 없어. 그런데 우리 학교 동아리는 모두 활동 지원금을 받아. 그러니까 우리 학교 동아리는 모두 분기별 실적 보고서를 제출한다고 볼 수 있어.
>
> 영희: 네 논리에는 문제가 있어. 네가 "우리 학교 동아리는 모두 분기별 실적 보고서를 제출한다."라는 결론을 도출하기 위해서는 논리적으로 "   (가)   ."라는 추가 전제가 필요해.

① 월별 계획서를 제출하면 활동 지원금을 받는다

② 활동 지원금을 받으면 분기별 실적 보고서를 제출하지 않는다

③ 월별 계획서를 제출하면 분기별 실적 보고서를 제출하지 않는다

④ 분기별 실적 보고서를 제출하지 않으면 월별 계획서를 제출하지 않는다

정답 및 해설 p.144

1 다음 대화의 빈칸에 들어갈 말로 가장 적절한 것은?

> 갑: 시스템이 안정적이고 백업 서버가 가동 중이면 긴급 점검이 필요하지 않습니다.
>
> 을: [   ]
>
> 병: 보안 업데이트가 실행되면 긴급 점검이 필요합니다.
>
> 정: 그렇다면 오늘은 보안 업데이트가 실행되지 않겠군요.

① 오늘은 백업 서버가 가동 중입니다.

② 오늘은 시스템이 안정적이지 않습니다.

③ 오늘은 시스템이 안정적이고 백업 서버가 가동 중입니다.

④ 오늘은 시스템이 안정적이지 않고 백업 서버가 가동 중입니다.

2 다음 글의 밑줄 친 결론을 이끌어 내기 위해 추가해야 할 전제로 적절한 것은?

> 학술지 발행이 연기되면 나는 추가 연구를 할 것이다. 이번 학기에는 학술지 발행이 연기되거나 국제 학회가 열릴 것이다. 따라서 <u>이번 학기에 나는 추가 연구를 하거나 과학 논문을 작성할 것이다.</u>

① 내가 추가 연구를 하면 국제 학회는 열리지 않는 것이다.

② 내가 과학 논문을 작성하면 학술지 발행이 연기되지 않는 것이다.

③ 내가 과학 논문을 작성하지 않으면 국제 학회는 열리지 않는 것이다.

④ 학술지 발행이 연기되지 않으면 나는 과학 논문을 작성하지 않는 것이다.

3 다음 대화에 (가)에 들어갈 말로 가장 적절한 것은?

> 영수: 우리 동아리 회원들은 침착하거나 성숙한 사람들이야.
>
> 민수: 바둑 실력이 일정 수준 이상인 사람들은 이번 바둑 대회에 참가할 수 있어.
>
> 영수: [(가)   ].
>
> 민수: 그렇다면 우리 동아리 회원들은 이번 바둑 대회에 참가할 수 있겠네.

① 우리 동아리 회원들은 침착하지 않은 사람들이야

② 우리 동아리 회원들은 성숙하지 않은 사람들이야

③ 침착하지 않은 사람은 바둑 실력이 일정 수준 이상인 사람이야

④ 침착하거나 성숙한 사람은 바둑 실력이 일정 수준 이상인 사람이야

정답 및 해설 p.145

전제 추론 ⑤

1 다음 대화의 빈칸에 들어갈 말로 가장 적절한 것은?

> 연구원: 임상 실험을 통과하지 못하면 신약 개발이 중단됩니다.
>
> 책임자: 신약 개발이 중단되면 연구 투자금을 회수할 수 없습니다.
>
> 연구원: [   ].
>
> 책임자: 그렇다면 임상 실험을 통과하지 못하면 회사의 주가가 하락할 것입니다.

① 회사의 주가가 하락하면 임상 실험을 통과하지 못합니다

② 임상 실험을 통과하면 연구 투자금을 회수할 수 있습니다

③ 연구 투자금을 회수할 수 없다면 회사의 주가가 하락합니다

④ 연구 투자금을 회수할 수 있다면 회사의 주가가 하락하지 않습니다

2 다음 글의 밑줄 친 결론을 이끌어 내기 위해 추가해야 할 전제로 적절한 것은?

> 실험적 사고를 하는 사람들은 모두 디자이너이다. 실험적 사고를 하는 어떤 사람들은 예술적 감각이 있다. 따라서 예술적 감각이 있는 어떤 사람들은 건축가이다.

① 디자이너는 모두 건축가이다.

② 실험적 사고를 하지 않는 사람들은 모두 건축가이다.

③ 실험적 사고를 하는 사람들은 모두 디자이너가 아니다.

④ 예술적 감각이 있는 사람들은 모두 실험적 사고를 한다.

3 다음 대화의 (가)에 들어갈 말로 가장 적절한 것은?

> 갑: 졸업장은 학과 사무실에서 배부하거나 학생회관에서 배부할 것입니다. 만약 학과 사무실에서 졸업장을 배부한다면 졸업하는 학생이 100명을 넘는다는 것입니다. 그런데 이번에는 학과 사무실에서 졸업장을 배부하지 않습니다. 그러므로 이번에 졸업하는 학생은 100명을 넘지 않습니다.
>
> 을: 당신은 "이번에 졸업하는 학생은 100명을 넘지 않습니다."라고 주장하는군요. 그러나 그렇게 주장하기 위해서는 "｜   (가)   ｜"도 참이어야 합니다.

① 이번에는 학생회관에서 졸업장을 배부한다.

② 이번에는 학과 사무실과 학생회관에서 졸업장을 배부하지 않는다.

③ 졸업하는 학생이 100명을 넘는 경우에만 학과 사무실에서 졸업장을 배부한다.

④ 학생회관에서 졸업장을 배부한다면 졸업하는 학생이 100명을 넘지 않는다는 것입니다.

정답 및 해설 p.146

1 다음 글의 결론을 이끌어 내기 위해 추가해야 할 전제로 적절한 것은?

전통 기법을 적용하지 않으면서 현대 공구를 사용해 도자기를 제작하면, 장인의 예술성이 구현되지 않는다. 전문 장인을 초빙하면 장인의 예술성이 구현된다. 오늘은 전통 기법을 적용하지 않고 도자기를 제작할 예정이다. 따라서 <u>오늘은 전문 장인을 초빙하지 않고 도자기를 제작할 것이다.</u>

① 오늘은 현대 공구를 사용해 도자기를 제작할 예정이다.

② 오늘은 현대 공구를 사용하지 않고 도자기를 제작할 예정이다.

③ 현대 공구를 사용해 도자기를 제작하면 전문 장인을 초빙한다.

④ 장인의 예술성이 구현되면 현대 공구를 사용하지 않고 도자기를 제작한 것이다.

2 다음 글의 밑줄 친 결론을 이끌어 내기 위해 추가해야 할 것은?

올해 가족 휴가에서는 등산과 해수욕 중 적어도 하나를 진행하려고 한다. 올해 가족 휴가에서 등산을 진행한다면, 아버지는 올해 가족 휴가에 동행한다. 만일 아버지가 운전을 담당하게 된다면, 아버지는 올해 가족 휴가에 동행하지 않는다. 따라서 <u>아버지는 운전을 담당하지 않을 것이다.</u>

① 올해 가족 휴가에서 등산을 하지 않는다.

② 올해 가족 휴가에서 해수욕을 하지 않는다.

③ 아버지는 올해 가족 휴가에 동행하지 않는다.

④ 올해 가족 휴가에서 등산을 한다면, 아버지는 올해 가족 휴가에 동행하지 않는다.

3 다음 대화의 빈칸에 들어갈 말로 가장 적절한 것은?

> 갑: 인간의 행위는 모두 유전적 요인이나 환경적 요인에 의해 결정됩니다.
> 을: 유전적 요인에 의해 결정된 행위는 모두 도덕적 책임이 없습니다.
> 병: [   ].
> 정: 그렇다면 인간의 행위이면 모두 도덕적 책임이 없겠군요.

① 유전적 요인에 의해 결정된 행위는 모두 인간의 행위입니다

② 환경적 요인에 의해 결정된 행위는 모두 인간의 행위입니다

③ 인간의 행위는 모두 유전적 요인이 아닌 것에 의해 결정됩니다

④ 환경적 요인에 의해 결정된 행위는 모두 도덕적 책임이 없습니다

정답 및 해설 p.147

전제 추론 ⑦

제한시간: 3분　**시작:**　시　분 ~ **종료:**　시　분　**점수 확인:**　/ 3개

1　다음 글의 결론을 이끌어 내기 위해 추가해야 할 것은?

> <음악> 동아리에 가입한 모든 학생은 <여행> 동아리에 가입하지 않은 학생이다. 따라서 <독서> 동아리에 가입한 어떤 학생은 <음악> 동아리에 가입하지 않은 학생이다.

① <음악> 동아리에 가입한 어떤 학생은 <독서> 동아리에 가입한 학생이다.

② <여행> 동아리에 가입한 어떤 학생은 <독서> 동아리에 가입한 학생이다.

③ <독서> 동아리에 가입한 모든 학생은 <음악> 동아리에 가입한 학생이다.

④ <음악> 동아리에 가입하지 않았지만 <독서> 동아리에 가입한 모든 학생은 <여행> 동아리에 가입한 학생이다.

2　다음 글의 밑줄 친 결론을 이끌어 내기 위해 추가해야 할 전제로 적절한 것은?

> 해양 생물학자가 아닌 어떤 사람은 수영을 할 수 없다. 수중 탐험을 하는 사람들은 모두 수영을 할 수 있다. 따라서 고소공포증이 있는 어떤 사람은 수중 탐험을 하지 않는다.

① 어떤 해양 생물학자는 고소공포증이 있다.

② 고소공포증이 있는 사람은 모두 수중 탐험을 한다.

③ 수영을 할 수 있는 사람들은 모두 해양 생물학자가 아니다.

④ 해양 생물학자가 아닌 사람들은 모두 고소공포증이 있다.

3 다음 대화의 (가)에 들어갈 말로 적절한 것은?

> 소은: 모든 김밥가게 사장님은 요리사이고, 요리사는 요리 실력으로 음식 품질에 영향을 미치는 전문가야. 모든 김밥가게 사장님은 전문가니까 전문가로서의 책임 의식을 가질 의무가 있어. 하지만 나는 김밥가게 사장님이 아니니까 그런 책임 의식을 가질 의무는 없지.
>
> 민현: 모든 회사원이 성인이라고 해서, 회사원이 아닌 모든 사람이 성인이 아닌 것은 아니잖아. 네가 "김밥가게 사장님이 아니라면 전문가로서의 책임 의식을 가질 의무가 없다."라는 주장을 하기 위해서는 "_____(가)_____."가 참이어야 해.

① 어떤 전문가는 전문가로서의 책임 의식을 가질 의무가 없다

② 모든 김밥가게 사장님은 전문가로서의 책임 의식을 가질 의무가 없다

③ 전문가로서의 책임 의식을 가질 의무가 있는 사람은 모두 김밥가게 사장님이다

④ 전문가로서의 책임 의식을 가질 의무가 없는 사람은 모두 김밥가게 사장님이 아니다

정답 및 해설 p.148

PART 2

논증 평가

기출로 배우는 유형별 문제 풀이 전략

기출로 배우는 **유형별 문제 풀이 전략**

유형 1 | 강화·약화 단일형

유형 소개

- '강화·약화 단일형' 유형은 지문에 제시된 주요 논증과 선택지나 <보기>에 제시된 사례 간의 논리적 관계를 평가하는 유형이다.
- '강화하는 것으로 가장 적절한 것은?', '약화하는 것으로 가장 적절한 것은?'과 같이 발문에서 정답으로 찾아야 하는 평가의 기준이 직접적으로 제시되는 형태로 출제되었다.
- 1개의 주요 논증이 설명문으로 제시되고, 3~4개의 사례가 선택지나 <보기>로 제시되는 형태로 출제되었다.

예상 출제 방향

- '무관한 것', '적절하지 않은 것'과 같이 발문에서 제시되는 평가의 기준이 변형되어 출제될 수 있다.

유형에 강해지는 전략

1단계 중심 화제를 바탕으로 지문에 제시된 주요 논증을 파악한다.

- 주요 논증은 지문의 부분적인 내용으로 제시되는 경우도 있고, 지문의 전체적인 내용을 종합적으로 고려하여 파악해야 하는 경우도 있다.

2단계 선택지나 <보기>에 제시된 사례와 주요 논증 간의 논리적 관계를 파악한다.

- 제시된 사례가 주요 논증을 뒷받침하거나 지지하는 내용이면 논증을 강화하는 근거에 해당한다.
- 제시된 사례가 주요 논증을 비판하거나 반박하는 내용이면 논증을 약화하는 근거에 해당한다.
- 제시된 사례가 주요 논증과 관련이 없는 내용이면 논증을 강화하지도 않고 약화하지도 않는 무관한 근거에 해당한다.

대표 유형 분석

다음 글의 (가)를 강화하는 것으로 가장 적절한 것은?

2025년 국가직 9급

쿤은 자연과학과 사회과학 모두를 포함하는 과학의 발전 단계를 세 시기로 구분한다. 패러다임을 한 번도 정립하지 못한 전정상과학 시기, 하나의 패러다임이 지배하는 정상과학 시기, 기존 패러다임이 새 패러다임으로 교체되는 과학혁명 시기가 그것이다. 패러다임은 모든 과학자에게 동일한 연구 방향 및 평가 기준을 따르게 하여, 연구의 효율성을 높이고 과학의 발전 단계를 성숙한 수준으로 올려놓는다. 한 번도 패러다임을 정립하지 못해 전정상과학 시기에 머물러 있는 과학 분야는 과학자 모두가 제각기 연구 활동을 한다. 과학의 발전 단계상 성숙한 수준에 도달하지 못한 것이다. 어떤 과학 분야라도 패러다임을 정립하면 정상과학 시기에 들어서게 되는데, 그 뒤에 다시 전정상과학 시기로 되돌아갈 수는 없다. 정상과학 시기는 언제나 과학혁명 시기로 이어지고, 과학혁명 시기는 언제나 정상과학 시기로 이어지기 때문이다. 정상과학 시기의 과학자는 동일한 패러다임에 따라, 과학혁명 시기의 과학자는 기존 패러다임 혹은 새 패러다임에 따라 과학 활동을 하기에 그 두 시기에 있는 과학 분야는 모두 성숙한 수준에 도달해 있는 것이다. 이 구분에 따를 때, (가) 일부 사회과학 분야는 과학의 발전 단계상 아직도 성숙한 수준에 도달하지 못했다는 것이 쿤의 진단이다.

① 패러다임이 교체된 적이 있지만 과학자들의 연구 방향 및 평가 기준이 동일한 사회과학 분야가 있다. → (가)와 무관함

② 패러다임이 교체되는 중이고 과학자들의 연구 방향 및 평가 기준이 서로 다른 사회과학 분야가 있다. → (가)와 무관함

③ 패러다임이 정립된 적이 있지만 과학자들의 연구 방향 및 평가 기준이 서로 다른 사회과학 분야가 있다. → (가)와 무관함

✔ 패러다임이 정립된 적이 없고 과학자들의 연구 방향 및 평가 기준이 서로 다른 사회과학 분야가 있다. → (가)를 뒷받침함

1단계 주요 논증 파악

- 중심 화제
  - 과학의 발전 단계

- 주요 논증
  - (가): 일부 사회과학 분야는 과학의 발전 단계상 아직도 성숙한 수준에 도달하지 못함
    → 과학 발전 단계가 성숙하지 못한 시기는 전정상과학 시기에 해당함
    → 전정상과학 시기는 패러다임이 정립된 적이 없고, 과학자들의 연구 방향 및 평가 기준이 서로 다른 시기임

2단계 선택지와 논증 간의 논리적 관계 파악

① 패러다임이 교체된 적이 있지만 과학자들의 연구 방향 및 평가 기준이 동일한 분야는 과학혁명 시기를 지나 정상과학 시기에 있는 분야임 → (가)와 무관함

② 패러다임이 교체되는 중이고 과학자들의 연구 방향 및 평가 기준이 서로 다른 분야는 과학혁명 시기에 있는 분야임 → (가)와 무관함

③ 패러다임이 정립된 적이 있지만 과학자들의 연구 방향 및 평가 기준이 서로 다른 분야는 정상과학 시기를 지나 과학혁명 시기에 접어든 분야임 → (가)와 무관함

④ 패러다임이 정립된 적이 없고 과학자들의 연구 방향 및 평가 기준이 서로 다른 분야는 전정상과학 시기에 있는 분야임 → (가)를 뒷받침함

기출로 배우는 유형별 문제 풀이 전략

유형 2 | 강화 · 약화 종합형

유형 소개

- '강화·약화 종합형' 유형은 지문에 제시된 주요 논증과 선택지나 <보기>에 제시된 사례 간의 논리적 관계를 평가한 후, 선택지나 <보기>에서 제시된 평가의 결과가 적절한지를 종합적으로 판단하는 유형이다.
- '평가로 옳은 것은?', '평가한 내용으로 적절한 것은?'과 같이 발문에서 정답으로 찾아야 하는 평가의 기준은 제시하지 않는 형태로 출제되었다.
- 1~4개의 주요 논증이 설명문이나 대화문으로 제시되고, 3~4개의 사례와 각 사례별 평가 결과가 선택지나 <보기>로 제시되는 형태로 출제되었다.

예상 출제 방향

- 1개의 사례가 2개 이상의 주요 논증을 동시에 강화하거나 약화하는 방식으로 출제될 수 있다.
- 1개의 사례가 일부 주요 논증은 강화하고 일부 주요 논증은 약화하는 방식으로 출제될 수 있다.

유형에 강해지는 전략

1단계 중심 화제를 바탕으로 지문에 제시된 주요 논증을 파악한다.

- 주요 논증은 지문의 부분적인 내용으로 제시되는 경우도 있고, 지문의 전체적인 내용을 종합적으로 고려하여 파악해야 하는 경우도 있다.
- 여러 개의 주장이 제시되는 지문에서는 주요 논증이 2개 이상이 될 수도 있다.

2단계 선택지나 <보기>에 제시된 사례와 주요 논증 간의 논리적 관계를 파악한다.

- 제시된 사례가 주요 논증을 뒷받침하거나 지지하는 내용이면 논증을 강화하는 근거에 해당한다.
- 제시된 사례가 주요 논증을 비판하거나 반박하는 내용이면 논증을 약화하는 근거에 해당한다.
- 제시된 사례가 주요 논증과 관련이 없는 내용이면 논증을 강화하지도 않고 약화하지도 않는 무관한 근거에 해당한다.

3단계 선택지에 제시된 논리적 관계에 대한 평가 결과가 적절한지 확인한다.

대표 유형 분석

다음 글의 ㉠과 ㉡에 대한 평가로 옳은 것은?

출제기조전환 2차 예시문제

[기업의 마케팅 프로젝트를 평가]할 때는 유행지각, 깊은 사고, 협업을
살펴본다. (중심 화제) 유행지각은 유행과 같은 새로운 정보를 반영했느냐, 깊은 사
고는 마케팅 데이터의 상관관계를 분석해서 최적의 해결책을 찾아내었
느냐, 협업은 일하는 사람들이 해결책을 공유하며 성과를 창출했느냐를
따진다. ㉠이 세 요소 모두에서 목표를 달성하는 것은 마케팅 프로젝트
가 성공적이기 위해 필수적이다. (주요 논증 1) 하지만 ㉡이 세 요소 모두에서 목표를
달성했다고 해서 마케팅 프로젝트가 성공한 것은 아니다.
(주요 논증 2)

✓① 지금까지 성공한 프로젝트가 유행지각, 깊은 사고 그리고 협업 모두에
서 목표를 달성했다면, ㉠은 ~~강화~~된다. → 적절한 평가

② 성공하지 못한 프로젝트 중 유행지각, 깊은 사고 그리고 협업 중 하나
이상에서 목표를 달성하는 데 실패한 사례가 있다면, ㉠은 ~~약화~~된다. (강화)
→ 적절하지 않은 평가

③ 유행지각, 깊은 사고 그리고 협업 중 하나 이상에서 목표를 달성하는 데
실패했지만 성공한 프로젝트가 있다면, ㉡은 ~~강화~~된다. → 적절하지 않은 평가
(과 무관함)

④ 유행지각, 깊은 사고 그리고 협업 모두에서 목표를 달성했지만 성공하
지 못한 프로젝트가 있다면, ㉡은 ~~약화~~된다. (강화)

1단계 주요 논증 파악

• 중심 화제
  - 기업의 마케팅 프로젝트 평가

• 주요 논증
  - ㉠: 세 가지 요소에서 목표를 달성하는 것이 마케팅 프로젝트
    가 성공적이기 위해 필수적임
    → 세 가지 요소의 달성은 프로젝트를 성공하기 위해 반드시
      갖춰져야 하는 조건임

  - ㉡: 세 가지 요소에서 목표를 달성한 것이 마케팅 프로젝트의
    성공을 의미하지는 않음
    → 세 가지 요소의 달성이 갖춰졌더라도 프로젝트를 성공하지
      못할 수 있음

2단계 선택지와 논증 간의 논리적 관계 파악

① 모든 성공한 프로젝트는 세 가지 요소에서 목표 달성을 했다는
  것은 프로젝트를 성공하기 위해서는 세 가지 요소의 목표 달성
  이 필요하다는 점을 의미함 → ㉠을 뒷받침함

② 실패한 프로젝트 중 세 가지 요소 중 하나 이상의 요소를 달성
  하지 못했다는 것은 프로젝트를 성공하기 위해서는 세 가지 요
  소의 목표 달성이 필요하다는 점을 의미함 → ㉠을 뒷받침함

③ 세 가지 요소 중 하나 이상에서 목표를 달성하지 못했지만 프
  로젝트를 성공했다는 것은 세 가지 요소의 목표 달성이 프로
  젝트 성공에 반드시 필요한 것은 아니라는 점을 의미함 → ㉠
  을 반박함

④ 세 가지 요소를 모두 달성했지만 프로젝트를 성공하지 못했다
  는 것은 세 가지 요소의 목표 달성이 갖춰졌더라도 프로젝트를
  성공하지 못할 수 있음을 의미함 → ㉡을 뒷받침함

3단계 평가의 적절성 확인

① ㉠은 강화된다. → 적절한 평가

② ㉠은 약화된다. → 적절하지 않은 평가(㉠을 강화함)

③ ㉡은 강화된다. → 적절하지 않은 평가(㉡과 무관함)

④ ㉡은 약화된다. → 적절하지 않은 평가(㉡을 강화함)

1 다음 글의 논지를 약화하는 것으로 가장 적절한 것은?

> 의약품 특허 기간을 연장하는 것은 제약 산업의 연구·개발을 촉진하기 위해 반드시 필요한 조치다. 신약 개발은 평균 10년 이상의 연구와 수천억 원의 투자를 필요로 하는데, 현행 특허 기간은 이러한 비용을 회수하기에 충분하지 않다. 특히 최근에는 임상 시험과 허가 절차에 소요되는 기간이 점점 길어지면서 실질적인 특허 보호 기간은 더욱 짧아지고 있다. 특허 기간이 연장되면 제약 회사는 더 많은 수익을 창출할 수 있고, 이는 다시 혁신적인 의약품 개발을 위한 재투자로 이어진다. 실제로 특허 보호 기간이 긴 국가들에서 더 활발한 신약 개발이 이루어지고 있다. 또한 특허 기간 연장은 제약 산업의 고용 창출과 국가 경쟁력 강화에도 기여한다. 환자들 역시 더 효과적이고 다양한 신약을 통해 혜택을 받을 수 있다. 따라서 의약품 특허 기간을 지금보다 최소 5년 이상 연장하는 정책이 추진되어야 한다.

① 의약품 특허 기간이 긴 국가일수록 제약 산업의 매출이 높고 연구·개발에 대한 투자도 더 활발하게 이루어지는 것으로 나타났다.

② 제약 산업 협회의 내부 보고서에 따르면 특허 보호 기간이 연장된 국가는 모두 약학 관련 특허의 출원 건수가 기간이 연장되기 전보다 증가했다.

③ 국내외 약학 대학의 교수들은 대부분 의약품 특허 기간의 연장이 제약 회사의 신약 개발 역량 강화와 제약 산업의 발전에 긍정적 영향을 미친다고 평가한다.

④ 제약 회사 관계자들은 의약품 특허 기간이 연장되면 신약 개발보다 기존 약품의 특허 유지에 더 많은 자원을 투입하게 되어, 새로운 의약품에 대한 연구나 개발이 위축될 수 있다고 답했다.

2 다음 글의 (가)의 주장을 강화하는 것으로 가장 적절한 것은?

경영학에서 조직 구조와 관련하여 오랫동안 논쟁 되어 온 주제는 '위계적 조직(hierarchical organization)'과 '수평적 조직(flat organization)' 중 무엇이 더 효율적인지이다. 전통적인 위계적 조직 구조는 명확한 권한 체계와 의사 결정 구조를 통해 조직의 안정성과 통제력을 확보할 수 있다. 특히 대규모 조직을 효과적으로 관리하고, 운영의 효율성을 높일 수 있다는 평가를 받는다.

반면 수평적 조직 구조는 중간 관리층을 최소화하고 의사 결정 권한을 분산시켜 조직의 유연성과 혁신성을 높인다는 점이 장점이다. 이를 통해 조직 내 의사소통 장벽을 낮추고, 직원들의 자율성과 창의성을 증진시켜 빠르게 변화하는 비즈니스 환경에 더 효과적으로 대응할 수 있다고 주장하는 (가) 사람들이 있다. 실제로 실리콘밸리의 기술 기업들이 이러한 수평적 구조를 통해 혁신적인 업무 문화를 형성하고 높은 직원 만족도를 달성했다는 사례가 보고되고 있다.

그러나 모든 상황에서 수평적 구조가 더 우수하다고 단정할 수는 없다. 지나치게 평등한 의사 결정 과정은 결정 지연과 불분명한 책임 소재로 인해 효율성을 떨어뜨릴 수 있다. 이로 인해 조직이 성장할수록 완전한 수평 구조를 유지하기 어려워지고, 일정 수준의 위계에 대한 필요성이 제기되기도 한다. 따라서 많은 기업들은 상황과 산업 특성에 맞게 두 접근법의 요소를 혼합한 하이브리드 모델을 채택하고 있다.

① 중간 관리자가 적은 스타트업 기업들이 초기에 빠르게 성장했으나, 규모가 커진 후에는 성장률이 감소한 사례가 다수 보고되었다.

② 한 기업의 직무 만족도 조사에서 직장 생활에 동기부여가 된다는 이유로 명확한 승진 체계가 있는 것에 만족한다는 비율이 높게 나타났다.

③ 직급 체계를 없앤 기업이 직급 체계를 유지하고 있는 기업보다 신제품 개발부터 시장 출시까지의 기간이 평균적으로 더 짧다는 연구 결과가 발표되었다.

④ 경제 전문가들은 금융 위기 시기에 중앙집중식 의사결정 제도를 채택한 기업들이 신속한 의사결정을 통해 비용 절감 조치를 취할 수 있어 위기에 잘 대처할 수 있다고 주장했다.

3 다음 글의 논지를 약화하는 것으로 가장 적절한 것은?

> 역사 교육의 목적은 과거 사실을 암기하는 것이 아니라 비판적 역사의식을 함양하는 것이다. 교육학자들은 전통적인 암기식 역사 교육이 학생들의 사고력 발달을 저해하고 역사를 단편적 사건의 나열로 인식하게 만든다고 지적해 왔다. 실제로 여러 연구에서 암기 중심의 역사교육을 받은 학생들은 역사적 사건 간의 인과 관계를 파악하거나 다양한 역사적 해석을 비교하는 능력이 부족한 것으로 나타났다.
>
> 이러한 문제점을 해결하기 위해 현재 역사 교육은 단순 암기식 방법론에서 벗어나 사료 분석 중심 교육의 도입을 고려해 볼 수 있다. 사료 분석 중심 교육이란 학생들이 사료를 직접 분석하고 해석함으로써 역사 지식을 탐구하는 교육 방법이다. 사료 분석 중심 교육에 참여하는 학생들은 문제 상황을 제기하거나 가설을 세운 뒤, 다양한 사료를 비교하고 분석하여 자신만의 결론을 도출해야 한다. 이는 일방적 지식 전달이 아닌 능동적이고 주도적인 지식 생산 과정이라는 점에서 의의가 있다. 마치 역사가처럼 능동적인 탐구 과정을 거치며, 역사 지식의 본질과 지식의 생산 과정을 이해할 수 있고, 사건을 바라보는 다양한 시각이 존재함을 인식하며, 비판적 사고력과 문제 해결 능력을 기를 수 있다. 이는 복잡한 문제가 만연한 현대 사회에서 정보를 비판적으로 수용하고 판별하는 데 필요한 능력이기도 하다.

① 중세 문헌을 직접 해석하는 역사 수업을 진행했을 때 고어와 옛 표현을 이해하는 데 어려움을 겪은 학생들이 다수 있었다.

② 20개 지역의 고등학교에서 역사 자료 해석 중심의 수업을 도입한 후 해당 수업을 도입하기 전보다 학생들의 역사 과목 성취도가 상승했다는 보고서가 발표되었다.

③ 학생들이 유물을 직접 분석하고 그에 대해 토의하는 수업을 진행한 학급이 암기식 역사 수업을 진행한 학급보다 역사적 상황에 대한 이해도 평가에서 더 높은 평가 점수를 기록했다.

④ 역사 사료를 분석하는 교육 프로그램에 참여한 학생들은 해당 프로그램에 참여하지 않은 학생들보다 사회 내 문제를 다양한 관점에서 분석하고 판단하는 경향이 큰 것으로 나타났다.

정답 및 해설 p.150

1 다음 글의 논지를 약화하는 것으로 가장 적절한 것은?

전 세계적으로 식량 위기에 대한 우려가 커지고 있다. 인구 증가, 기후 변화, 농경지 감소 등으로 전통적 농업 방식만으로는 미래의 식량 수요를 충족하기 어려울 것으로 예상된다. 최근 들어 이러한 식량 위기에 대한 대응책으로 도시 농업이 각광받고 있다.

도시 농업은 식량 생산지와 소비지 사이의 거리를 최소화하여 물류 비용과 탄소 배출을 줄이고, 신선한 농산물을 도시민에게 공급할 수 있다. 또한 도시 농업의 일종인 수직 농장이나 옥상 정원과 같은 혁신적 재배 방식은 제한된 공간에서 높은 생산성을 달성할 수 있다. 싱가포르와 네덜란드 같은 국가들은 도시 농업 기술을 적극 활용해 식량 자급률을 높이고 있다. 도시 농업은 식량 생산 외에도 도시 생태계 개선, 공동체 활성화, 교육적 효과 등 다양한 부가 가치를 창출한다. 이러한 장점을 고려할 때 식량 공급의 안정성을 강화하기 위해서는 도시 농업의 확대가 필수적이다. 정부와 지자체는 도시 농업 확대를 위한 제도적 지원과 인프라 구축에 적극 투자해야 한다.

① 세계 식량 기구는 2030년까지 전 세계 도시 인구의 식량 공급량 중 최대 20%를 도시 농업을 통해 조달할 수 있을 것이라고 전망했다.

② 농업경제학자들의 연구에 따르면, 도시 농업은 전통적 농업에 비해 단위 면적당 수확량이 최대 15배 많고, 물 사용량은 90%정도 적다.

③ 도시 계획 전문가들은 도시 농업 공간이 증가함에 따라 도시의 열섬 현상이 감소하고 생물 다양성이 향상되는 긍정적 효과가 있다고 평가한다.

④ 도시 농업의 경제성을 분석해 본 결과, 도시 농업 시설을 설치하고 유지하는 비용이 많이 들기 때문에 대규모 농업에는 적합하지 않아 식량 자급률 향상에 미치는 실질적인 영향은 미미할 것으로 예상된다.

2 다음 글의 ㉠을 강화하는 것만을 <보기>에서 모두 고르면?

> 침팬지, 까마귀, 바다수달 등 다양한 동물들이 도구를 사용하는 모습은 지속적으로 관찰되었다. 이는 인간이 도구를 사용하는 유일한 생물이 아니라는 것을 의미한다. 하지만 동물들이 도구를 사용하는 것은 인간이 도구를 사용하는 것과는 질적으로 다른, 그저 본능적 행동 정도로 치부됐다. 20세기 후반에 들어 영장류학자들은 침팬지가 집단별로 서로 다른 도구 사용 방식을 가지고 있으며, 이를 세대 간에 전수한다는 사실을 발견했다. 이것은 동물이 도구를 사용하는 것이 교육과 학습이라는 문화적 사고에 의한 결과물이라는 점을 시사했지만, 여전히 대다수의 학자들은 인간의 도구 사용 능력이 동물의 행위와 다른 인간만의 고유하고 고차원적인 행위라고 믿었다.
>
> 그러나 최근 학계의 ㉠주된 견해는 과거와는 사뭇 다르다. 동물 행동에 대한 다양한 연구가 누적됨에 따라 도구를 사용하는 것이 인간만의 고유한 능력이 아니며, 동물 역시 인간처럼 의도성을 가지고 도구를 사용한다는 것을 인정하는 학자들이 늘어났다. 특히 동물들이 주어진 상황에 맞춰 다양한 방식으로 도구를 사용하는 모습은 동물이 문제 해결 능력, 계획성, 그리고 창의성을 발휘할 수 있다는 것을 방증하며, 동물의 도구 사용에 대한 편견을 해소하는 데 힘을 보태고 있다.

<보기>

ㄱ. 까마귀를 대상으로 한 실험에서 철사를 다뤄본 적이 없는 까마귀가 구부러진 철사를 펴서 통 안의 먹이를 꺼내는 모습이 관찰되었다.

ㄴ. 바다수달은 조개를 깨기 위한 돌을 고를 때 크기와 형태를 고려하며 마음에 드는 돌은 특정 장소에 보관하고 반복하여 사용하는 모습을 보였다.

ㄷ. 돌고래는 먹이를 찾기 위해 바닥을 뒤질 때 코를 보호할 수 있는 적절한 크기와 질감의 해면을 찾아 코에 끼우는데, 이러한 행동은 새끼 때 어미로부터 배우는 것으로 밝혀졌다.

① ㄱ, ㄴ
② ㄱ, ㄷ
③ ㄴ, ㄷ
④ ㄱ, ㄴ, ㄷ

3 다음 글의 (가)를 강화하는 것으로 가장 적절한 것은?

기업의 사회적 책임 활동이란, 환경 보호를 위한 투자, 지역 사회 환원, 윤리적 노동 관행 유지 등과 같은 기업의 자발적 사회 기여 노력을 포함한다. 전통적 관점에서 기업의 유일한 목적은 주주 가치 극대화이며, 사회적 책임 활동은 불필요한 비용으로 간주했다. 1970년대 밀턴 프리드먼은 "기업의 사회적 책임은 이윤을 증대시키는 것"이라고 주장하며, 기업이 사회적 활동에 자원을 투입하는 것은 주주 가치를 훼손하는 일이라고 비판했다.

반면, 이해관계자 이론(Stakeholder Theory)은 기업이 주주뿐만 아니라 직원, 고객, 지역 사회 등 다양한 이해관계자의 이익을 고려해야 한다고 주장한다. 이 관점에서 사회적 책임 활동은 기업의 평판을 높이고, 인재를 유치하며, 고객의 충성도를 높이는 등 장기적으로 기업 가치를 증진한다. 이러한 시각은 2000년대 이후 많은 기업이 사회적 책임 활동 현황 보고서를 발간하고 ESG(환경·사회·지배구조) 성과를 관리하는 추세로 이어졌다.

그러나 사회적 책임 활동과 재무 성과 사이의 실증적 효과에 관한 연구 결과는 항상 일관적이지는 않다. 일부 연구는 사회적 책임 활동이 기업의 장기적인 가치 상승에 긍정적 영향을 준다는 결과를 제시하지만, 사회적 책임 활동의 유의미한 영향을 발견하지 못하거나 심지어 부정적 영향을 보고하는 연구가 있기도 하다. (가) 이러한 연구 결과들은 사회적 책임 활동이 재무 성과에 미치는 영향이 산업 특성, 기업 규모, 경영 전략, 기업 운영 국가의 제도적 환경 등 다양한 조절 변수에 따라 달라질 수 있음을 시사한다.

① 전 세계 500대 기업의 5년간 매출 증가율을 조사한 결과, 윤리적 노동 관행을 지속적으로 유지한 기업일수록 높은 매출 증가율을 기록했다.

② 제품 생산 시설에 친환경 설비를 도입했을 때 대기업은 투자 대비 평균 15%의 수익을 기록한 반면 중소기업은 투자 대비 평균 8% 손실을 입는 것으로 밝혀졌다.

③ 10년간 저소득층 학생들에게 장학금을 지원한 식품 기업의 경우, 지역 사회 환원 활동을 하지 않은 동종 업계 기업보다 고객 충성도가 높다는 연구 결과가 발표되었다.

④ 탄소 배출 규제법이 도입된 후 원자재 기업들의 주가가 큰 폭으로 하락했는데, 이는 주주들이 기업의 생산성과 시장 경쟁력이 저하되는 것을 우려했기 때문인 것으로 나타났다.

정답 및 해설 p.151

1 다음 글의 (가)를 강화하는 것으로 가장 적절한 것은?

행정정보 공개제도는 정부 기관이 보유한 정보를 국민에게 공개함으로써 행정의 투명성과 책임성을 높이는 제도적 장치이다. 이는 1966년 미국의 정보자유법(Freedom of Information Act) 제정 이후 전 세계적으로 확산되어, 현재 100개 이상의 국가에서 유사한 법률을 운영하고 있다. 행정정보 공개는 국민의 알 권리를 보장하고, 정부 활동에 대한 민주적 통제를 강화하며, 행정의 공정성과 효율성을 증진한다.

그러나 모든 행정정보가 무조건 공개되는 것은 아니다. 국가 안보, 개인정보 보호, 수사·재판 관련 정보, 의사결정 과정 중인 사안 등은 공개 제한의 대상이 될 수 있다. 이러한 제한은 공익과 사익의 균형을 위해 필요한 조치이지만, 종종 정부의 자의적 판단에 의해 과도한 비공개 결정이 이루어지는 문제점이 지적되기도 한다.

최근에는 행정정보 공개의 패러다임이 '청구에 의한 공개'에서 '사전적·능동적 공개'로 변화하고 있다. 이는 시민이 청구하기 전에 정부가 보유한 정보를 자발적으로 공개하는 방식으로, 디지털 기술의 발전과 함께 오픈 데이터, 정부 포털 등을 통해 구현되고 있다. (가) 그러나 행정정보 공개제도가 진정한 민주주의적 가치를 실현하기 위해서는 형식적인 정보 접근성만 보장하는 것을 넘어, 시민의 정보 활용 역량 강화와 정보 공개 과정에 대한 시민 참여가 함께 이루어져야 한다.

① 행정정보 공개제도를 채택한 국가들이 정부 투명성 지수에서 지속적으로 상위권을 유지하고 있다는 해외 사례가 보도되었다.

② 동일한 정보 접근성이 보장되면, 사람 간의 정보 이해와 활용 능력 차이는 실제로 큰 영향을 미치지 않는다는 연구 결과가 발표되었다.

③ 대부분의 국가에서 정보공개 청구권을 헌법적 권리로 인정하고, 이에 따라 국제기구들이 행정정보 공개를 민주주의의 핵심 요소로 강조하게 되었다는 조사 결과가 나타났다.

④ 행정정보 공개 제도의 효과성을 분석한 연구에 따르면, 단순히 정보를 공개하는 것보다 시민들이 정보를 쉽게 이해할 수 있도록 하고 정책 결정에 참여할 수 있도록 하는 플랫폼을 함께 제공할 때 정책 신뢰도가 크게 향상되는 것으로 나타났다.

2 다음 글의 논지를 약화하는 것으로 가장 적절한 것은?

> 현대인들은 바쁜 일상으로 인해 독서에 충분한 시간을 할애하기 어렵다. 특히 직장인과 학생들은 업무와 학업으로 인해 2주 이내에 한 권의 책을 완독하는 것이 쉽지 않으며, 이로 인해 대출한 책을 제시간에 반납하지 못하거나 독서를 중단하는 경우가 많다. 현재 국내 대부분의 공공도서관은 도서 대출 기간을 14일로 제한하고 있다. 한 설문조사에 따르면, 도서관 이용자의 67%가 대출 기간이 짧아 책을 충분히 읽지 못했다고 응답했으며, 76%는 대출 기간 연장을 희망한다고 답했다. 미국과 유럽의 여러 공공 도서관은 이미 30일 이상의 대출 기간을 제공하고 있으며, 이를 통해 도서 이용률과 독서율 향상 효과를 거두고 있다. 대출 기간 확대는 시민들이 좀 더 여유롭게 독서를 즐길 수 있는 환경을 조성하고, 책과 더 깊이 교감할 수 있는 기회를 제공할 것이다.

① 도서관 대출 기간을 30일로 확대한 한 지역에서 도서 대출량이 증가했으며, 독서 관련 문화 프로그램 참여율도 높아진 것으로 나타났다.

② 한 연구에 따르면, 대출 기간이 길어질수록 책의 회전율이 낮아져 인기 도서의 경우 도서 대출 대기 기간이 2배 이상 늘어날 수 있다는 사실이 밝혀졌다.

③ 도서관 회원 500명을 대상으로 한 설문조사에서 응답자의 82%가 대출할 수 있는 책의 권수가 많아지면 더 다양한 종류의 책을 빌려볼 의향이 있으며 독서량도 늘어날 것이라고 답했다.

④ 전문가들은 대출 기간이 길어지면 독자들이 더 깊이 있는 독서를 할 수 있고, 특히 전문 서적이나 어려운 고전의 경우 충분한 시간을 두고 읽을 수 있어 독서의 질이 향상될 것이라고 말한다.

3 다음 글의 논지를 약화하는 것으로 가장 적절한 것은?

재난은 예고 없이 발생하며, 신속하고 효과적인 대응이 피해를 최소화하는 데 결정적인 역할을 한다. 이러한 재난 상황에서는 중앙정부와 지방정부 간의 역할 분담이 무엇보다 중요하다. 자연재해나 대형 사고가 발생했을 때, 지방정부는 중앙정부보다 현장과 더 가까워 상황을 신속하게 파악하고 지역 특성에 맞는 대응책을 마련할 수 있다. 또한 지역 주민들의 필요와 요구에 더 민감하게 반응할 수 있어 더욱 신속하고 적절하게 자원을 배분할 수 있다. 실제로 대규모 재난이 발생했을 때 중앙정부의 지원이 지연되어 피해가 확산된 사례가 있었던 반면, 지역 재난관리 시스템을 갖춘 지방자치단체들이 재난 상황이 발생했을 때 초기 대응을 신속하게 수행한 사례가 다수 존재한다. 중앙정부는 재원과 전문성 측면에서 장점이 있지만, 관료주의와 복잡한 의사결정 과정으로 인해 신속한 대응이 어려운 경우가 많다. 즉 재난 대응에 있어 중앙정부보다 지방정부 중심의 분산적 접근 방식이 더 효과적이므로 재난 대응의 주도권은 지방정부에 부여하고 중앙정부는 이를 지원하는 체계를 구축하는 것이 바람직하다.

① 재난관리 성공 사례 연구에서는 지역 특성을 반영한 맞춤형 대응 체계가 표준화된 중앙 지침보다 실용적이었음이 확인되었다.

② 방재 전문가들은 지방정부의 초기 대응 능력과 지역 맞춤형 대피 계획이 대형 지진 발생 시 사망률을 낮추는 핵심 요소라고 분석했다.

③ 실제 재난 사례 분석에 따르면 재난 초기 대응 시간은 지방정부 주도 시스템에서 평균 30분 이상 단축되었고, 이에 따라 인명 피해 감소 효과가 있다고 밝혀졌다.

④ 재난관리기구의 보고서에 따르면 자원과 인력이 풍부한 중앙정부가 통합 지휘 체계를 구축하여 대응할 때 지방정부 주도의 개별 대응 방식보다 대규모 재난의 피해 복구가 더 효율적으로 이루어졌다.

정답 및 해설 p.152

강화 · 약화 단일형 ④

1 다음 글의 논지를 강화하는 것으로 가장 적절한 것은?

> 많은 사람들이 인터넷 기반의 원격 교육이 전통적인 교실 수업보다 효과가 떨어진다고 생각한다. 실제로 원격 교육이 도입된 초기에는 교사와 학생 간의 상호 작용 부족과 기술적 문제 등 다양한 한계점이 지적되었다. 또한 혼자서 학습해야 하는 환경적 특성으로 인해 학습자가 집중력을 지속적으로 유지하기 어렵다는 문제도 제기되었다. 하지만 최근 수년간 축적된 연구 결과들을 종합해 보면, 원격 교육이 교실 수업보다 오히려 더 효과적일 수 있다는 구체적인 증거들이 나타나고 있다. 원격 교육은 학습자가 자신만의 속도와 학습 흐름에 맞춰 학습을 진행할 수 있는 개인 맞춤형 교육 환경을 제공한다. 더불어 즉각적인 평가와 피드백이 가능한 시스템을 통해 학습자는 자신의 이해 수준을 실시간으로 점검하며 부족한 부분을 바로 보완할 수 있다. 특히 정보 기술 환경에서 성장한 젊은 세대에게는 원격 학습 환경이 전통적인 교실 수업보다 친숙하고 편리한 학습 방식으로 받아들여지고 있다. 따라서 원격 교육에 대한 기존의 부정적 인식을 근본적으로 재검토할 필요가 있다.

① 한 설문 조사에 따르면, 교사들은 온라인 수업에서 학생들의 학습 상태를 실시간으로 파악하기 어려워 교육의 질이 저하되고 있다고 응답했다.

② 관련 통계 조사를 진행한 결과, 온라인 수업을 받은 학생들의 학습 중도 포기율은 대면 수업을 받은 학생들보다 두 배 이상 높은 것으로 나타났다.

③ 전문가들은 원격 교육 환경에서는 학습자들이 게임, 영상 시청 등 다양한 디지털 유혹에 쉽게 노출되므로 학습 시간이 교실 수업보다 감소할 것이라고 지적했다.

④ 한 실험에 따르면, 원격 수업 환경에서 학습자들은 개념을 완전히 이해할 때까지 반복적으로 학습하는 경향이 있었고, 교실 수업을 진행한 학습자들에 비해 개념 이해 평가에서 더 높은 점수를 기록했다.

2 다음 글의 (가)를 강화하는 것으로 가장 적절한 것은?

'멀티태스킹(Multitasking)'이란 본래 컴퓨터 용어로, 하나의 시스템이 여러 작업을 동시에 처리하는 능력을 뜻한다. 멀티태스킹의 개념은 디지털 기술이 발달함에 따라 사람에게도 비유적으로 사용되는데, 사람에게 적용되는 멀티태스킹은 다양한 기기를 이용해 여러 업무를 동시에 처리하는 것을 의미한다. 한 사람이 컴퓨터로 온라인 회의를 진행함과 동시에 태블릿으로 관련 정보를 수집하고 휴대전화로 문자를 주고받는 방식으로 업무를 수행하는 것을 예시로 들 수 있다. 이러한 멀티태스킹은 여러 작업을 동시에 진행할 수 있으며 실시간으로 업무에 대응할 수 있다는 장점이 있다. 이에 따라 멀티태스킹을 요구하는 회사와 업종은 점차 늘어나는 추세이다.

그러나 이러한 (가) 멀티태스킹이 인지 기능을 저하시키고 업무 효율성을 떨어뜨린다는 목소리도 있다. 인간의 멀티태스킹은 실제로는 작업을 동시에 처리하는 것이 아니라 빠르게 전환하는 것에 가까운데, 이러한 작업 방식은 주의를 분산시켜 집중력을 저하시키며, 심할 경우 정보 처리 능력의 감소와 기억력의 감소로 이어질 수 있다는 것이다. 또한 일을 할 때마다 주의를 전환하면 뇌가 더 큰 부담을 느끼고 쉽게 피로해져 깊이 있는 사고를 하기 어렵기 때문에 최종 결과물의 완성도와 질을 떨어뜨릴 수 있다는 점도 지적한다.

① 온라인 강의를 들으며 SNS를 확인하는 학생들이 강의에만 집중하는 학생들보다 기억력 테스트에서 더 높은 점수를 받았다.

② 화상 회의 중에 이메일이나 문자를 확인하는 직장인들이 그렇지 않은 직장인들보다 업무 전환 속도가 빠르고 업무 성과도 높았다.

③ 다양한 연령의 운전자들을 대상으로 조사한 결과, 운전 중에 통화를 하면 통화를 하지 않을 때보다 돌발 상황에 대한 반응 속도가 느렸고 교통 표지판 인식률도 떨어졌다.

④ 온라인 학습 플랫폼 데이터를 분석한 결과, 수업 중 여러 화면을 동시에 켜두고 다른 화면으로 자주 전환하는 학생과 하나의 화면에만 집중하는 학생 사이에는 학업 성취도의 차이가 나타나지 않았다.

3 다음 글의 ㉠을 강화하는 것만을 <보기>에서 모두 고르면?

> 사람들은 이득과 손실의 크기가 같더라도 손실에 더 민감하게 반응하는 경향이 있다. 행동경제학에서는 이를 '손실 회피 성향'이라고 한다. 카너먼과 트버스키의 연구에 따르면, 사람들은 100만 원을 얻는 기쁨보다 100만 원을 잃는 고통을 2배 이상 더 크게 느낀다고 한다.
>
> 이러한 손실 회피 성향은 단순한 심리적 편향이 아니라 생존에 유리하게 작용했던 진화적 메커니즘에서 비롯된 것으로 볼 수 있다. 먹이를 얻지 못하는 것보다 포식자에게 잡히는 것이 더 치명적이었던 환경에서, 손실에 더 민감하게 반응하는 개체가 생존에 유리했기 때문이다. 손실과 이득에 대해 처리하는 뇌의 신경회로가 서로 다르고 손실에 대해 강한 정서적 반응이 나타난다는 점이 이를 뒷받침한다.
>
> 최근 연구에 따르면, 이러한 성향이 다양한 의사결정 과정에서 비합리적인 선택으로 이어질 수 있다고 한다. 변화를 선택했을 때 발생할 수 있는 손실을 과도하게 염려하여, 합리적인 검토나 분석 없이 현재 상태를 유지하는 것을 선호하는 ㉠'현상 유지 편향'이 바로 그것이다. 이러한 현상은 특히 투자나 정책 결정과 같은 분야에서 쉽게 발생한다.

───── <보기> ─────

ㄱ. 소비자들은 성능이 우수한 통신사 요금제가 새로 출시되었지만 요금제를 변경하는 번거로움 때문에 기존 요금제를 계속 유지하는 경향을 보였다.

ㄴ. 금리가 인하됨에 따라 변동 금리로 대출을 변경하는 것이 유리해졌음에도 금리 변동의 불확실성에 대한 두려움 때문에 기존과 동일한 고정 금리로 대출을 유지했다.

ㄷ. 한 지방자치단체는 단기적 혼란을 유발할 수 있음에도 불구하고, 수십 년간 추진해 온 도시계획을 전면 재검토한 뒤 교통 통제 시스템을 완전히 변경하는 결정을 내렸다.

① ㄱ, ㄴ

② ㄱ, ㄷ

③ ㄴ, ㄷ

④ ㄱ, ㄴ, ㄷ

정답 및 해설 p.153

1 다음 대화에 대한 평가로 적절한 것만을 모두 고르면?

> 은지: 지역 방언은 국가의 문화유산으로 적극적으로 보존해야 한다고 생각해. 각 지역의 방언에는 그 지역의 역사와 문화, 사람들의 생활 방식이 담겨 있거든. 특히 표준어에 없는 단어들이 많은데, 이것들이 사라지면 우리 언어의 다양성도 줄어들게 돼.
>
> 소은: 나는 지역 방언을 인위적으로 보존하려는 시도가 비효율적이라고 생각해. 언어는 자연스럽게 변화하는 거니까, 현대 사회에서 쓰이지 않는 방언이 사라지는 건 당연한 과정이야. 오히려 의사소통의 효율성을 위해 표준어 사용을 더 권장해야 해.
>
> 은지: 하지만 언어는 단순한 의사소통 도구 이상의 의미가 있어. 방언이 사라지면 그 지역의 정체성과 문화적 다양성도 함께 약화돼. 프랑스나 스페인 같은 나라들도 소수 언어와 방언을 보존하기 위한 정책을 적극적으로 펼치고 있잖아. 사투리 경연 대회나 방언사전 편찬 같은 활동이 필요하다고 봐.
>
> 소은: 그래도 자원과 노력을 투입해서까지 인위적으로 방언을 보존하는 게 얼마나 효과가 있을지 의문이야. 현대 사회에서 청소년들은 지역 방언보다는 표준어나 신조어를 더 많이 사용하고, 지역 간 이동은 계속해서 활발해지고 있어. 이런 상황에서 방언 사용률의 감소는 불가피한 현상이라고 봐.

> ㄱ. 인터넷과 대중매체의 영향으로 젊은 세대의 방언 사용률이 크게 감소했다는 통계는 소은의 입장을 강화한다.
>
> ㄴ. 다양한 방언을 사용하는 직장에서 업무 용어를 표준어로 통일한 후 생산성이 향상되었다는 사례는 은지의 입장을 강화한다.
>
> ㄷ. 특정 지역의 방언을 사용하는 사람들이 다른 지역 사람들과 소통할 때 오해가 발생하는 경우가 많다는 조사 결과는 소은의 입장을 강화한다.

① ㄱ

② ㄴ

③ ㄱ, ㄴ

④ ㄱ, ㄷ

2 다음 글에 대해 평가한 내용으로 가장 적절한 것은?

> 고대 마야 문명은 정교한 수학 체계와 역법으로 잘 알려져 있다. 20세기 초까지 많은 서구 학자들은 마야인들이 고립된 문명이었기에 이러한 복잡한 체계를 독자적으로 발전시켰다고 주장했다. 1940년대 고고학자 A는 마야의 수학적 성취가 실용적 필요 때문에 발전했으며, 주로 농업주기와 종교 의식을 위한 것이라고 주장했다.
>
> 이에 반해 역사학자 B는 마야의 수 체계가 순수한 지적 호기심에서 비롯되었다고 주장했다. 그는 마야인들이 영(0) 개념을 독자적으로 발명하고 자릿값 체계를 발전시킨 것이 수학적 사고의 결과물이라고 보았다. 그러나 수학사학자 C는 그의 해석에 이의를 제기했다. C는 마야인들이 천문학적 계산을 위해 수학을 발전시켰으며, 이것이 권력층의 정치적 정당성을 강화하는 도구였다고 주장했다.
>
> 최근 언어학자 D는 마야 문자 해독을 통해 새로운 관점을 제시했다. 마야의 수학은 실용적 필요와 추상적 개념이 결합된 복합적 발전의 산물이라는 것이다. D에 따르면, 고대 문명의 지식체계를 현대적 분류 틀로 재단하는 것은 위험하다. 시대와 문화에 따라 지식의 경계와 목적이 다르기 때문에, 마야인들에게 수학, 천문학, 종교는 분리된 영역이 아니라 통합된 세계관의 일부였을 가능성이 높다.

① 마야 문명과 메소포타미아 문명 간의 교류 증거가 발견된다면 20세기 초 서구 학자들의 주장은 강화될 것이다.

② 마야 문명의 수학적 기록이 주로 신전과 종교 의식에서 발견된다면 B의 주장은 강화될 것이다.

③ 마야 유물에서 정치 행사가 특정 천체 현상이 발생했던 시점에 맞춰 진행되었다는 기록이 발견된다면 C의 주장은 강화될 것이다.

④ 마야 문명의 수학 문서와 종교 문서가 철저하게 분리되어 관리되었던 흔적이 발견되면 D의 주장은 강화될 것이다.

3 다음 글에서 (가)와 (나)의 입장에 대한 평가로 적절하지 않은 것은?

> 전통 공예의 현대적 계승 방향에 관해서는 크게 두 가지 상반된 관점이 존재한다. (가) 전통 공예의 '원형 보존 주의'는 전통 기법과 재료의 엄격한 유지가 문화적 정체성과 역사적 가치를 보전하는 핵심이라고 주장한다. 이들은 전통 공예의 제작 기법이나 도구가 현대화되면 그 본질적 가치와 정신이 훼손될 수 있다고 우려한다. 원형 보존 주의자들은 특히 유네스코 무형문화재 보호 협약 이후, 많은 국가에서 전통 공예를 '있는 그대로' 보존하기 위한 정책을 강화했다는 점을 강조한다.
>
> 반면에 (나) 전통 공예의 '창조적 계승론'은 현대 사회의 필요와 기술에 맞게 전통 공예를 재해석하고 발전시켜야 한다고 주장한다. 이러한 관점은 전통 공예가 시대에 따라 끊임없이 변화해 왔으며, 현대 사회에서도 살아있는 문화로 기능하려면 변화에 적응해야 한다는 입장이다. 창조적 계승론자들은 전통의 외형만 유지하는 '박제화'보다는 전통 공예의 정신과 미학을 현대적으로 재해석하는 것이 진정한 계승이라고 본다.

① 전통 옻칠 기법으로 목기를 제작하는 장인들이 경제적 어려움으로 인해 기술 전수에 실패하는 경우가 늘었다는 통계가 발표된다면 (가)의 입장은 약화될 것이다.

② 전통 매듭 기법을 응용해 옷을 제작한 국내 디자이너들이 국내외 패션계에서 주목받으며 전통 매듭의 세계적 인지도가 높아진다면 (나)의 입장은 강화될 것이다.

③ 플라스틱으로 제작된 탈을 탈춤 공연에서 사용했더니 전통 탈을 사용했을 때보다 전달력과 몰입도가 저하되었다는 관객 평가가 나온다면 (나)의 입장은 강화될 것이다.

④ 전통 나전칠기 공방에 레이저 조각기를 도입한 이후 기존 수작업으로 불가능했던 미세한 문양을 구현할 수 있게 되었다는 장인의 인터뷰가 공개되면 (가)의 입장은 약화될 것이다.

정답 및 해설 p.154

DAY 26 강화·약화 종합형 ②

제한시간: 3분   시작: 시   분 ~ 종료: 시 분   점수 확인: / 3개

1 ㉠을 평가한 내용으로 적절한 것만을 <보기>에서 모두 고르면?

'진화 심리학'은 인간의 심리적 특성이 자연 선택을 통해 진화했다고 보는 학문이다. 이 관점에서는 현대 인간의 심리적 기제들이 수렵-채집 시대의 적응 문제를 해결하기 위해 발달한 것으로 본다. 예를 들어, 인간이 뱀이나 거미와 같은 특정 대상에 대해 빠르게 공포 반응을 보이는 것은 이러한 생물이 인류 역사에서 지속적인 위협이었기 때문에 발달한 적응 기제라고 설명한다.

존 투비와 레다 코스미데스는 이러한 관점을 체계화하여 ㉠진화적 적응주의 이론을 제시했다. 이 이론에 따르면, 복잡한 인간의 심리적 특성들은 무작위적으로 발생한 것이 아니라 특정 환경적 문제에 대한 해결책으로 자연 선택을 통해 정교하게 설계된 것이다. 따라서 인간의 심리적 특성을 이해하기 위해서는 그것이 어떤 적응적 문제를 해결하기 위해 진화했는지 탐구해야 한다는 것이 이 이론의 핵심이다.

그러나 이 이론은 지나치게 모든 심리적 특성을 적응의 결과로만 해석한다는 비판을 받기도 한다. 일부 학자들은 문화적 요인이나 학습의 영향, 우연적 요소 등이 인간의 심리 발달에 미치는 영향을 간과한다고 지적한다.

──────── <보기> ────────

ㄱ. 인간이 고열량 식품을 선호하는 것은 식량 부족 환경에서 생존에 유리했기 때문이라는 연구 결과는 ㉠을 강화한다.

ㄴ. 인간이 기쁨을 느끼는 것은 환경에 대한 적응 문제를 해결하기 위함이 아니라 뇌 활동의 부산물로 발생했을 가능성이 있다는 신경과학적 연구 결과는 ㉠을 약화한다.

ㄷ. 대부분의 문화권에서는 경건하고 차분한 분위기로 장례식을 진행하지만, 특정 문화권에서는 축제처럼 흥겨운 분위기로 장례식을 진행하기도 한다는 점은 ㉠을 약화한다.

① ㄱ, ㄴ

② ㄱ, ㄷ

③ ㄴ, ㄷ

④ ㄱ, ㄴ, ㄷ

2 다음 글의 (가)와 (나)의 주장에 대해 평가한 내용으로 가장 적절한 것은?

학교 교육 내 학생 평가 방식에 관한 논의에서 (가) 객관식 평가가 공정하고 효율적인 평가 방식이라는 주장과 (나) 서술형 평가가 학생의 사고력을 더 잘 측정할 수 있다는 주장이 대립하고 있다.

전자는 객관식 평가가 채점의 일관성과 공정성을 확보할 수 있고, 많은 학생을 짧은 시간에 평가할 수 있어 효율적이라고 주장한다. 또한 학생들도 명확한 답을 고르는 과정에서 핵심 개념을 정확히 이해했는지를 확인할 수 있다고 본다.

반면 후자는 객관식 시험이 단편적 지식의 암기만을 평가하는 한계가 있다고 비판한다. 이들은 학생들이 자신의 생각을 직접 표현하고 논리적으로 설명하는 과정이 중요하며, 서술형 평가가 비판적 사고력과 창의적 문제 해결 능력을 키우는 데 도움이 된다고 주장한다. 또한 실제 삶에서 직면하는 문제들은 정해진 답이 없는 경우가 많으므로, 열린 질문에 대해 자신의 의견을 구성하는 능력이 중요하다고 강조한다.

최근에는 두 가지 평가 방식의 장점을 결합한 혼합형 평가가 주목받고 있다. 이는 객관식 문항으로 기초 지식을 평가하고, 서술형 문항으로 심화된 사고력과 표현력을 측정하는 방식이다. 이를 통해 평가의 공정성과 효율성을 유지하면서도 학생들의 다양한 역량을 종합적으로 평가할 수 있다는 장점이 있다.

① 객관식 평가가 폭넓은 교육과정의 내용을 가장 효과적으로 측정할 수 있다는 연구 결과는 (가)의 주장을 강화한다.

② 객관식 문항에서도 고차원적 사고력을 요구하는 문제를 출제할 수 있다는 교육학자들의 주장은 (나)의 주장을 강화한다.

③ 객관식 시험에서 높은 점수를 받은 학생들이 실제 문제 해결 상황에서도 우수한 능력을 보였다는 연구는 (가)의 주장을 약화한다.

④ 서술형 평가가 학생의 통합적 사고 능력과 지식 적용 능력의 수준 차이를 가장 명확하게 구분해 낸다는 연구 결과는 (나)의 주장을 약화한다.

3 다음 글에 대해 평가한 내용으로 가장 적절한 것은?

> 어떤 음식이 맛있다고 느끼는 것은 단순히 미각에만 의존하는 것이 아니다. 우리가 음식의 맛을 느끼는 과정에는 다양한 감각이 복합적으로 작용한다. 음식의 향기는 맛 인식에 결정적인 영향을 미친다. 실제로 우리가 '맛'이라고 인식하는 것의 약 80%는 후각을 통해 감지되는 향기에서 비롯된다. 코가 막혀 냄새를 맡지 못할 때 음식의 맛이 없게 느껴지는 경험은 이를 잘 보여준다. 향기 분자는 음식물이 입안에서 씹히는 동안 코로 올라가 후각 수용체와 만나 특유의 풍미를 만들어낸다.
>
> 시각 또한 우리의 맛 경험에 큰 영향을 준다. 같은 음식이라도 그 색상에 따라 맛이 달라진다고 느낄 수 있다. 빨간색 음료는 실제보다 더 달게, 파란색 음료는 덜 달게 느껴지는 경향이 있다. 또한 음식의 모양과 그릇의 색상, 심지어 식당의 조명까지도 우리가 느끼는 맛에 영향을 미친다.
>
> 청각과 촉각 역시 맛 경험의 중요한 요소이다. 바삭한 감자칩을 먹을 때 내는 소리는 그 음식의 신선함과 질감에 대한 인식을 형성하는 데 기여한다. 또한 음식의 온도, 질감, 입안에서의 느낌 등 촉각적 요소도 맛 경험에 큰 영향을 미친다. 예를 들어, 같은 아이스크림이라도 녹은 상태와 단단한 상태에서는 다른 맛으로 느껴질 수 있다.
>
> 더 나아가 심리적, 문화적 요소도 맛 인식에 영향을 준다. 우리의 과거 경험, 기억, 기대, 음식에 대한 개인적 연상 등이 맛 경험을 형성한다. 예를 들어, 어린 시절 자주 먹었던 음식은 특별한 감정을 불러일으키며 더 맛있게 느껴질 수 있다. 또한 같은 음식이라도 고급 레스토랑에서 먹을 때와 패스트푸드점에서 먹을 때 다르게 인식되기도 한다.

① 소음이 심한 환경에서는 짠맛을 덜 느낀다는 연구 결과는 맛 경험에 다양한 감각이 복합적으로 작용한다는 글쓴이의 주장을 약화시킬 것이다.

② 미각 장애가 있는 사람들도 음식의 향과 질감을 통해 맛을 풍부하게 느낄 수 있다는 연구 결과는 미각이 맛 인식의 핵심이라는 글쓴이의 주장을 약화시킬 것이다.

③ 사람들이 같은 와인을 먹더라도 식당에서 들리는 음악의 종류에 따라 맛을 다르게 인식한다는 연구 결과는 청각이 맛 경험에 영향을 준다는 글쓴이의 주장을 강화할 것이다.

④ 사람들이 단맛을 느끼는 정도는 비슷하지만, 성장한 문화권에 따라 쓴맛을 느끼는 정도는 차이가 있다는 연구 결과는 맛 인식에 문화적 요소가 영향을 준다는 글쓴이의 주장을 약화시킬 것이다.

정답 및 해설 p.155

1 다음 글에 대해 평가한 내용으로 가장 적절한 것은?

> 　1879년 알타미라 동굴의 벽화가 처음 발견되었을 때, 많은 학자들은 뛰어난 예술성과 보존 상태로 인해 그림의 선사 시대 기원설을 부인했다. 그러나 1900년대 초에 이르러 다른 지역에서도 이와 유사한 그림이 발견되며 알타미라 동굴 벽화의 선사 시대 기원에 대한 논란은 종결되었고, 본격적인 연구가 시작되었다.
>
> 　연구 초기, 역사학자 갑은 구석기시대 인류를 단순한 수렵꾼으로 간주하며, 그림은 단순히 사냥감을 표시한 취미 생활이었다고 주장했다. 그는 이들이 예술 활동이나 상징적 사고를 할 수 없었을 것으로 생각했다.
>
> 　그러나 미술사학자 을은 그림이 동굴 주변에서 쉽게 구할 수 있는 석회암과 산화철을 물감으로 삼아 그려졌으며, 여러 색을 겹겹이 쌓아 그린 것은 대상을 생동감 있게 묘사하기 위한 의식적 활동의 결과라고 주장했다. 또한 고고학자 병은 이 벽화가 주술적 의식을 위해 그려졌다는 의견을 제시해 학계의 관심을 끌었다. 이후 학자들은 구석기인도 현대인과 동일한 지적 능력을 갖추었으며, 그들도 사회적 의미를 담은 예술 활동을 할 수 있었다고 주장했다.
>
> 　하지만 구석기인이 현대인과 유사한 지적 능력을 갖췄더라도 그들의 예술은 우리와 다른 맥락에서 이해해야 한다. 그들은 체계적인 문자 기록이나 교육 시스템이 없었다. 구석기시대의 사고방식과 문화적 배경은 현대와는 매우 달랐으며, 그들이 동굴에 그림을 그린 이유와 방식은 우리의 관점으로 완전히 이해하기 어렵다. 과거 인류의 행동을 현대인의 시각으로만 해석하면 문화적 맥락을 간과할 수 있다.

① 알타미라 동굴 벽화의 패턴이 무작위적이고 의도성이 없다는 분석 결과가 나온다면 갑의 주장은 강화될 것이다.

② 구석기시대 사람들이 식물성 색소를 추출하여 사용했다는 증거가 발견되면 을의 주장은 강화될 것이다.

③ 알타미라 동굴 근처에서 종교 의식과 관련된 유물이 발견되면 병의 주장은 약화될 것이다.

④ 알타미라 동굴 벽화의 제작 시기가 최근 연구를 통해 2만 년 전으로 앞당겨지면 글쓴이의 주장은 약화될 것이다.

2 다음 대화에 대한 평가로 적절한 것만을 <보기>에서 모두 고르면?

> 갑: 전통 의학은 과학적으로 효과가 검증되지 않았기 때문에 현대 의료 체계에서 인정받기 어렵다고 생각해. 전통 의학의 치료법은 대부분 체계적인 임상 실험을 통과하지 못했고, 효과가 있다고 하더라도 그것이 속임약 효과*인지 실제 치료 효과인지 구분하기 어려워. 따라서 국민 건강을 위해서는 과학적으로 검증된 현대 의학에 의존해야 해.
>
> 을: 전통 의학은 수천 년간 축적된 경험과 지식을 바탕으로 하고 있어. 모든 치료법이 현대적인 임상 실험을 통과해야 한다는 것은 서구 중심적 사고방식이야. 게다가 현대 의약품 중 다수는 전통 의학에서 사용되던 약초에서 유효 성분을 발견해 개발한 것이잖아. 또한 전통 의학은 만성 질환이나 현대 의학으로 치료하기 어려운 질병에 대해 대안적 치료법을 제공할 수 있다는 점에서 그 가치가 존중되어야 해.
>
> 갑: 물론 전통 의학에서 유래한 치료법 중 일부는 과학적 검증을 통해 현대 의학에 통합되기도 했어. 하지만 그것은 전통 의학 자체가 아니라, 그중에서 효과가 검증된 특정 성분이나 방법만을 채택한 거야. 검증되지 않은 전통 치료법을 무분별하게 허용하면 환자들이 적절한 치료 시기를 놓치거나 부작용에 노출될 위험이 있어.
>
> * 속임약 효과: 속임약을 썼을 때 환자가 진짜 약으로 믿어 좋은 반응이 나타나는 일

<보기>

ㄱ. 현대 의학과 전통 의학을 통합한 의료 시스템을 도입한 이후 만성 질환 환자들의 치료 효과가 향상되었다면 갑의 입장은 약화된다.

ㄴ. 전통 의학에서 사용되지 않던 식물의 효능을 현대 과학으로 분석한 결과, 염증을 치료하는 효능이 있음이 확인된다면 을의 입장은 강화된다.

ㄷ. 관절 질환 환자 중 효능이 입증되지 않은 전통 의학 치료를 받은 환자보다 현대 의학 수술을 받은 환자들의 완치율이 높다는 통계가 발표된다면 갑의 입장은 약화되고 을의 입장은 강화된다.

① ㄱ
② ㄱ, ㄴ
③ ㄴ, ㄷ
④ ㄱ, ㄴ, ㄷ

3 다음 글의 ㉠을 평가한 내용으로 가장 적절한 것만을 <보기>에서 모두 고르면?

> 인간은 다른 사람들과 비교하면서 자신을 평가하는 경향이 있다. 사회심리학자 페스팅거는 이러한 현상에 주목하여 연구를 진행했다. 그는 사람들이 자신의 의견이나 능력을 평가할 때 객관적인 기준이 없으면 다른 사람들과의 비교를 통해 자신을 판단한다는 사실을 발견했다.
>
> 페스팅거는 대학생들을 대상으로 한 실험에서, 참가자들이 자신의 능력에 대한 정확한 정보가 부족할 때 주변 사람들의 성취와 자신의 성취를 비교하여 자신감이나 불안감을 느낀다는 것을 확인했다. 또한 시험 점수를 알려주지 않고 단지 '잘했다' 또는 '못했다'라고만 알려줬을 때, 학생들은 다른 학생들의 결과를 알아내려 노력했다.
>
> 페스팅거는 사람들이 자신과 비슷한 사람들과 비교하는 경향이 있다는 점도 발견했다. 운동선수는 다른 운동선수와, 학생은 같은 학년의 다른 학생과 비교하는 것이다. 이러한 연구들을 통해 페스팅거는 ㉠사회 비교 이론을 제안했다. 이 이론은 사람들이 명확한 판단 기준이 없을 때 자신의 의견과 능력을 평가하기 위해 다른 사람들과 비교하며, 이러한 비교가 자신감, 열등감, 동기부여 등 다양한 심리적 결과를 가져온다고 설명한다.

───── <보기> ─────

ㄱ. 서양인이 동양인보다 개인적 목표 달성 여부를 중요시하는 경향이 더 강하다는 연구 결과는 ㉠을 강화한다.

ㄴ. SNS 사용량이 많은 청소년들은 자신의 삶과 타인의 삶을 비교하는 경향이 있으며 대체로 자존감이 낮다는 연구 결과는 ㉠을 강화한다.

ㄷ. 마라톤 선수들은 경력이 쌓일수록 경쟁자와 비교하기보다 자신의 이전 기록과 비교하며 좌절감이나 성취감을 느끼는 경향이 있다는 연구 결과는 ㉠을 약화한다.

ㄹ. 영유아 자녀의 부모를 대상으로 한 설문조사에서 대다수의 부모가 자녀의 발달 속도를 주변의 또래 아이들과 비교하여 평가한다고 응답했다는 연구는 ㉠을 약화한다.

① ㄱ
② ㄴ, ㄷ
③ ㄱ, ㄴ, ㄹ
④ ㄴ, ㄷ, ㄹ

정답 및 해설 p.156

강화 · 약화 종합형 ④

제한시간: 3분   시작: 시   분 ~ 종료: 시   분   점수 확인: / 3개

1 다음 글의 ⊙과 ⓒ에 대한 평가로 올바른 것은?

> 플랫폼 기업은 여러 사람이나 조직이 상호 작용하고 거래할 수 있는 디지털 공간이나 생태계를 제공하는 기업을 의미한다. 이들이 제공하는 플랫폼은 이용자가 많아질수록 사용 가치가 높아지고, 그 결과 더 많은 사람을 끌어들인다는 특징이 있다. 또한 플랫폼 서비스를 운영하기 위해서는 고도의 기술력과 데이터 활용 능력이 요구되므로 초기에 인프라와 시스템을 구축하고 인력을 확보하는 데 막대한 비용이 든다. 이로 인해 현재 플랫폼 시장에서는 초기에 진입한 소수의 빅테크 기업들이 압도적인 지배력을 행사하고 있으며, 후발 기업들은 시장에 진입하는 것 자체가 어려운 상황이다.
>
> 이에 따라 일부 정책 입안자*들은 ⊙일부 플랫폼 기업들의 시장 지배력 강화를 억제하기 위한 규제가 필요하다고 주장한다. 기업 분할이나 인수합병 제한과 같은 구조적 개입을 통해 시장의 경쟁 환경을 회복해야 한다는 것이다. 또한 플랫폼 간 데이터 이동의 편의성을 높이는 정책을 시행하여, 이용자가 원하면 언제든지 자유롭게 플랫폼 이동이 이루어질 수 있도록 해야 한다고 주장하기도 한다.
>
> 반면, 일부 전문가들은 ⓒ과도한 규제가 기술의 혁신을 저해할 수 있다고 경고한다. 플랫폼 기업들의 대규모 투자와 연구 개발이 소비자에게 혁신적 서비스를 제공하는 원동력이 되어왔는데, 규제로 인해 이러한 혁신 동력을 상실할 수 있다는 것이다. 또한 이들은 혁신 동력이 사라지면 글로벌 경쟁 환경에서 자국 기업들의 경쟁력이 약화되어 도태될 수 있다는 우려도 제기한다.
>
> 결국 플랫폼 기업 규제는 시장의 경쟁 촉진과 혁신 장려라는 두 가지 목표 사이의 균형을 찾는 것이 관건이다. 과도한 규제는 혁신을 저해할 수 있지만, 규제의 부재는 독점으로 인한 폐해를 가져올 수 있기 때문이다.
>
> * 입안자(立案者): 안건(案件)을 세우는 사람

① 플랫폼 기업들이 지난 10년간 스타트업 기업들을 인수한 가장 큰 목적이 잠재적 경쟁자를 제거하기 위함이었다고 응답한 조사 결과가 발표된다면 ⊙은 약화될 것이다.

② 이용자가 자신의 데이터를 타 플랫폼에 무료로 전송할 수 있는 제도가 도입된 후, 신생 플랫폼 기업들의 시장 점유율이 상승했다는 연구 결과가 나타난다면 ⊙은 강화될 것이다.

③ 플랫폼 기업들이 독점적 지위를 활용해 플랫폼 이용료를 지속적으로 인상했고 이것이 소비자 물가 상승에도 영향을 끼쳤다는 조사 결과가 발표된다면 ⓒ은 강화될 것이다.

④ 플랫폼 기업의 독점 규제 정책이 강화된 국가에서 규제를 강화하기 이전보다 기술 연구 투자가 위축되고 해당 국가 소재 기업들의 매출이 감소했다는 통계가 발표된다면 ⓒ은 약화될 것이다.

2 다음 대화에 대한 평가로 적절한 것만을 모두 고르면?

> 갑: 국가는 물리학이나 화학 같은 기초적인 과학 이론 연구에 투자를 집중해야 한다고 생각해. 당장의 경제적 이익보다 미래 원천 기술을 확보하는 것이 국가 경쟁력을 높이는 근본적인 방법이야. 노벨상 수상자를 배출한 국가들의 공통점도 기초 과학 이론 연구에 꾸준히 투자해 왔다는 거잖아.
>
> 을: 나는 공학처럼 실용적인 기술 연구에 우선적으로 투자하는 것이 바람직하다고 봐. 한정된 국가 자원으로 가시적인 성과를 내려면 신(新)산업 창출형 연구나 산업 고도화형 연구에 집중해야지. 기초 과학 이론 연구는 결과를 예측하기 어렵고 성과가 나타나기까지 너무 긴 시간이 걸려.
>
> 갑: 하지만 혁신적인 기술 대부분은 처음에는 아무도 주목하지 않았던 기초 과학 이론 연구에서 시작됐어. 현재 우리나라는 응용 기술에만 치중하다 보니 선진국과의 기술 격차를 좁히지 못하고 있는 것이 현실이야. 단기적 성과에 매달리지 말고 미래를 위한 투자가 필요해.

> ㄱ. 현재 첨단 산업 분야를 선도하고 있는 국가들은 최소 한 세기 전부터 기초 과학 이론 발전에 투자하고 있었다는 연구 결과는 갑의 입장을 강화한다.
>
> ㄴ. 개발도상국이었던 국가가 기술 연구에 집중적으로 투자하여 단기간에 세계 20위권 내의 경제 규모를 가진 국가로 성장한 사례는 을의 입장을 약화한다.
>
> ㄷ. 화학이나 생물학에 대한 자료를 충분히 확보하지 않고 신약 개발에 도전한 기업들은 모두 신약 개발에 실패했다는 조사 결과는 갑과 을의 입장을 강화한다.

① ㄱ

② ㄱ, ㄴ

③ ㄱ, ㄷ

④ ㄱ, ㄴ, ㄷ

3 다음 글의 ㉠과 ㉡의 주장에 대한 평가로 올바른 것은?

> 인구의 밀집, 토지 자원의 제한, 자연 훼손 등 현대 도시 주거 문제를 해결하기 위해 주택 공급 방식에 대한 논쟁이 지속되어 왔다. 먼저, ㉠일부 도시 계획 전문가들은 고층 아파트 건설이 도시 주거 문제 해결에 가장 효율적인 방안이라고 주장한다. 제한된 토지에 더 많은 인구를 수용할 수 있고, 기반 시설 확충과 교통 문제 해결에 유리하다는 것이다. 또한 집중적 개발을 통해 도시 외곽의 자연환경을 보존할 수 있는 지속 가능한 선택이라고 본다. 반면, ㉡도시 사회학자들은 저층 주거지가 공동체 형성과 도시 활력 증진에 더 효과적이라고 강조한다. 고층 아파트 위주의 개발은 지역 공동체와 사회적 유대감 형성에 부정적 영향을 미친다는 것이다. 이들은 저층 주거지가 이웃 간 자연스러운 교류를 가능하게 하고, 다양한 주거 형태와 상업 공간이 어우러져 활력 있는 도시 생활을 가능하게 한다고 주장한다.
>
> 결국 도시 주거 문제의 핵심은 효율적인 토지 이용과 주택 공급이라는 현실적 목표와 건강한 도시 공동체 형성이라는 사회적 가치 사이의 균형을 찾는 데 있다. 어느 한쪽에만 치우친 도시 계획은 다른 측면의 문제를 초래할 수 있기 때문이다.

① 동일 면적에서 고층 아파트가 저층 주거지보다 평균 3배 이상의 인구를 수용할 수 있다는 연구 결과가 발표된다면 ㉠의 주장은 강화될 것이다.

② 고층 아파트 개발로 인해 도시 외곽의 녹지 공간이 감소했고 생태 보존 기능도 훼손되었다는 환경 단체의 조사 결과가 나온다면 ㉠의 주장은 강화될 것이다.

③ 20층 이상의 아파트 거주자들은 5층 이하의 주택 거주자들보다 이웃과 인사하지 않는다고 답한 비율이 평균 40% 높았다는 조사 결과가 발표된다면 ㉡의 주장은 약화될 것이다.

④ 아파트의 층수가 많을수록 단지 내 커뮤니티 시설의 주민 이용률이 증가하고 단지에 입점한 상점의 수가 늘어난다는 전문가들의 연구 결과가 발표된다면 ㉡의 주장은 강화될 것이다.

정답 및 해설 p.157

1 다음 대화에 대한 평가로 적절한 것만을 모두 고르면?

> 갑: 과학 연구에서 동물 실험은 필수적이야. 인간과 유사한 생리 구조를 가진 동물을 대상으로 실험해야 신약 개발이나 의학 발전이 가능하기 때문이지. 윤리적 문제가 있더라도 인류의 건강과 생명을 위해서는 동물 실험을 계속해야 해.
>
> 을: 동물 실험이 인류에게 도움이 된다고 해서 무조건 정당화될 수는 없어. 동물도 고통을 느끼는 존재로서 도덕적 지위를 가져. 현대 과학 기술이 발전하면서 컴퓨터 시뮬레이션이나 세포 배양 등의 대체 방법도 개발되었으니, 동물 실험을 줄이고 이러한 대안을 적극적으로 활용해야 해.
>
> 갑: 대체 기술이 발전하고 있다는 점은 인정해. 하지만 아직 완전히 동물 실험을 대체할 수준은 아니야. 생물의 복잡한 상호 작용을 완벽히 모방할 수 있는 기술이 없는 한, 동물 실험은 불가피해. 물론 동물의 고통을 최소화하는 방향으로 실험 절차를 개선하는 것은 필요하다고 생각해.

> ㄱ. 동물 실험을 통해 안정성이 입증된 약물을 인간에게 투여했을 때 다발성 장기부전과 면역계 과반응을 일으킨 사례는 을의 입장을 약화한다.
>
> ㄴ. 원숭이 신장 세포 실험을 통해 개발된 소아마비 백신이 전 세계적으로 소아마비 발병률을 절반 이상 줄였다는 공중보건 통계는 갑의 입장을 강화한다.
>
> ㄷ. 과학자들이 개발한 인공 장기 모형이 실제 장기의 운동 체계를 완벽하게 재현했고, 이를 사용한 실험이 동물 실험보다 예측 정확도가 높았다는 연구 결과는 갑의 입장을 약화한다.

① ㄱ, ㄴ

② ㄱ, ㄷ

③ ㄴ, ㄷ

④ ㄱ, ㄴ, ㄷ

2 ⊙에 대한 평가로 적절한 것만을 <보기>에서 모두 고르면?

식물은 움직이지 못하는 생명체로, 환경 변화에 대응하기 위해 다양한 화학적 방어 메커니즘을 발달시켜 왔다. 식물이 다른 식물의 성장을 억제하기 위해 생산하는 화학 물질에 의한 현상을 '알렐로파시'라고 한다. 이는 그리스어로 '서로 해를 끼치다'라는 의미를 가지고 있다.

초기 식물학자들은 알렐로파시를 식물 간 경쟁의 부수적 현상으로 여겼다. 그러나 1937년 식물학자 몰리시는 식물이 방출하는 화학 물질이 다른 식물의 생장을 직접적으로 억제하는 현상을 체계적으로 연구했다. 특히 호두나무가 주변에 특정 식물의 생장을 억제하는 화학 물질을 방출한다는 사실을 발견했다.

이후 연구에서는 알렐로파시가 단순한 억제 현상을 넘어 식물 생태계의 다양성과 분포에 중요한 영향을 미친다는 증거가 축적되었다. 1980년대 식물생태학자 라이스는 ⊙알렐로파시 생태학 이론을 제시했다. 이 이론에 따르면, 식물은 화학 물질을 통해 주변 환경을 자신에게 유리하게 조성하며, 이는 단순히 적을 제거하는 것이 아니라 생태계 내에서 식물 군집의 구성에 결정적인 영향을 미친다. 이러한 화학적 상호작용은 식물의 생존 전략으로서 진화해 왔다는 것이다.

─────── <보기> ───────

ㄱ. 침엽수림 지역의 토양에 축적된 화학 물질이 초본류의 생장을 억제하고 특정 식물만 선택적으로 살 수 있게 한다는 연구 결과는 ⊙을 약화한다.

ㄴ. 자연 생태계에서는 토양 미생물과 기후 등의 요인으로 인해 식물이 생산하는 화학 물질의 영향을 상쇄하여 그 효과가 미미하다는 연구 결과는 ⊙을 강화한다.

ㄷ. 외래 침입종 식물 A는 주변 식물의 생장을 억제하는 화학 물질을 발산하는데, 원산지에 자생하는 식물 A는 이 화학 물질을 생성하지 않는다는 연구 결과는 ⊙을 강화한다.

① ㄱ

② ㄷ

③ ㄴ, ㄷ

④ ㄱ, ㄴ, ㄷ

3 다음 글의 (가)와 (나)의 주장에 대해 평가한 내용으로 가장 적절한 것은?

(가)아동 교육 연구자들은 어린이들에게 교훈적이고 정서 함양에 도움이 되는 문학 작품 위주로 읽히는 것이 바람직하다고 주장했다. 그들은 어린이들이 바람직한 가치관과 정서를 형성하는 데 도움이 되는 양서를 선별해 읽히는 것이 중요하다고 강조했다. 그러나 (나)아동 심리 연구자들은 아동이 자신의 흥미와 관심에 따라 다양한 장르의 책을 자유롭게 선택하고 읽을 수 있도록 해야 한다고 주장했다. 아동은 어른이 정해준 책보다 스스로 선택한 책에 더 몰입하며, 이를 통해 자발적인 독서 습관을 형성할 수 있다는 것이다. 이에 따라 아동 독서 지도는 크게 두 가지 접근으로 나뉜다. 하나는 가치 중심의 지도 방식으로, 주로 교훈적이고 정서 발달에 도움이 되는 작품을 선별해 읽히는 데 초점을 맞춘다. 다른 하나는 흥미 중심의 지도 방식으로, 아동이 스스로 다양한 장르의 책을 선택하도록 격려하여 자발적인 독서 습관을 키우는 데 중점을 둔다.

그러나 실제 독서 현장에서는 가치 중심과 흥미 중심이 분리되어 적용되기보다는, 아동의 나이와 독서 목적에 따라 두 접근이 유기적으로 결합한 혼합형 지도법이 주로 활용된다. 저학년 아동에게는 정서와 인성 함양을 위한 가치 중심의 그림책을 먼저 제공하고, 고학년으로 올라갈수록 아동의 흥미와 관심을 반영한 다양한 장르의 책 선택을 권장하는 식이다. 또한 독서의 목적에 따라 인성 교육에는 교훈적이고 심층적인 문학 작품을 사용할 수 있고, 지식 습득과 탐구 능력 신장을 위해서는 아동의 호기심을 자극하는 백과사전이나 실용서를 활용할 수도 있다. 이러한 혼합형 접근은 아동의 전인적 성장과 자발적 독서 습관 형성을 모두 고려한 현실적인 대안이라 할 수 있다.

---

① 가치 중심 독서 교육을 받은 아이들이 성인이 되어 자발적으로 독서하는 비율이 더 높다는 장기 연구 결과가 발표되었다면 (가)의 주장은 약화된다.

② 아동이 스스로 책을 선택하도록 했을 때 만화나 오락성 위주의 도서를 주로 읽게 되어 언어 능력 발달이 더딜 수 있다는 연구 결과는 (나)의 주장은 약화된다.

③ 교사가 권장하는 문학 작품만 읽게 한 학급보다 다양한 장르의 책을 자유롭게 선택하게 한 학급의 학생들이 더 높은 독서량을 보였다면 (가)의 주장은 강화된다.

④ 아동의 흥미에 맞추어 책을 선택하게 했을 때, 시간이 지남에 따라 자연스럽게 더 다양하고 수준 높은 도서로 관심이 확장된다는 연구 결과는 (나)의 주장은 약화된다.

정답 및 해설 p.158

강화·약화 종합형 ⑥

제한시간: 3분　시작:　시　분 ~ 종료:　시　분　점수 확인:　/ 3개

1 다음 대화에 대한 평가로 적절한 것만을 모두 고르면?

> 예진: 모든 스포츠 경기에 비디오 판독 기술을 확대 도입해야 한다고 생각해. 사람의 눈으로는 놓치기 쉬운 상황도 정확히 판단할 수 있고, 공정한 경기 운영에 도움이 될 거야. 특히 중요한 대회에서 심판의 오심으로 선수들의 노력이 물거품이 되는 일은 없어야 하잖아.
>
> 현우: 나는 비디오 판독 기술이 스포츠 경기에 도입되면 안 된다고 생각해. 물론 정확한 판정은 중요하지만, 기술에 지나치게 의존하면 경기의 흐름이 끊기고 관중들의 재미도 반감될 수 있어. 실제로 비디오 판독을 위해 경기가 중단되는 시간이 늘어나면서 경기의 긴장감이 떨어진다는 불만도 많아.
>
> 예진: 하지만 공정한 경기 운영이 무엇보다 중요하지 않을까? 잘못된 판정으로 경기 결과가 뒤바뀌는 것보다는 잠시 기다리더라도 정확한 판정을 내리는 것이 선수와 팬 모두에게 더 의미 있는 경기가 될 거야. 또한 기술이 발전하면서 판독 시간도 계속 단축되고 있어.
>
> 현우: 인간적인 요소와 불완전함도 스포츠의 매력이라고 생각해. 심판의 판정에 대한 논란과 토론이 스포츠의 재미를 더하기도 하고. 모든 것을 기계적으로 판단하면 인간의 판단과 감정적 요소가 배제되기 때문에 스포츠의 재미가 반감될 수도 있어. 그리고 모든 종목에 비디오 판독을 도입하려면 비용 문제도 무시할 수 없지.

> ㄱ. 야구 경기에 비디오 판독이 도입된 이후, 1년간 발생한 오심이 전해 대비 50% 감소했다는 통계는 예진의 입장을 강화한다.
>
> ㄴ. 인공지능 판단 기술을 도입하면 비디오 판독 시간을 30초가량 단축할 수 있다는 논문은 예진의 입장과 현우의 입장을 모두 강화한다.
>
> ㄷ. 축구 경기에 비디오 판독이 도입된 이후, 경기가 중단되는 시간이 경기당 평균 15분이 증가했고 관중 수도 지속적으로 감소했다는 조사 결과는 현우의 입장을 강화하고 예진의 입장을 약화한다.

① ㄴ

② ㄱ, ㄷ

③ ㄴ, ㄷ

④ ㄱ, ㄴ, ㄷ

2 다음 글에 대해 평가한 내용으로 가장 적절한 것은?

> 물의 순환은 지구 환경에서 가장 중요한 자연 현상 중 하나이다. 태양 에너지에 의해 바다, 호수, 강 등의 물이 증발하여 수증기가 되고, 이 수증기가 상승하여 구름을 형성한 후 비나 눈의 형태로 다시 지구로 돌아오는 과정이다. 1970년대에 기상학자 A는 이 물의 순환이 기후 변화에 매우 민감하게 반응한다고 주장하였다.
>
> 환경학자 B는 A의 주장을 지지하며, 기온 상승으로 인해 바다에서 증발하는 물의 양이 증가하고 있으며 이로 인해 집중 호우와 가뭄이 더 자주 발생한다고 설명했다. 반면 기후학자 C는 물의 순환과 기후 변화의 연관성을 인정하면서도, 인간의 활동이 물의 순환에 미치는 영향은 미미하다고 주장했다.
>
> 그러나 최근의 연구들은 C의 주장과 달리 인간의 활동, 특히 도시화와 산림 벌채가 물의 순환에 상당한 영향을 미친다는 것을 보여준다. 도시의 아스팔트와 콘크리트는 빗물이 땅으로 스며들지 못하게 하여 지하수 형성을 방해하고, 산림 벌채는 식물에 의한 수분 증발을 감소시켜 기후 변화를 유발한다.

① 평년보다 연평균 기온이 높았지만 물의 순환 양상에서 큰 변화가 없었다면 기상학자 A의 주장은 강화될 것이다.

② 지구 온난화가 심화되면서 과거보다 바닷물의 증발량이 늘었다면 환경학자 B의 주장은 약화될 것이다.

③ 도시화가 진행된 여러 지역에서 지하수 고갈 현상이 관측된다면 C의 주장은 약화될 것이다.

④ 자연 숲과 도시에 조성된 인공 숲에서 증발하는 물의 양에 차이가 없다면 최근 연구들의 견해는 강화될 것이다.

3 ㉠에 대한 평가로 적절한 것만을 <보기>에서 모두 고르면?

> 중세 유럽에서 책은 지식을 전달하거나 전달받을 수 있는 유일무이한 도구였다. 이러한 책은 필사의 방법으로 소량만 제작되었기 때문에 귀족이나 성직자 등 소수만이 접근할 수 있는 귀중품이었다. 그러나 15세기 중반 요하네스 구텐베르크가 활판 인쇄술을 발명하면서 유럽 사회는 급격한 변화를 맞이했다. 인쇄술의 등장으로 책의 생산량이 폭발적으로 증가하고 가격은 하락했으며, 이전에는 상상할 수 없었던 속도로 지식이 확산된 것이다.
>
> 많은 역사학자들은 ㉠ 인쇄술의 발명이 단순한 기술적 진보를 넘어 종교 개혁, 과학 혁명, 계몽주의와 같은 중요한 사회적·지적 혁명을 촉발하는 핵심 동인이었다고 평가한다. 예를 들어, 마틴 루터의 95개조 반박문은 인쇄술 덕분에 빠르게 확산되어 종교 개혁의 불씨가 되었고 인쇄된 과학 서적들은 지식인들 사이에서 새로운 아이디어가 활발하게 교류될 수 있도록 했다.

―――――――― <보기> ――――――――

ㄱ. 인쇄술이 보급된 이후 과학 지식이 대중화되었고 이에 따라 과학 혁명이 일어남으로써 과학적 방법론이 확립되었다는 과학사적 연구 결과가 발표된다면 ㉠은 강화된다.

ㄴ. 종교 개혁 시기에 대다수의 사람이 문맹이자 빈곤층이었기 때문에 마틴 루터의 95개조 반박문과 같은 인쇄물의 효과가 제한적이었다는 연구 결과가 발표된다면 ㉠은 약화된다.

ㄷ. 중국과 한국 등 동아시아에서는 목판 인쇄와 금속 활자가 15세기 이전부터 사용되고 있었으나, 유럽과 같은 급격한 사회 변화는 일어나지 않았다는 연구 결과가 발표된다면 ㉠은 약화된다.

① ㄱ

② ㄱ, ㄷ

③ ㄴ, ㄷ

④ ㄱ, ㄴ, ㄷ

정답 및 해설 p.159

해커스공무원 국어 논리 333 Vol.1

난이도별
하프모의고사

부록

난이도: 하   점수 확인: / 10개

1 결론을 이끌어 내기 위해 빈칸에 들어갈 말로 가장 적절한 것은?

> ○ 체육관에 가면 운동을 한다.
> ○ [   ].
> 따라서 체육관에 가면 샤워를 한다.

① 운동을 한다

② 체육관에 간다

③ 운동을 하면 샤워를 한다

④ 샤워를 하면 운동을 한다

2 (가)와 (나)를 전제로 할 때 빈칸에 들어갈 결론으로 가장 적절한 것은?

> (가) 책 읽기를 좋아하는 어떤 사람은 글쓰기를 좋아한다.
> (나) 요리하는 것을 좋아하지 않는 모든 사람은 글쓰기를 좋아하지 않는다.
> 따라서 [   ].

① 책 읽기, 글쓰기, 요리하기를 모두 좋아하는 사람은 없다

② 책 읽기, 글쓰기, 요리하기를 모두 좋아하는 사람이 있다

③ 요리하는 것을 좋아하는 모든 사람은 책 읽기를 좋아한다

④ 책 읽기를 좋아하는 어떤 사람은 요리하는 것을 좋아하지 않는다

3 다음 글의 논지를 강화하는 것으로 가장 적절한 것은?

최근 몇 년 사이 집이나 사무실 내부에 식물을 활용한 인테리어, 이른바 '플랜테리어'에 대한 관심이 급격히 증가하고 있다. 많은 사람들은 이를 단순히 미적 요소를 더하기 위한 장식으로만 여기곤 하지만, 식물을 실내에 배치하는 행위는 심미적인 만족을 넘어 다양한 환경적, 심리적 이점을 가져다준다. 여러 연구에 따르면 식물은 실내 공기 중 유해 물질을 흡수하고 습도를 조절해 실내 환경을 개선한다. 더 나아가, 식물이 있는 공간에서 생활하는 사람들은 스트레스 수치가 낮아지고 집중력과 업무 효율성이 높아지는 것으로 나타났다. 실제로 일부 기업은 직원들의 생산성 향상을 위해 사무실 내 플랜테리어를 적극 도입하고 있으며, 이에 대해 직원들로부터 긍정적인 피드백을 받고 있다. 따라서 플랜테리어는 단순한 인테리어 트렌드를 넘어 실질적인 삶의 질 향상을 위한 수단으로 재조명될 필요가 있다.

① 전문가들은 실내 식물의 흙이나 화분에 곰팡이가 번식해 알레르기를 유발할 수 있다고 지적했다.

② 관련 조사에서 플랜테리어 유행 이후 관엽 식물의 수입량이 늘어나면서 일부 관엽 식물 품종의 가격이 급등했다는 것이 밝혀졌다.

③ 플랜테리어에 사용되는 식물 대부분은 실내의 제한된 햇빛으로 인해 원활한 성장을 하지 못한다는 연구 결과가 발표되었다.

④ 한 실험에 따르면 식물이 놓인 사무실에서 일한 피실험자들은 평균적으로 집중 시간이 늘어났으며 작업 속도가 빨라지고 결과물의 질도 향상되었다.

4 밑줄 친 결론을 도출하기 위해 추가해야 할 전제는?

샌드위치를 좋아하는 어떤 사람은 커피를 좋아한다. 따라서 커피를 좋아하는 어떤 사람은 디저트를 좋아한다.

① 샌드위치를 좋아하는 모든 사람은 디저트를 좋아한다.

② 커피를 좋아하는 어떤 사람은 디저트를 좋아하지 않는다.

③ 디저트를 좋아하는 어떤 사람은 커피를 좋아하지 않는다.

④ 샌드위치를 좋아하는 모든 사람은 디저트를 좋아하지 않는다.

5 다음 글의 (가)와 (나)의 주장에 대해 평가한 내용으로 가장 적절한 것은?

> 학교 교육에서 체육 교육은 학생들의 신체 기능 향상과 전인적 성장을 목표로 한다. 이러한 목표를 달성하기 위해 체육 교육의 방향성을 적절히 설정하는 것이 중요한데, 이에 대해서는 크게 두 가지 입장이 있다. 먼저 전통적인 체육 교육자들은 (가)체육 교육은 기초 체력 향상과 운동 기술 습득에 중점을 두어야 한다고 주장한다. 이들은 학생들이 체력을 증진하고 운동 기술을 익히도록 하기 위해 표준화된 교육 체계와 정량화된 평가가 중요하다고 강조한다. 반면에 체육 교육의 다양한 측면을 고려하는 교육자들은 (나)기초 체력 향상보다는 스포츠 정신과 협동심 함양, 평생 체육으로의 연결이 더욱 중요하기 때문에 학생들이 체육 활동에 즐겁게 참여하는 데 중점을 두어야 한다고 주장한다. 단순히 운동 기술과 관련된 평가 점수를 높이는 것보다 학생들이 체육 활동에 즐겁게 참여하고, 스포츠 정신과 협동심을 기르며 생활 속에서 체육 활동을 지속할 수 있는 태도를 형성하는 것이 중요하다고 본 것이다.

① 청소년의 체력 저하가 심각한 사회 문제로 대두되고 있다는 기사가 보도된다면 (가)의 주장은 약화된다.

② 체육 교육에 즐겁게 참여했던 학생들은 성인이 되어서도 규칙적으로 운동하는 경우가 많다는 통계가 발표된다면 (나)의 주장은 강화된다.

③ 체력 향상 중심의 체육 교육을 경험한 학생들의 협동심이 더 높다는 연구 결과가 공개된다면 (가)의 주장과 (나)의 주장은 모두 약화된다.

④ 운동 기술을 습득하는 데 어려움을 느낀 학생은 체육 활동에 대한 흥미를 잃을 가능성이 높다는 논문이 게재된다면 (가)의 주장과 (나)의 주장은 모두 강화된다.

6 다음 글의 논지를 약화하는 것으로 가장 적절한 것은?

> 고령 운전자의 면허 사용을 제한하는 정책은 공공 안전을 위해 필수적이다. 나이가 들수록 시력, 청력, 인지 능력, 반응 속도 등이 저하되어 안전하게 운전할 능력이 감소한다. 75세 이상 운전자는 젊은 운전자에 비해 치명적인 교통사고 발생률이 4배 이상 높다는 통계가 이를 뒷받침한다. 또한 고령화로 인한 치매 등의 인지 장애는 운전할 때 중요한 판단력을 크게 저하시키지만, 많은 고령 운전자는 스스로의 운전 능력 저하를 인식하지 못하거나 인정하지 않는 경향이 있다.
> 이러한 위험을 고려할 때, 특정 연령 이상의 운전자들에게 주기적인 의학적 검사와 운전 능력 테스트를 의무화하고, 필요한 경우 운전면허를 제한하거나 취소하는 정책이 도입되어야 한다. 고령 운전자의 이동권도 중요하지만, 이는 도로 이용자 모두의 안전을 위해 불가피한 조치이다.

① 미국 교통안전연구소의 조사 결과, 70세 이상의 운전자가 위험한 운전 습관을 가진 40~50대 운전자보다 사고 발생률이 낮았다.

② 70세 이상 운전자들의 인지 능력 테스트를 3년 주기로 의무화한 국가의 경우, 고령 운전자의 과실로 인한 교통사고가 줄어들었다는 보고가 있다.

③ 75세 이상의 고령자들은 45세 이하의 운전자보다 돌발 상황에 대한 반응 시간이 평균 0.8초 더 길며, 야간 운전 시 사물 감지 능력도 현저히 낮은 것으로 밝혀졌다.

④ 교통안전 전문가들은 나이가 많을수록 운전 경험이 풍부하고 난폭 운전을 덜 하는 경향이 있지만, 신체적 능력의 저하로 인한 위험 증가가 이러한 이점을 상쇄한다고 지적한다.

7 다음 빈칸에 들어갈 결론으로 가장 적절한 것은?

> ○ 도시락을 싸 오면 식비를 아낄 수 있다.
> ○ 식비를 아낄 수 없거나 식사 시간이 부족하지 않다.
> ○ 도시락을 싸 왔다.
> 따라서 [　　　　　　　　　　　].

① 식비를 아낄 수 없다

② 식사 시간이 부족하지 않다

③ 도시락을 싸 왔고 식비를 아낄 수 없다

④ 식비를 아낄 수 없고 식사 시간이 부족하다

8 다음 글에 대해 평가한 내용으로 가장 적절한 것은?

> 감정 표현의 문화적 차이는 오랫동안 연구자들의 관심 대상이었다. 먼저 문화심리학자 갑은 서양인들은 감정을 직접적으로 표현하지만, 동양인들은 감정 표현을 절제하는 경향이 있다는 주장을 펼쳤다. 표정 연구로 유명한 을은 기쁨, 슬픔, 분노와 같은 기본적인 감정을 나타내는 표정은 문화와 관계없이 보편적이지만, 이러한 감정을 언제 어떻게 표현할지는 문화적 특성에 따라 달라진다고 주장했다.
>
> 반면, 문화인류학자 병은 이런 연구들이 지나친 일반화라고 비판했다. 병은 개인의 감정 표현 방식을 집단의 특성으로 단순화하는 것은 개개인의 특수성을 간과하게 만든다고 지적했다. 이에 갑과 을을 지지하는 학자들은 문화적 차이를 인정하는 것이 고정 관념이 아니라 다양성을 이해하는 출발점이며, 그들의 연구가 문화 간 의사소통을 개선하는 데 기여할 수 있다고 반박했다.
>
> 감정 표현의 문화적 차이를 이해하는 것은 글로벌 시대에 매우 중요하다. 하지만 특정 문화권에 대한 일반화가 개인의 고유한 성격과 경험을 무시하는 결과를 낳아서는 안 된다. 또한 문화는 고정된 것이 아니라 시간에 따라 변화하며, 특히 디지털 시대에는 문화 간 교류가 활발해지면서 문화권에 따른 감정 표현 방식의 차이가 모호해지는 경향이 있다. 결국 감정 표현의 문화적 차이를 연구할 때는 문화적 특성과 개인적 특성 사이의 복잡한 상호작용을 고려해야 하며, 문화 간 차이점뿐만 아니라 공통점도 함께 살펴보는 균형 잡힌 시각이 필요하다.

① 소셜 미디어의 발달로 전 세계 젊은 세대의 감정 표현 방식이 유사해지고 있다는 논문이 발표되면 글쓴이의 주장은 강화될 것이다.

② 동양 문화권 내에서도 개개인에 따라 감정을 표현하는 방식에 상당한 차이가 있다는 연구 결과가 밝혀진다면 병의 주장은 약화될 것이다.

③ 소속된 문화권과 관계없이 모든 사람이 동일한 상황에서 비슷한 감정을 느낀다는 뇌 영상 연구 결과가 공개된다면 을의 주장은 약화될 것이다.

④ 여러 문화권의 사람들이 함께 일하는 다국적 기업에서 감정 표현의 문화적 차이에 대해 교육하는 프로그램이 있다면 갑의 주장은 약화될 것이다.

9 다음 대화의 내용이 모두 참이라고 할 때 반드시 참인 것은?

> 수훈: 오늘은 우리 점심을 같이 먹자. 나는 냉면이나 떡볶이를 먹고 싶어.
> 유빈: 좋아. 그런데 나는 떡볶이는 먹지 않을 거야.
> 수훈: 그럼 떡볶이는 먹지 말자. 대신 냉면을 먹게 된다면 만두는 먹지 말자.
> 유빈: 그래? 만두를 먹지 않는다면 나는 아이스크림을 먹을 거야.

① 수훈이와 유빈이는 떡볶이를 먹는다.
② 수훈이와 유빈이는 냉면과 만두를 먹는다.
③ 수훈이와 유빈이는 만두와 아이스크림을 먹는다.
④ 수훈이와 유빈이는 냉면과 아이스크림을 먹는다.

10 다음 글의 ㉠을 강화하는 것만을 〈보기〉에서 모두 고르면?

사람들은 자신의 기존 믿음이나 가설을 지지하는 정보를 선호하고, 이를 반박하는 정보는 무시하거나 거부하는 경향이 있다. 이를 심리학에서 '확증 편향'이라고 한다. 피터 웨이슨의 실험에서, 참가자들은 자신이 세운 가설을 검증하기 위해 가설을 반박할 수 있는 사례를 찾기보다는 가설이 맞는지 확인하는 시도만 반복하는 모습을 보였다.

이러한 확증 편향은 단순히 게으른 사고의 결과만은 아니다. 인간의 뇌는 정보 처리 과정에서 에너지를 절약하려는 경향이 있고, 자신의 기존 신념과 일치하는 정보를 처리할 때 더 적은 인지적 노력이 필요하기 때문이다. 또한 자신의 믿음이 도전받을 때 느끼는 심리적 불편함을 회피하려는 동기도 작용한다.

최근 연구에 따르면, 오늘날 이러한 확증 편향이 더욱 심화되고 있다고 한다. 검색 알고리즘과 추천 시스템이 사용자의 과거 행동 패턴을 학습하여 비슷한 성향의 정보만 제공하고, 사용자들은 자신이 원하는 정보만 선택적으로 탐색할 수 있게 되었기 때문이다. 이로 인해 ㉠신념 고착화 현상, 즉 개인이 잘못된 믿음을 가지고 있더라도 반박 증거에 노출되지 않아 그 믿음이 더욱 견고해지는 현상이 발생한다.

〈보기〉
> ㄱ. 서로 다른 정치 성향을 가진 사람들이 참여한 온라인 토론에서 참가자들의 극단적 견해가 완화되는 결과가 나타났다.
> ㄴ. 온라인 도서 판매 회사에서 구매 이력을 기반으로 한 도서 추천 서비스를 도입한 이후 자신이 선호하는 사상이나 이데올로기에 대한 서적만을 구매하는 독자가 많아졌다.
> ㄷ. 특정 증권 종목에 대해 낙관적으로 전망한 투자자들이 개인화된 뉴스 피드를 통해 해당 종목의 긍정적 분석 기사만 접하게 되어 위험 요소를 간과한 채 잘못된 투자 신념이 더욱 확고해졌다.

① ㄱ, ㄴ   ② ㄱ, ㄷ
③ ㄴ, ㄷ   ④ ㄱ, ㄴ, ㄷ

정답 및 해설 p.160

1 다음 글의 밑줄 친 결론을 도출하기 위해 추가해야 할 전제는?

> A 지역 청소년의 학업 성취도가 하락한다면, A 지자체는 교육 예산을 늘릴 것이다. 해당 지자체에서 할 수 있는 선택은 교육 예산을 늘리지 않거나 학습 보조금을 확대하는 것이다. 그러나 A 지자체가 학습 보조금을 확대한다면 A 지방의 재정은 악화된다. 따라서 A 지방의 재정은 악화될 것이다.

① A 지자체가 교육 예산을 늘리지 않는다.

② A 지역 청소년의 학업 성취도가 하락한다.

③ A 지자체가 학습 보조금을 확대하지 않는다.

④ A 지자체에서 교육 예산을 늘리면 A 지역 청소년의 학업 성취도는 하락하지 않는다.

2 다음 진술이 모두 참일 때 반드시 참이 되는 것은?

> ○ 갑이 출장을 가거나 을이 출장을 간다.
> ○ 을이 출장을 가거나 병이 출장을 간다.
> ○ 병이 출장을 가면 정이 출장을 간다.

① 갑이 출장을 가면 병이 출장을 간다.

② 병이 출장을 가면 을이 출장을 간다.

③ 을이 출장을 가지 않으면 정이 출장을 간다.

④ 갑이 출장을 가지 않으면 을도 출장을 가지 않는다.

3 (가)~(다)를 전제로 할 때 빈칸에 들어갈 결론으로 가장 적절한 것은?

> (가) 야근을 하는 날이면 커피를 마신다.
> (나) 야근을 하지 않는 날이면 운동을 한다.
> (다) 잠을 충분히 자면 운동을 하지 않는다.
> 따라서 _____

① 운동을 하면 커피를 마신다.

② 잠을 충분히 자면 야근을 하지 않는다.

③ 야근을 하는 날이면 운동을 하지 않는다.

④ 커피를 마시지 않으면 잠을 충분히 자지 않는다.

4 ㉠을 평가한 내용으로 적절한 것만을 〈보기〉에서 모두 고르면?

> 민주주의 국가에서 시민 참여의 방식과 효과에 관하여 ㉠직접 민주주의 이론은 시민들이 정책 결정 과정에 직접 참여할 때 정치적 정당성이 높아지고 효과적인 정책 운영이 가능하다고 주장한다. 이 관점에서는 주민 투표, 주민 발의, 시민 배심원제, 마을 회의 등 시민들이 직접 의견을 개진하고 결정에 참여하는 제도적 장치가 중요하다고 본다. 직접 민주주의론자들은 시민들이 자신의 삶에 영향을 미치는 결정에 직접 참여할 때 지역 문제에 대한 이해도가 높아지고, 공동체 의식이 강화되며, 정책의 실행 과정에서 순응도도 높아진다고 주장한다.
> 반면, 대의 민주주의 이론은 복잡한 현대 사회에서 모든 시민이 모든 정책 결정에 직접 참여하는 것은 비효율적이며, 전문성 부족으로 인해 판단 오류가 발생할 가능성이 크다고 본다. 대의 민주주의론자들은 선거를 통해 선출된 대표자가 전문가의 조언을 받아 정책을 결정하는 것이 더 효율적이고 합리적이라고 주장한다. 한편 이들은 시민들이 직접 참여하는 방식에 대해서는 참여하는 시민들이 사회 전체를 대표하지 못하고, 의사 결정 방향이 특정 이익 집단이나 여론에 의해 쉽게 좌우될 수 있다는 우려를 제기한다.

> ─────〈보기〉─────
> ㄱ. 예산 심의 과정에 주민들을 참여시킨 지방 자치단체에서 예산 집행의 투명성이 향상되고 불필요한 예산 낭비가 감소했다는 연구 결과는 ㉠을 강화한다.
> ㄴ. 환경 정책에 관한 시민 포럼에서 전문 지식이 부족한 참가자들이 감정적 판단에 의존하여 과학적 근거가 부족한 결론을 도출했던 사례는 ㉠을 약화한다.
> ㄷ. 직접 민주주의 제도가 활발한 국가에서 국민의 정책 만족도와 정부 신뢰도가 대의 민주주의 제도를 활용하는 국가보다 높게 나타났다는 조사 결과는 ㉠을 강화한다.

① ㄱ, ㄴ 　　　　② ㄱ, ㄷ

③ ㄴ, ㄷ 　　　　④ ㄱ, ㄴ, ㄷ

5 다음 대화의 빈칸에 들어갈 말로 적절한 것은?

> A: 우승 경험이 있는 야구팀은 모두 완벽한 팀워크를 갖추고 있습니다.
> B: 우승 경험이 있는 야구팀 중 일부는 선수들의 개인 기량이 뛰어납니다.
> C: _____
> D: 여러분의 이야기가 모두 사실이라면, 연습 시간이 긴 야구팀 중 일부는 선수들의 개인 기량이 뛰어나겠군요.

① 우승 경험이 있는 야구팀 중 일부는 연습 시간이 길지 않습니다.

② 우승 경험이 있는 야구팀은 모두 선수들의 개인 기량이 뛰어납니다.

③ 연습 시간이 길지 않은 야구팀은 모두 우승 경험이 없는 야구팀입니다.

④ 완벽한 팀워크를 갖추고 있는 야구팀은 모두 연습 시간이 길지 않습니다.

6 다음 글의 논지를 약화하는 것으로 가장 적절한 것은?

> 우리나라 대부분의 직장은 점심시간이 1시간으로 정해져 있다. 이는 8시간 이상 근무 시 1시간 이상의 휴게시간을 부여해야 한다는 근로기준법 제54조에 명시된 최소 기준을 따른 것이다. 그러나 점심시간은 최소 1시간 30분으로 확대할 필요가 있다. 현대 직장인들은 과도한 업무량과 스트레스로 인해 충분한 휴식을 취하지 못하고 있다. 특히 점심시간이 1시간일 때 식사 준비 시간과 이동 시간을 고려하면 실제 휴식에 할애할 수 있는 시간은 20분 내외에 불과하여, 직장인들이 제대로 된 휴식을 취하기 어렵다. 직장인을 대상으로 한 설문조사에 따르면, 응답자의 72%가 현재 점심시간이 부족하다고 느끼며, 78%는 점심시간 연장을 희망한다고 답했다. 스페인과 그리스 등 일부 유럽 국가들은 이미 90분 이상의 점심시간을 보장하고 있으며, 점심시간을 90분 이상 보장받는 직장인들이 그렇지 못한 직장인들보다 직장 만족도와 오후 업무 효율성이 크게 높은 것으로 나타났다. 따라서 점심시간 확대는 직장인들이 여유롭게 식사하고 재충전할 기회를 제공하며, 건강한 직장 문화 조성에도 기여할 것이다. 그러므로, 우리나라에서도 직장인의 복지 향상과 업무 효율성 증대를 위해 최소 1시간 30분의 점심시간을 보장해야 한다.

① 한 기업에서 점심시간을 90분으로 확대한 이후, 직원들의 업무 만족도가 향상된 것으로 조사됐다.

② 연구에 따르면, 점심시간이 긴 직장일수록 연장 근무가 잦거나 업무 강도가 높아 임직원들의 평균적인 스트레스 지수가 높게 나타났다.

③ 전문가들은 점심시간이 길어지면 직장인들이 충분한 휴식을 통해 정신적 피로를 해소할 수 있고, 창의적 사고와 문제 해결 능력이 향상된다고 말한다.

④ 직장인 1,200명을 대상으로 한 설문조사에서 응답자의 84%가 점심시간이 연장되면 동료들과의 소통이 늘어날 것이며, 직장 내 인간관계도 개선될 것이라고 답했다.

7 (가)~(라)를 전제로 할 때 빈칸에 들어갈 결론으로 가장 적절한 것은?

> (가) 조깅을 하면 스트레칭을 한다.
> (나) 요가를 하면 명상을 한다.
> (다) 조깅이나 요가 중 적어도 한 가지를 한다.
> (라) 조깅은 하지 않는다.
> 따라서 [＿＿＿＿＿＿＿＿＿＿＿＿]

① 명상만 한다.
② 스트레칭을 하지 않는다.
③ 명상을 하는지 알 수 없다.
④ 스트레칭을 하는지 알 수 없다.

8 (가)와 (나)에 대한 평가로 옳은 것은?

> 치료 중심 의료는 질병을 적극적으로 치료하고, 첨단 의료 기술로 환자의 건강을 회복시키는 데 중점을 둔다. 이는 전문 의료진과 최신 의료 시설을 갖추고 선진화된 치료법을 활용하여 환자의 생명을 구하거나 고통을 경감시키는 등의 즉각적이고 가시적인 효과를 지향하는 것이다. 이러한 치료 중심 의료의 가치는 응급 상황이 발생하거나 중증 질환을 치료할 때 분명하게 드러난다. 또한 첨단 의료 기술 개발과 신약 연구를 촉진하여 의학 전체의 진보에 이바지하기도 한다. 이와 같은 장점을 고려했을 때 (가)치료 중심 의료의 지지자들은 외상이나 질병에 직접 대처할 수 있는 의료 기관의 수를 늘리고, 효과적인 치료법이나 의약품을 개발하는 것이 의료 정책의 핵심이 되어야 한다고 주장한다.
>
> 반면, 예방 중심 의료는 질병이 발생하기 전에 이를 예방하는 데 초점을 맞춘다. 이는 건강한 생활 습관 형성, 예방 접종, 조기 검진 등을 통해 질병의 발생 자체를 감소시키는 것이 더 효과적이고 경제적이라고 보는 관점이다. 예방 중심 의료는 국민 전체의 건강 수준을 향상시키고, 만성 질환의 부담을 줄이며, 장기적으로 의료비를 절감하는 효과까지 있다. 또한 개인의 건강 관리 역량을 강화하고, 건강 형평성을 증진하는 데 기여한다는 점에서 사회적 가치도 크다. 이러한 장점을 고려했을 때 (나)예방 중심 의료의 지지자들은 의료 자원의 더 많은 부분이 치료보다 예방에 할당되어야 하며, 공공 보건 시스템과 지역 사회 기반의 건강 증진 프로그램이 강화되어야 한다고 주장한다.

① 응급 환자에 대한 의료진의 적극적·선제적 조치를 의무화한 국가에서의 의료 사고 발생률이 전 세계 평균 의료 사고 발생률보다 높았다면, (가)의 주장은 강화된다.

② 무증상 단계에서도 질병을 조기 발견할 수 있는 신형 의료 기기가 상용화된 이후 과다 진단과 과잉 치료가 늘어나 환자의 경제적 부담이 가중되었다면, (가)의 주장은 강화된다.

③ 지역 사회에서 운영한 대부분의 질병 예방 프로그램이 참가자들의 질병 발생률에 변화를 주지 못했다면 (나)의 주장은 약화된다.

④ 고령화 사회에 진입한 이후 국민의 예방 접종 비용을 무상으로 지원한 국가에서 만성 질환 의료비가 줄어들었고 국민의 건강 수준이 향상되었다면, (나)의 주장은 약화된다.

9 다음 글의 ⑦을 강화하는 것으로 가장 적절한 것은?

18세기 후반부터 19세기까지 지배적이었던 고전경제학은 아담 스미스의 '보이지 않는 손'으로 대표되는 시장의 자율적 조정 기능을 중시했다. 그러나 1929년 대공황을 계기로 케인즈 경제학이 등장하면서 시장의 자율적 조정은 실패할 가능성이 있으며 이에 따라 정부의 적절한 개입이 필요하다는 점이 강조되었다. 1970년대부터는 신고전주의 경제학이 부상하며 다시 시장의 기능과 경제 현상을 수학적으로 분석하려는 경향이 강해졌다. 현대 경제학은 주로 신고전주의 패러다임에 기반하여, 수학적·계량적 분석을 통해 경제 현상을 설명하고 예측하려 한다. 이러한 접근법은 복잡한 경제 현상을 단순화하여 수학적 공식으로 설명해 체계적인 분석을 가능하게 했다. 하지만 2008년 발생한 글로벌 금융 위기를 주류 경제학자들이 예측하거나 설명하지 못했기 때문에 ⑦현대 경제학은 지나치게 수식에만 의존하여 복합적이면서 미시적인 특성을 지닌 경제 현실을 제대로 반영하지 못한다는 회의적 목소리가 커지기도 했다. 현재는 이러한 비판을 의식하여 행동경제학, 제도경제학 등 다양한 대안적 접근법이 제시되었고, 경제 현상과 흐름을 분석하는 데 적극적으로 활용되고 있다.

① 경제학 분야의 주요 학술지에 게재되는 논문들은 점점 더 난해한 수학 공식을 사용하고 있으며, 그 실효성에 대한 의문도 지속적으로 제기되고 있다.

② 노벨경제학상 수상자들의 연구 업적을 분석한 결과, 수리적 모델을 활용한 연구가 그렇지 않은 연구에 비해 인용 횟수가 더 많았다는 것이 밝혀졌다.

③ 주요 경제 예측 기관들이 사용하는 계량적 분석 시스템은 최근 10년간 예측의 정확도가 지속적으로 향상되어 경제 정책을 결정할 때 유용하게 활용되고 있다.

④ 경제학과 교수들을 대상으로 한 조사에서, 수학적 지식을 적절히 활용한 연구가 현실 경제 현상을 더 정확하게 설명하고 예측할 수 있다는 응답이 80% 이상을 차지했다.

10 다음 조건들이 참이라고 할 때 반드시 참인 것은?

○ 갑, 을, 병, 정 중 적어도 한 명은 회의에 참석한다.
○ 갑과 을이 모두 회의에 참석하면 병도 회의에 참석한다.
○ 병이 회의에 참석하면 정도 회의에 참석한다.
○ 정은 회의에 참석하지 않는다.

① 갑과 병은 모두 회의에 참석한다.

② 갑과 을은 모두 회의에 참석하지 않는다.

③ 을과 정은 모두 회의에 참석하지 않는다.

④ 갑이 회의에 참석하지 않으면 을이 회의에 참석한다.

정답 및 해설 p.163

1 다음 글의 밑줄 친 결론을 이끌어 내기 위해 추가해야 할 것은?

> 습하고 따뜻한 환경은 세균이 증식한다. 정체된 물은 따뜻하고 오염되어 있다. 질병이 발생하지 않는 곳은 오염되지 않았거나 세균이 증식하지 않는다. 따라서 정체된 물이 있는 곳은 질병이 발생한다.

① 정체된 물은 습하다.

② 세균이 증식하는 곳은 질병이 발생한다.

③ 질병이 발생하는 곳은 오염되어 있고 세균이 증식한다.

④ 정체된 물은 오염되어 있지만 세균이 증식하지 않는다.

2 빈칸에 들어갈 결론으로 가장 적절한 것은?

> □□ 마트의 상품 진열과 관련하여 다음과 같은 사실이 알려졌다.
> ○ 과자가 A 진열대에 놓이거나 음료수가 B 진열대에 놓인다.
> ○ 음료수가 B 진열대에 놓이면 라면이 C 진열대에 놓인다.
> ○ 라면이 C 진열대에 놓이면 쌀이 D와 E 진열대에 놓인다.
> ○ 쌀은 D 진열대에 놓이지 않거나 E 진열대에 놓이지 않는다.
> 따라서 [   ]을 알게 되었다.

① 과자가 A 진열대에 놓인다는 것

② 라면이 C 진열대에 놓인다는 것

③ 음료수가 B 진열대에 놓인다는 것

④ 쌀이 D와 E 진열대에 모두 놓인다는 것

3 다음 글의 결론을 이끌어 내기 위해 추가해야 할 전제로 적절한 것은?

> 공정한 평가를 받으면 부정행위가 없다. 부정행위가 있거나 온라인으로 진행된다. 따라서 공정한 평가를 받지 않거나 추가 검증을 받는다.

① 온라인으로 진행되면 추가 검증을 받는다.

② 온라인으로 진행되면 공정한 평가를 받는다.

③ 부정행위가 있으면 공정한 평가는 받지 않는다.

④ 공정한 평가를 받지 않으면 추가 검증을 받지 않는다.

4 다음 글의 ㉠과 ㉡에 대한 평가로 올바른 것은?

> ㉠화폐 정책 독립성론에서는 중앙은행이 정치적 압력으로부터 독립적으로 화폐 정책을 시행해야 한다고 본다. 이는 선거 주기에 맞춰 경기를 부양하려는 정부나 정치인들의 단기적 이해관계에서 벗어나, 중앙은행이 물가 안정이라는 장기적 목표에 집중할 수 있어야 한다는 이론이다. 이를 주장하는 학자들은 역사적으로 중앙은행의 독립성이 높은 국가들이 대체로 낮은 인플레이션율을 유지했다는 점을 근거로 제시한다. 독립적인 중앙은행은 시장 참여자들에게 물가 안정에 대한 신뢰를 제공함으로써 경제의 불확실성을 줄이고 지속 가능한 경제 성장에 기여한다는 것이다. 이들은 독립성이 책임성과 균형을 이루어야 하며 완전히 민주적 통제에서 벗어나는 것은 아니지만, 일상적인 정치 과정으로부터의 자율성은 반드시 보장되어야 한다고 주장한다.
>
> 반면 ㉡화폐 정책 민주성론에서는 중앙은행의 과도한 독립성에 대해 우려를 제기한다. 이를 주장하는 학자들에게 화폐 정책은 사회 각 계층에 다른 영향을 미친다는 점에서 본질적으로는 정치적인 선택이다. 예를 들어, 인플레이션 억제를 위한 고금리 정책은 노동자와 중소기업에 큰 부담을 주지만 자본가나 대기업에 주는 부담은 상대적으로 작다. 따라서 이러한 중요한 경제적 결정이 민주적으로 선출된 대표자들의 영향력에서 벗어나 소수의 전문가에게 맡겨지는 것은 민주주의 원칙에 위배된다는 것이다. 이들은 전문성의 중요성은 인정하지만, 중앙은행이 다양한 사회집단의 이해관계를 반영하고 고용 극대화나 불평등 완화 등의 더 광범위한 경제적 목표를 고려하는 방식으로 운영되어야 한다고 주장한다.

① 선거가 있는 해에 집권당이 중앙은행에 금리 인하 압력을 가해 경기 변동성이 커졌던 사례는 ㉠의 주장을 약화한다.

② 중앙은행이 정치적 개입을 완전히 배제하고 물가 안정에만 집중한 결과, 계층 간 불평등이 심화되었던 사례는 ㉡의 주장을 강화한다.

③ 정치적 압력에 취약했던 중앙은행이 법적 독립성을 강화한 후 인플레이션율이 유의미하게 감소했다는 연구 결과는 ㉠의 주장을 약화한다.

④ 중앙은행의 독립성이 높아진 후 금리 인상 시기에 저소득층의 실업률이 고소득층보다 급격하게 증가하는 경향이 있다는 통계는 ㉡의 주장을 약화한다.

5 다음 진술이 모두 참일 때 반드시 참인 것은?

> ○ 커피를 마시거나 차를 마신다.
> ○ 커피를 마시면 과자와 케이크를 먹는다.
> ○ 과자를 먹지 않으면 주스를 마신다.

① 주스를 마시거나 차를 마신다.
② 케이크를 먹으면 차를 마신다.
③ 케이크를 먹거나 차를 마신다.
④ 커피를 마시지 않으면 과자를 먹는다.

6 다음 글의 (가)를 강화하는 것으로 가장 적절한 것은?

> 법학자 하트는 법체계가 일차적 규칙과 이차적 규칙으로 구성된다고 주장한다. 일차적 규칙은 시민들에게 특정 행동을 요구하거나 금지하는 의무 규칙이며, 이차적 규칙은 일차적 규칙의 식별, 변경, 적용을 관장하는 규칙이다. 하트에 따르면, 원시적 사회는 일차적 규칙만으로 구성된 체제를 가지며, 이러한 체제는 규칙의 불확실성, 정적 성격, 비효율성이라는 세 가지 결함을 지닌다. 발전된 법체계는 이러한 결함을 극복하기 위해 승인 규칙, 변경 규칙, 재판 규칙이라는 세 가지 이차적 규칙을 발전시킨다. 승인 규칙은 어떤 규칙이 법적 효력을 갖는지 식별하는 기준을 제공하고, 변경 규칙은 규칙을 개정하는 절차를 규정하며, 재판 규칙은 규칙 위반 여부를 판단하는 권한을 부여한다. (가)하지만 현대 사회의 일부 영역에서는 공식적인 법체계의 이차적 규칙이 효과적으로 작동하지 못하고, 비공식적인 규범과 관행이 법적 기능을 대체하는 경우가 존재한다.

① 선진국의 사법 시스템은 모든 국민에게 평등하게 적용되며 효율적으로 분쟁을 해결한다.
② 국가 간 분쟁 발생 시 비공식 외교 채널을 활용해 분쟁의 수위를 적절히 조절하는 경우가 많다.
③ 대기업들은 법적 분쟁이 발생하였을 때 정부 기관의 법적 중재를 통해 문제를 해결하려는 경향이 있다.
④ 특정 범죄자는 더 무겁게 처벌해야 한다는 국민 여론이 강해짐에 따라 법원이 일부 범죄에 대한 양형 기준을 수정하는 사례가 늘고 있다.

7 (가)~(다)가 모두 참이라고 할 때 빈칸에 들어갈 결론으로 가장 적절한 것은?

> (가) 모든 공주는 지혜로운 판단력을 갖추고 있다.
> (나) 모험을 하는 모든 사람은 참을성이 강하다.
> (다) 어떤 공주는 참을성이 강하지 않다.
> 따라서 [   ]

① 어떤 공주는 모험을 한다.
② 모든 공주는 참을성이 강하지 않다.
③ 지혜로운 판단력을 가진 어떤 공주는 참을성이 강하다.
④ 어떤 공주는 지혜로운 판단력을 갖추고 있으면서, 모험을 하지 않는다.

8 다음 글에 대한 평가로 가장 적절한 것은?

> 지리적 표시제를 둘러싸고 국제 사회에서 다양한 입장이 대립하고 있다. 경제학자 A는 지리적 표시제가 지역 특산품의 품질과 명성을 보호함으로써 경제적 가치를 창출할 수 있다고 주장한다. A에 따르면, 지리적 표시제의 도입으로 생산자는 차별화된 제품을 생산하여 경제적 이익을 극대화하고 지역 브랜드를 구축할 수 있다. 더 나아가 관광업과의 연계를 통해 해당 지역의 경제 활성화 효과도 기대할 수 있다. 또한 소비자 입장에서는 제품의 출처를 자연스럽게 인식할 수 있기 때문에 정보의 비대칭성 문제가 해소될 수 있고, 품질을 판단할 수 있는 기준을 수립할 수 있다는 점도 강조한다.
>
> 반면 통상전문가 B는 지리적 표시제가 자유무역 원칙에 반하는 보호 무역 주의라고 비판한다. 특히 시장을 선점한 국가들이 자국 상품의 보호를 위해 지리적 표시 보호를 강화하면 후발 주자들의 시장 진입에 장벽이 형성된다고 주장한다. 또한 '스카치위스키'나 '샴페인'처럼 일반적으로 사용되던 제품의 명칭이 특정 지역에서만 독점적으로 사용되게 할 경우, 다른 지역의 생산자들은 더 이상 해당 제품명을 사용할 수 없어 피해를 볼 수 있다는 점도 지적한다.
>
> 한편 문화인류학자 C는 지리적 표시제의 문화적 가치에 주목한다. 그는 지리적 표시가 지역의 전통 지식과 문화적 정체성을 보존하는 중요한 수단이라고 본다. 개발도상국의 경우 전통 제품을 지리적 표시로 보호함으로써 문화적 자산의 무단 전용을 방지하고, 이를 지역의 경제 발전의 동력으로 활용할 수 있다고 강조한다.

① 지리적 표시 인증을 받은 지역에서 포도주 생산자들의 수익이 증가하고 관광객이 늘어난 사례는 A의 주장을 약화한다.
② 지리적 표시제로 보호되는 후추의 생산 지역에서 젊은 세대가 전통 농사법을 계승하지 않고 도시로 이주하는 현상은 B의 주장을 약화한다.
③ 아시아에서 보편적으로 재배되던 작물이 특정 국가에서만 지리적 표시제로 보호를 받게 된 후 해당 작물을 재배하던 다른 국가의 농가들이 파산한 사례는 B의 주장을 강화한다.
④ 지리적 표시 인증을 등록한 후 세계적으로 인지도가 상승한 개발도상국 커피의 판매 이익 대부분이 해당 국가의 지역이 아닌 다국적 기업에 돌아갔다는 조사 결과는 C의 주장을 강화한다.

9 다음 대화에 대한 평가로 적절한 것만을 모두 고르면?

수지: 현대 미술에서 전통적인 기법과 미학적 가치를 계승하는 것은 여전히 중요합니다. 아무리 시대가 변해도 조형 요소의 균형, 구도의 조화, 색채 사용의 원리와 같은 기본적인 예술 원칙은 변하지 않습니다. 특히 디지털 기술이 발달한 시대일수록 손으로 직접 재료를 다루는 아날로그적 감성과 장인정신이 더 가치 있게 여겨질 수 있습니다.

윤선: 저는 현대 미술이 기존의 관습에서 벗어나 새로운 시도와 혁신을 추구해야 한다고 생각합니다. 미술은 항상 시대의 변화를 반영하고 때로는 그 변화를 선도해 왔습니다. 디지털 기술, 관객 참여 전시, 설치 미술 등 다양한 실험적인 작품들이 현대 미술의 영역을 확장하고 있습니다. 관객과의 소통 방식도 다양해져야 하며, 때로는 기존의 미학적 가치에 도전하는 것도 필요합니다.

수지: 물론 새로운 시도는 중요합니다. 그러나 혁신만을 추구하다 보면 작품의 본질적 의미가 퇴색될 위험이 있습니다. 많은 현대 작가들이 단순히 새롭다는 이유만으로 관심을 끌려고 하거나, 기술적 화려함에만 치중하는 경향이 있습니다. 그러나 진정한 예술 작품은 시대를 초월한 보편적 감동을 전달할 수 있어야 합니다.

윤선: 예술이 시대를 초월한 가치를 가질 수 있다는 점에는 동의합니다. 그러나 그 가치가 반드시 전통적인 형태로만 표현될 필요는 없습니다. 르네상스 시대의 화가들도 당시로서는 혁신적인 기법을 도입하며 미술의 새 지평을 열었습니다. 지금의 실험적 시도들도 먼 미래에는 하나의 전통으로 자리 잡을 수 있습니다. 중요한 것은 작가의 진정성과 시대정신을 얼마나 잘 표현했는가입니다.

ㄱ. 우수한 평가를 받은 현대 미술 작품들은 전통적인 기법을 활용하여 창작된 경우가 많다는 연구 결과는 수지의 입장을 강화한다.

ㄴ. 현대 미술관 관람객 중 65%가 전통적인 회화 작품 전시보다 디지털 기술을 활용한 관객 참여 전시에서 더 많은 시간을 보냈다는 조사 결과는 윤선의 입장을 강화한다.

ㄷ. 젊은 작가들의 실험적 작품이 국제 미술제에서 높은 평가를 받고 미술 시장의 새로운 트렌드를 형성했다는 비평문은 윤선의 입장을 강화하고 수지의 입장을 약화한다.

① ㄴ
② ㄱ, ㄴ
③ ㄱ, ㄷ
④ ㄱ, ㄴ, ㄷ

10 다음 진술이 모두 참일 때 반드시 참이 되는 것은?

○ A 제품이 출시되면, B 제품과 C 제품이 모두 출시된다.
○ C 제품이 출시되지 않으면, D 제품도 출시되지 않는다.
○ B 제품이 출시되지 않은 경우에만, D 제품이 출시된다.
○ A 제품이 출시되지 않으면, E 제품도 출시되지 않는다.
○ D 제품은 출시되었다.

① A 제품이 출시되면, E 제품도 출시된다.

② A 제품이 출시되었고, B 제품도 출시되었다.

③ B 제품이 출시되면, A 제품은 출시되지 않는다.

④ C 제품은 출시되었고, B 제품은 출시되지 않았다.

정답 및 해설 p.166

정답 및 해설

DAY 01 진위 판단 ① p.30

1 ④	**2** ④	**3** ②

1
정답 ④

정답 설명
④ 제시된 진술을 기호화하면 다음과 같다.

> (1) 유학 프로그램 → ~국내 어학연수 신청
> ≡ 국내 어학연수 신청 → ~유학 프로그램 (대우)
> (2) 국내 어학연수 신청 → ~외국어 능력 시험
> (3) 국내 어학연수 신청

(3)과 (2)를 결합하여 '~외국어 능력 시험'을 도출할 수 있으므로 '~외국어 능력 시험'은 항상 참이다. 또한 (3)과 (1)의 대우를 결합하여 '~유학 프로그램'을 도출할 수 있으므로 '~유학 프로그램'도 항상 참이다. 따라서 제시된 진술이 모두 참일 때 반드시 참인 것은 ④ '유학 프로그램이 확대되지 않고 외국어 능력 시험이 시행되지 않는다(~유학 프로그램 ∧ ~외국어 능력 시험)'이다.

오답 분석
① (3)과 (1)의 대우를 결합하여 '~유학 프로그램'을 도출할 수 있으므로 '유학 프로그램이 확대된다(유학 프로그램)'는 거짓이다.
② (3)과 (2)를 결합하여 '~외국어 능력 시험'을 도출할 수 있으므로 '외국어 능력 시험이 시행된다(외국어 능력 시험)'는 거짓이다.
③ (3)과 (2)를 결합하여 '~외국어 능력 시험'을 도출할 수 있으므로 '~외국어 능력 시험'은 참이다. 그러나 (3)과 (1)의 대우를 결합하여 '~유학 프로그램'을 도출할 수 있으므로 '유학 프로그램'은 거짓이다. 따라서 '유학 프로그램이 확대되고 외국어 능력 시험이 시행되지 않는다(유학 프로그램 ∧ ~외국어 능력 시험)'는 거짓이다.

📖 개념 톺아보기

명제의 기호화

논리 기호	의미	예문	기호화
→	가언 (단순 함축)	• P이면 Q이다. • 모든 A는 B이다.	• P → Q • A → B
~	부정	• P가 아니다.	• ~P
∨	선언	• P 또는 Q이다.	• P ∨ Q
∧	연언	• P이면서 Q이다. • 어떤 A는 B이다.	• P ∧ Q • A ∧ B

2
정답 ④

정답 설명
④ 제시된 진술을 기호화하면 다음과 같다.

> (1) 프로그래머 → 문제 해결 능력
> (2) 데이터 분석가 → 통계 지식
> (3) 프로그래머 ∧ 데이터 분석가

(3)에 따르면 프로그래머이면서 데이터 분석가인 사람이 일부 존재한다. 이 사람은 (1)에 따라 문제 해결 능력이 있으며, (2)에 따라 통계 지식도 갖추고 있다. 즉, 문제 해결 능력과 통계 지식을 모두 갖춘 사람이 일부 존재함이 도출된다. 따라서 ④ '문제 해결 능력이 있는 어떤 사람은 통계 지식이 있다'는 반드시 참이 된다.

오답 분석
① (1)과 (3)의 결합을 통해 '일부 데이터 분석가는 문제 해결 능력이 있다[데이터 분석가 ∧ (프로그래머 → 문제 해결 능력)]'는 것을 알 수 있지만, '모든 데이터 분석가가 문제 해결 능력을 가진다(데이터 분석가 → 문제 해결 능력)'는 확정할 수 없으므로 반드시 참이 되는 것은 아니다.
② (2)를 통해 '모든 데이터 분석가가 통계 지식이 있다(데이터 분석가 → 통계 지식)'는 것을 알 수 있으나 '통계 지식이 있는 모든 사람은 데이터 분석가이다(통계 지식 → 데이터 분석가)'는 확정할 수 없으므로 반드시 참이 되는 것은 아니다.
③ (1)을 통해 '모든 프로그래머가 문제 해결 능력이 있다(프로그래머 → 문제 해결 능력)'는 것을 알 수 있으나 '문제 해결 능력이 있는 모든 사람은 프로그래머이다(문제 해결 능력 → 프로그래머)'는 확정할 수 없으므로 반드시 참이 되는 것은 아니다.

📖 개념 톺아보기

가언 명제의 역·이·대우

1. 역

개념	가언 명제의 전건과 후건의 위치를 바꾸는 경우
특징	원래의 명제가 참이더라도 그 역의 참, 거짓은 알 수 없다.
예	• [원 명제] 사람이면 동물이다. (사람 → 동물) • [역] 동물이면 사람이다. (동물 → 사람)

2. 이

개념	가언 명제의 전건과 후건을 부정하는 경우
특징	원래의 명제가 참이더라도 그 이의 참, 거짓은 알 수 없다.
예	• [원 명제] 사람이면 동물이다. (사람 → 동물) • [이] 사람이 아니면 동물이 아니다. (~사람 → ~동물)

3. 대우

개념	가언 명제의 전건과 후건의 위치를 바꾸고, 전건과 후건을 부정하는 경우
특징	원래의 명제가 참이라면 그 대우는 반드시 참이 된다.
예	• [원 명제] 사람이면 동물이다. (사람 → 동물) • [대우] 동물이 아니면 사람이 아니다. (~동물 → ~사람)

3

정답 ②

정답 설명

② 제시된 진술을 기호화하면 다음과 같다.

> (1) 문화 예술 관심 → ~직업 선택 제한
> ≡ 직업 선택 제한 → ~문화 예술 관심 (대우)
> (2) ~직업 선택 제한 → ~경제적 어려움
> ≡ 경제적 어려움 → 직업 선택 제한 (대우)
> (3) 경제적 어려움

(3)에서 확정된 '경제적 어려움을 겪는다(경제적 어려움)'를 (2)의 대우에 대입하면 '직업 선택이 제한된다(직업 선택 제한)'가 확정된다. 이를 (1)의 대우에 대입하면 '문화 예술에 관심이 많지 않다(~문화 예술 관심)'를 도출할 수 있다. 따라서 반드시 참인 진술은 ② '문화 예술에 관심이 많지 않다(~문화 예술 관심)'이다.

오답 분석

① (3)에서 확정된 '경제적 어려움을 겪는다(경제적 어려움)'를 (2)의 대우에 대입하면 '직업 선택이 제한된다(직업 선택 제한)'가 확정된다. 따라서 '~직업 선택 제한'은 거짓이므로 ① '직업 선택이 제한되지 않는다(~직업 선택 제한)'는 참이 아니다.

③ (3)에 의해 '경제적 어려움을 겪는다(경제적 어려움)'가 참임은 알 수 있으나, 이를 (2)의 대우에 대입하면 '직업 선택이 제한된다(직업 선택 제한)'가 확정된다. 또한 이를 (1)의 대우에 대입하면 '문화 예술에 관심이 많지 않다(~문화 예술 관심)'가 확정된다. 따라서 '경제적 어려움'은 참이지만, '문화 예술 관심'은 반드시 거짓이므로 ③ '문화 예술에 관심이 많고 경제적 어려움을 겪는다(문화 예술 관심 ∧ 경제적 어려움)'는 참이 아니다.

④ (3)에서 확정된 '경제적 어려움을 겪는다(경제적 어려움)'를 (2)의 대우에 대입하면 '직업 선택이 제한된다(직업 선택 제한)'가 확정된다. 따라서 '직업 선택 제한'은 참이지만, '~경제적 어려움'은 반드시 거짓이므로 ④ '직업 선택이 제한되고 경제적 어려움을 겪지 않는다(직업 선택 제한 ∧ ~경제적 어려움)'는 참이 아니다.

📖 개념 톺아보기

여러 형태로 나타나는 가언 명제

아래 예문들은 모두 'P이면 Q이다(P → Q)'의 의미를 갖는다.

- P이기 위해서 Q이어야만 한다.
- Q가 아니면 P가 아니다.
- Q일 때에만 P이다.
- 오직 Q이면 P이다.
- Q일 경우에만 P이다.
- Q이어야만 P이다.

---

1 ④	**2** ④	**3** ③

1

정답 ④

정답 설명

④ 제시된 내용을 기호화하면 다음과 같다.

> (1) 우주 탐사 지원 → 고압 적응 훈련
> ≡ ~고압 적응 훈련 → ~우주 탐사 지원 (대우)
> (2) 고압 적응 훈련 → 기본 물리학 지식
> ≡ ~기본 물리학 지식 → ~고압 적응 훈련 (대우)
> (3) ~국제 연구 → 우주 탐사 지원
> ≡ ~우주 탐사 지원 → 국제 연구 (대우)

(1)과 (3)을 결합하여 '~국제 연구 → 우주 탐사 지원 → 고압 적응 훈련'을 도출할 수 있으므로 '~국제 연구 → 고압 적응 훈련'은 반드시 참이 된다. 이에 따라 '~국제 연구 → 고압 적응 훈련'의 대우인 '~고압 적응 훈련 → 국제 연구'도 반드시 참이 된다. 따라서 답은 ④ '고압 적응 훈련을 완료하지 않으면 국제 연구에 참여할 수 있다(~고압 적응 훈련 → 국제 연구)'이다.

오답 분석

① (1)과 (2)를 결합하여 '우주 탐사 지원 → 고압 적응 훈련 → 기본 물리학 지식'을 도출할 수 있으므로 '우주 탐사 지원 → 기본 물리학 지식'은 반드시 참이 된다. 따라서 ① '우주 탐사 임무에 지원하면 기본적인 물리학 지식이 없다(우주 탐사 지원 → ~기본 물리학 지식)'는 거짓이다.

② (2)의 대우, (1)의 대우, (3)의 대우를 결합하면 '~기본 물리학 지식 → ~고압 적응 훈련 → ~우주 탐사 지원 → 국제 연구'를 도출할 수 있으므로 '~기본 물리학 지식 → 국제 연구'는 반드시 참이 된다. 하지만 제시된 진술을 통해 '기본 물리학 지식 → 국제 연구'가 반드시 참이 된다고 확정할 수는 없다. 따라서 ② '기본적인 물리학 지식이 있으면 국제 연구에 참여할 수 있다(기본 물리학 지식 → 국제 연구)'는 반드시 참이 되는 것은 아니다.

③ (1)과 (3)을 결합하여 '~국제 연구 → 우주 탐사 지원 → 고압 적응 훈련'을 도출할 수 있으므로 '~국제 연구 → 고압 적응 훈련'은 반드시 참이 된다. 하지만 제시된 진술을 통해 '국제 연구 → 고압 적응 훈련'이 반드시 참이 된다고 확정할 수는 없다. 따라서 ③ '국제 연구에 참여하려면 고압 적응 훈련을 완료해야 한다(국제 연구 → 고압 적응 훈련)'는 반드시 참이 되는 것은 아니다.

2 정답 ④

정답 설명
④ 제시된 진술을 기호화하면 다음과 같다.

> (1) 과학적 탐구 → 비판적 사고
>   ≡ ~비판적 사고 → ~과학적 탐구 (대우)
> (2) 비판적 사고 → 정보 분석
>   ≡ ~정보 분석 → ~비판적 사고 (대우)
> (3) ~정보 분석 → ~합리적 의사결정
>   ≡ 합리적 의사결정 → 정보 분석 (대우)

(1)의 대우와 (2)의 대우를 결합하면 '~정보 분석 → ~비판적 사고 → ~과학적 탐구'가 성립한다. 따라서 '~정보 분석 → ~과학적 탐구'임을 도출할 수 있으므로 반드시 참인 것은 ④ '정보 분석 능력이 향상되지 않으면 과학적 탐구 방법을 습득하지 않는다(~정보 분석 → ~과학적 탐구)'이다.

오답 분석
① 제시된 전제를 통해 '합리적 의사결정'과 '비판적 사고력'의 관계성은 확인할 수 없으므로 ① '합리적 의사결정이 이루어지면 비판적 사고력이 발달한다(합리적 의사결정 → 비판적 사고)'가 참인지 알 수 없다.

② (1)과 (2)를 결합하면 '과학적 탐구 → 비판적 사고 → 정보 분석'이 성립한다. 따라서 '과학적 탐구 → 정보 분석'이므로 ② '과학적 탐구 방법을 습득하면 정보 분석 능력은 향상되지 않는다(과학적 탐구 → ~정보 분석)'는 거짓임을 알 수 있다.

③ 제시된 전제를 통해 '합리적 의사결정'과 '비판적 사고력'의 관계성은 확인할 수 없으므로 ③ '비판적 사고력이 발달하지 않으면 합리적 의사결정이 이루어진다(~비판적 사고 → 합리적 의사결정)'가 참인지 알 수 없다.

🔎 개념 톺아보기

타당한 명제 추론 규칙

이중 부정	~(~P) ≡ P
교환 법칙	• P ∧ Q ≡ Q ∧ P • P ∨ Q ≡ Q ∨ P
결합 법칙	• (P ∧ Q) ∧ R ≡ P ∧ (Q ∧ R) • (P ∨ Q) ∨ R ≡ P ∨ (Q ∨ R)
드모르간의 법칙	• ~(P ∧ Q) ≡ ~P ∨ ~Q • ~(P ∨ Q) ≡ ~P ∧ ~Q
대우 규칙	P → Q ≡ ~Q → ~P
실질 함축	P → Q ≡ ~(P ∧ ~Q) ≡ ~P ∨ Q

3 정답 ③

정답 설명
③ 제시된 진술을 기호화하면 다음과 같다.

> (1) 오케스트라 관람 → 클래식 음악
> (2) 오케스트라 관람 ∧ 재즈 페스티벌
> (3) 재즈 페스티벌 → ~즉흥 연주 능력

이때 (2)를 통해 '오케스트라 관람'과 '재즈 페스티벌'이 참이므로 (1)과 (3)에서 전건을 긍정하여 '클래식 음악'과 '~즉흥 연주 능력'을 확정할 수 있다. 따라서 제시된 진술이 모두 참이라고 할 때 반드시 참이 되는 것은 ③ '클래식 음악에 대한 이해가 깊어지고 즉흥 연주 능력이 향상되지 않는다(클래식 음악 ∧ ~즉흥 연주 능력)'이다.

오답 분석
① (2)를 통해 (1)에서 전건을 긍정하여 '클래식 음악'을 확정할 수 있으므로 '클래식 음악'은 참이다. 그러나 (2)를 통해 (3)에서 전건을 긍정하여 '~즉흥 연주 능력'을 확정할 수 있으므로 '즉흥 연주 능력'은 거짓이다. 따라서 ① '클래식 음악에 대한 이해가 깊어지고 즉흥 연주 능력이 향상된다(클래식 음악 ∧ 즉흥 연주 능력)'는 거짓이다.

② (1)과 (2)를 통해 '클래식 음악 ∧ 재즈 페스티벌'임을 알 수 있으므로 '클래식 음악'은 참이고 '~재즈 페스티벌'은 거짓이다. 따라서 ② '클래식 음악에 대한 이해가 깊어지고 재즈 페스티벌에 참여하지 않는다(클래식 음악 ∧ ~재즈 페스티벌)'는 거짓이다.

④ (2)를 통해 (3)의 전건을 긍정하여 '~즉흥 연주 능력'을 확정할 수 있으므로 '~즉흥 연주 능력'은 참이다. 그러나 (2)를 통해 (1)의 전건을 긍정하여 '클래식 음악'을 확정할 수 있으므로 '~클래식 음악'은 거짓이다. 따라서 ④ '클래식 음악에 대한 이해가 깊어지지 않고 즉흥 연주 능력이 향상되지 않는다(~클래식 음악 ∧ ~즉흥 연주 능력)'는 거짓이다.

🔎 개념 톺아보기

복합 명제의 종류

구분	표준 명제	기호화
가언 명제(if)	• P이면 Q이다. • 만일 P라면 Q이다.	P → Q
연언 명제(and)	• P 그리고 Q이다. • P이면서 Q이다.	P ∧ Q
선언 명제(or)	P이거나 Q이다.	P ∨ Q

1 ②　　**2** ①　　**3** ④

1

정답 ②

정답 설명

② 제시된 진술을 기호화하면 다음과 같다.

> (1) (미술관 ∨ 영화관) → ~박물관
> ≡ 박물관 → ~(미술관 ∨ 영화관) (대우)
> ≡ 박물관 → (~미술관 ∧ ~영화관) (드모르간의 법칙)
> (2) ~영화관 → 공연장
> (3) 박물관

(3)에서 '박물관'이 확정되었으므로 이를 (1)의 대우에 대입하면 '박물관 → (~미술관 ∧ ~영화관)'이 성립하여 '~미술관'과 '~영화관'이 확정된다. '~영화관'을 (2)에 대입하면 '공연장'이 성립하므로 '유진은 공연장에 갔다(공연장)'는 것을 알 수 있다. 따라서 ②는 반드시 참이 된다.

오답 분석

① (3)에서 '박물관'이 확정되었으므로 이를 (1)에 대입하면 '박물관 → (~미술관 ∧ ~영화관)'이 성립하여 '~미술관'과 '~영화관'이 확정된다. 따라서 '유진은 미술관에 갔다(미술관)'는 것은 거짓임을 알 수 있다.

③ (3)에서 '박물관'이 확정되었으므로 이를 (1)에 대입하면 '박물관 → (~미술관 ∧ ~영화관)'이 성립하여 '~미술관'과 '~영화관'이 확정된다. 따라서 '유진은 영화관에 갔다(영화관)'는 것은 거짓임을 알 수 있다.

④ (3)에서 '박물관'이 확정되었으므로 이를 (1)에 대입하면 '박물관 → (~미술관 ∧ ~영화관)'이 성립하여 '~미술관'과 '~영화관'이 확정되고 이를 (2)에 대입하면 '공연장'이 성립하므로 '유진은 미술관과 공연장에 가지 않았다(~미술관 ∧ ~공연장)'는 것은 거짓임을 알 수 있다.

📖 개념 톺아보기

드모르간의 법칙

연언 명제(P ∧ Q)의 부정을 선언 명제로, 선언 명제(P ∨ Q)의 부정을 연언 명제로 표현할 수 있음을 정리한 법칙이다.

1. 연언 명제의 선언 명제화

기호화	~(P ∧ Q) ≡ ~P ∨ ~Q
예	학교에 가면서 오락실에 가는 경우는 없다. ≡ 학교에 가지 않거나 오락실에 가지 않는다.

2. 연언 명제의 선언 명제화

기호화	~(P ∨ Q) ≡ ~P ∧ ~Q
예	학교에 가거나 오락실에 가는 경우는 없다. ≡ 학교에 가지 않고 오락실에 가지 않는다.

2

정답 ①

정답 설명

① 제시된 진술을 기호화하면 다음과 같다.

> (1) 지역 교류 → 문화 행사
> (2) (~지역 교류 ∨ 공동체 의식) → ~주민 갈등
> ≡ 주민 갈등 → (지역 교류 ∧ ~공동체 의식) (대우)
> (3) 주민 갈등

(3)에 따라 (2)의 대우에서 전건을 긍정하여 '지역 교류'와 '~공동체 의식'을 도출할 수 있다. 이때 '지역 교류'가 참이므로 (1)의 전건을 긍정하여 '문화 행사'를 확정할 수 있다. 따라서 제시된 진술이 모두 참일 때 반드시 참인 것은 ① '문화 행사가 늘어난다(문화 행사)'이다.

오답 분석

② (3)에 따라 (2)의 대우에서 전건을 긍정하여 '~공동체 의식'이 확정되므로 '공동체 의식이 강화되었다(공동체 의식)'는 거짓이다.

③ (3)에 따라 (2)의 대우에서 전건을 긍정하여 '지역 교류'가 확정되므로 '지역 교류가 활성화되지 않았다(~지역 교류)'는 거짓이다.

④ (2)의 대우와 (3)에 따라 '지역 교류'를 도출할 수 있으므로 (1)의 전건을 긍정하여 '문화 행사'가 확정된다. 그러나 (3)에 따라 (2)의 대우에서 전건을 긍정하여 '~공동체 의식'이 확정되므로 '공동체 의식'은 거짓이다. 따라서 '문화 행사가 늘어나고 공동체 의식이 강화되었다(문화 행사 ∧ 공동체 의식)'는 거짓이다.

3

정답 ④

정답 설명

④ 제시된 진술을 기호화하면 다음과 같다.

> (1) 규제 약화 → 기술력 감소
> ≡ ~기술력 감소 → ~규제 약화 (대우)
> (2) (기술력 감소 ∨ ~대기 오염) → ~건강 위험도 상승
> ≡ 건강 위험도 상승 → (~기술력 감소 ∧ 대기 오염) (대우)
> (3) 건강 위험도 상승

(3)에서 '건강 위험도 상승'이 확정됨에 따라 (2)의 대우에서 전건인 '건강 위험도 상승'을 긍정하여 '~기술력 감소'와 '대기 오염'을 도출할 수 있다. 또한 '~기술력 감소'가 확정됨에 따라 (1)의 대우에서 전건인 '~기술력 감소'를 긍정하여 '~규제 약화'도 도출할 수 있다. 따라서 제시된 진술이 모두 참이라고 할 때 반드시 참인 것은 ④ '환경 규제가 약화되지 않았다(~규제 약화)'이다.

① (2)의 대우에 (3)을 대입하면 '~기술력 감소 ∧ 대기 오염'이 도출되므로 '대기 오염'이 참임을 알 수 있다. 따라서 ① '대기가 오염되지 않았다(~대기 오염)'는 거짓이다.

② (2)의 대우에 (3)을 대입하면 '~기술력 감소 ∧ 대기 오염'이 도출되므로 '~기술력 감소'가 참임을 알 수 있다. 이를 통해 (1)의 대우에서 전건인 '~기술력 감소'를 긍정하여 '~규제 약화'가 참임을 알 수 있다. 따라서 ② '규제가 약화되었다(규제 약화)'는 거짓이다.

③ (2)의 대우에 (3)을 대입하면 '~기술력 감소 ∧ 대기 오염'이 도출되므로 '~기술력 감소'가 참임을 알 수 있다. 따라서 ③ '기술력이 감소했다(기술력 감소)'는 거짓이다.

📖 개념 톺아보기

전건 긍정

가언 명제(조건문)의 전건을 긍정하여 후건의 긍정을 도출하는 논증으로, 논증의 방식은 아래와 같다.

전제1	P이면 Q이다. (P → Q) 예 사람이면 그것은 포유류이다. (사람 → 포유류)
전제2	P이다. (P) 예 그것은 사람이다. (사람)
결론	따라서 Q이다. (Q) 예 따라서 그것은 포유류이다. (포유류)

DAY 04	**진위 판단 ④**	p.36
1 ④	2 ①	3 ②

1
정답 ④

정답 설명

④ 제시된 조건을 기호화하면 다음과 같다.

> (1) 채식 → 수치 낮음 ≡ ~수치 낮음 → ~채식 (대우)
> (2) 고지방 → ~수치 낮음 ≡ 수치 낮음 → ~고지방 (대우)
> (3) 요가 → 채식

(2)와 (1)의 대우를 결합하면 '고지방 → ~수치 낮음 → ~채식'이므로 '고지방 음식을 자주 섭취하는 사람은 채식 위주의 식단을 유지하지 않는다(고지방 → ~채식)'는 것을 알 수 있다. 따라서 반드시 참인 것은 ④이다.

오답 분석

① (1)과 (3)을 결합하면 '요가 → 채식 → 수치 낮음'이 성립한다. 여기에 (2)의 대우인 '수치 낮음 → ~고지방'을 결합하면 '요가 → 채식 → 수치 낮음 → ~고지방'이 되므로, '요가 → ~고지방'임을 알 수 있다. 따라서 ① '요가를 정기적으로 수련하는 사람은 고지방 음식을 자주 섭취한다(요가 → 고지방)'는 거짓이다.

② (1)과 (3)에 의해 '요가 → 채식 → 수치 낮음'이 성립하므로, '요가를 하는 사람은 콜레스테롤 수치가 낮다(요가 → 수치 낮음)'는 것은 알 수 있다. 그러나 제시된 조건을 통해 ② '콜레스테롤 수치가 낮은 모든 사람은 요가를 정기적으로 수련한다(수치 낮음 → 요가)'가 참인지는 알 수 없다.

③ (2)를 통해 '고지방 음식을 자주 섭취하면 콜레스테롤 수치가 낮지 않다(고지방 → ~수치 낮음)'는 것은 알 수 있다. 그러나 제시된 조건을 통해 ③ '콜레스테롤 수치가 낮지 않은 사람은 모두 고지방 음식을 자주 섭취한다(~수치 낮음 → 고지방)'가 참인지는 알 수 없다.

2
정답 ①

정답 설명

① 제시된 진술을 기호화하면 다음과 같다.

> (1) 건축물 보존 → ~만족도 하락
> ≡ 만족도 하락 → ~건축물 보존 (대우)
> (2) ~만족도 하락 → 지역 상권 유지
> ≡ ~지역 상권 유지 → 만족도 하락 (대우)
> (3) ~지역 상권 유지

(3)과 (2)의 대우를 결합하여 '만족도 하락'을 확정할 수 있고, 이를 (1)의 대우와 결합하여 '~건축물 보존'을 확정할 수 있다. 따라서 제시된 진술이 모두 참일 때 반드시 참인 것은 '역사적 건축물이 보존되지 않았다(~건축물 보존)'이다.

오답 분석

② (3)과 (2)의 대우를 결합하여 '만족도 하락'을 확정할 수 있으므로 '관광객 만족도가 하락하지 않았다(~만족도 하락)'는 거짓이다.

③ (3)과 (2)의 대우를 결합하여 '만족도 하락'을 확정할 수 있고, 이를 (1)의 대우와 결합하여 '~건축물 보존'을 확정할 수 있으므로 '건축물 보존'은 거짓이다. 또한 (3)에 의해 '~지역 상권 유지'가 확정되었으므로 '지역 상권 유지'도 거짓이다. 따라서 '역사적 건축물이 보존되었고 지역 상권이 유지되었다(건축물 보존 ∧ 지역 상권 유지)'는 거짓이다.

④ (3)에 의해 '~지역 상권 유지'가 확정되었으므로 '~지역 상권 유지'는 참이다. 그러나 (3)과 (2)의 대우를 결합하여 '만족도 하락'을 확정할 수 있으므로 '~만족도 하락'은 거짓이다. 따라서 '관광객 만족도가 하락하지 않았고 지역 상권이 유지되지 않았다(~만족도 하락 ∧ ~지역 상권 유지)'는 거짓이다.

📖 개념 톺아보기

연언 명제의 진리표

연언 명제가 참이 되기 위해서는 앞의 항과 뒤의 항의 진릿값이 모두 참이어야 한다.

P	Q	P ∧ Q
참	참	참
참	거짓	거짓
거짓	참	거짓
거짓	거짓	거짓

3

정답 설명

② 제시된 조건을 기호화하면 다음과 같다.

> (1) 운동선수 ∧ ~체력 훈련
> (2) ~체력 훈련 → ~경기 출전

(1)과 (2)를 결합하면 '운동선수 ∧ (~체력 훈련 → ~경기 출전)'
이므로, '운동선수 ∧ ~경기 출전'을 확정할 수 있다. 따라서 제
시된 조건이 모두 참일 때 반드시 참인 것은 '어떤 운동선수는
경기에 출전하지 않는다(운동선수 ∧ ~경기 출전)'이다.

오답 분석

① (1)과 (2)를 통해 '어떤 운동선수는 경기에 출전하지 않는다(운
동선수 ∧ ~경기 출전)'는 것을 알 수 있으므로 ① '모든 운동선
수가 경기에 출전한다(운동선수 → 경기 출전)'는 거짓이다.

③ (1)을 통해 '어떤 운동선수는 체력 훈련을 하지 않는다(운동선
수 ∧ ~체력 훈련)'는 것을 알 수 있다. 하지만 제시된 조건을 통
해서는 '모든 운동선수는 체력 훈련을 하지 않는다(운동선수 →
~체력 훈련)'가 반드시 참이라고 할 수 없다.

④ 제시된 조건을 통해서는 '운동선수가 아닌 모든 사람은 체력
훈련을 하지 않는다(~운동선수 → ~체력 훈련)'가 반드시 참이
라고 할 수 없다.

📚 개념 톺아보기

정언 명제의 모순 관계

동시에 참이거나 동시에 거짓일 수 없는 두 명제를 모순 관계라
고 한다. 모순 관계에 있는 명제 중 어느 한 쪽을 참으로 확정하
면 다른 한 쪽은 거짓으로 확정할 수 있다. 정언 명제 중 모순 관
계에 있는 명제는 아래와 같다.

1. 전칭 긍정 명제와 특칭 부정 명제

구분	예
전칭 긍정 명제	• 모든 P는 Q이다. • 모든 운동선수는 경기에 출전한다.
특칭 부정 명제	• 어떤 P는 ~이다. • 어떤 운동선수는 경기에 출전하지 않는다.

2. 전칭 부정 명제와 특칭 긍정 명제

구분	예
전칭 부정 명제	• 모든 P는 ~Q이다. • 모든 운동선수는 경기에 출전하지 않는다.
특칭 긍정 명제	• 어떤 P는 Q이다. • 어떤 운동신수는 경기에 출전한다.

DAY 05	진위 판단 ⑤	p.38
1 ②	**2** ③	**3** ②

1

정답 ②

정답 설명

② 제시된 명제를 기호화하면 아래와 같다.

> (1) 과학자 → 귀납적 사고 ≡ ~귀납적 사고 → ~과학자 (대우)
> (2) 충동적 → ~귀납적 사고 ≡ 귀납적 사고 → ~충동적 (대우)

(1)과 (2)의 대우를 연결하면 '과학자 → 귀납적 사고 → ~충동
적'이므로 '과학자는 모두 충동적인 사람이 아니다(과학자 →
~충동적)'를 알 수 있다. 따라서 반드시 참인 것은 ②이다.

오답 분석

① (1)의 대우와 (2)를 연결하면 '충동적 → ~귀납적 사고 → ~과학
자'이므로 '충동적인 사람은 모두 과학자가 아니다(충동적 →
~과학자)'를 도출할 수 있다. 따라서 ① '충동적인 사람은 모두
과학자이다(충동적 → 과학자)'는 거짓이다.

③ '귀납적 사고를 하는 사람은 모두 과학자이다(귀납적 사고 →
과학자)'는 (1)의 역이므로, 반드시 참이라고 할 수 없다.

④ '귀납적 사고를 하지 않는 사람은 모두 충동적이다(~귀납적 사
고 → 충동적)'는 (2)의 역이므로, 반드시 참이라고 할 수 없다

2

정답 ③

정답 설명

③ 제시된 진술을 기호화하면 다음과 같다.

> (1) (가은 ∨ 민지) → 영수
> (2) 영수 → 현숙
> (3) 가은

(3)에 의해 '가은이 견학을 간다(가은)'는 사실이 확정되고, '가
은'을 (1)에 대입하면 '영수가 견학을 간다(영수)'는 사실도 확
정된다. '영수'를 (2)에 대입하면 '현숙이 견학을 간다(현숙)'
는 사실도 확정되므로, '현숙과 영수 모두 견학을 간다(현숙 ∧
영수)'는 것을 알 수 있다. 따라서 답은 ③이다.

오답 분석

① 제시된 진술을 통해 민지가 견학을 가는지는 알 수 없으므로
① '민지가 견학을 간다(민지)'는 것은 반드시 참이라고 할 수
없다.

② (1)과 (3)에 의해 '영수가 견학을 간다(영수)'는 사실이 확정되
고, 이를 (2)에 대입하면 '현숙이 견학을 간다(현숙)'는 사실도
확정된다. 따라서 ② '현숙이 견학을 가지 않는다(~현숙)'는 것
은 거짓이다.

④ (1)과 (3)에 의해 '영수가 견학을 간다(영수)'는 사실이 확정된
다. 따라서 ④ '영수와 민지는 모두 견학을 가지 않는다(~영수
∧ ~민지)'는 것은 거짓이다.

정답 및 해설 **131**

해커스공무원 국어 논리 333 Vol.1

3

정답 설명

② 제시된 조건을 기호화하면 다음과 같다.

> (1) (수영부 ∨ 농구부) ∧ ~(수영부 ∧ 농구부)
> (2) 체육대학 → 수영부
> (3) 농구부 → 야간 훈련
> (4) 야간 훈련 ∧ 체육대학

(2)와 (4)를 결합하면 야간 훈련을 하는 회원 중 일부는 체육대학을 졸업했고, 체육대학을 졸업한 회원은 모두 수영부에 소속되어 있으므로 '야간 훈련을 하는 회원 중 수영부에 소속된 회원이 있다(야간 훈련 ∧ 수영부)'가 도출된다. 이는 '수영부에 소속된 회원 중 야간 훈련을 하는 회원이 있다(수영부 ∧ 야간 훈련)'와 동치이므로 답은 ②이다.

오답 분석

① (4)를 통해 야간 훈련을 하는 회원 중 체육대학을 졸업한 회원이 있음은 알 수 있다. 하지만 제시된 조건을 통해 '야간 훈련을 하는 회원은 모두 체육대학을 졸업했다(야간 훈련 → 체육대학)'가 반드시 참이 되는지는 알 수 없다.

③ (2)와 (4)를 통해 야간 훈련을 하는 회원 중 수영부에 소속된 회원이 있음을 알 수 있으므로, '야간 훈련을 하는 회원은 모두 농구부에 소속되어 있다(야간 훈련 → 농구부)'는 거짓이다. 또한 ③은 (3)의 후건인 '야간 훈련'을 긍정하여 전건인 '농구부'의 긍정을 결론으로 도출하고 있으므로 '후건 긍정의 오류'에 해당한다.

④ (2)를 통해 체육대학을 졸업한 회원은 모두 수영부에 소속되어 있음을 알 수 있으므로, '수영부에 소속되지 않은 회원 중 체육대학을 졸업한 회원이 있다(~수영부 ∧ 체육대학)'는 거짓이다.

📖 개념 톺아보기

후건 긍정의 오류

가언 명제(조건문)의 후건을 긍정하여 전건의 긍정을 결론으로 도출하는 오류이다.

기호화	[전제 1] P이면 Q이다(P → Q). [전제 2] Q이다(Q). [결론] 따라서 P이다(P).
예	[전제 1] 사람이면 그것은 포유류이다. [전제 2] 그것은 포유류이다. [결론] 따라서 그것은 사람이다.*

*포유류 중 사람이 아닌 것도 있으므로 반드시 참이 되는 논증이 아님

1

정답 설명

③ 제시된 명제를 기호화하면 다음과 같다.

> (1) 캐나다 → 여행자 보험 ≡ ~여행자 보험 → ~캐나다 (대우)
> (2) 미국 → (여행자 보험 ∧ 여권)
> 　≡ (~여행자 보험 ∨ ~여권) → ~미국 (대우)
> (3) ~캐나다 → ~여권 ≡ 여권 → 캐나다 (대우)

(1)의 대우에 의해 여행자 보험에 가입하지 않은 사람은 모두 캐나다 여행을 가지 않음을 알 수 있고, (2)의 대우를 통해 여행자 보험에 가입하지 않거나 여권을 소지하지 않은 사람은 모두 미국 여행을 가지 않는다는 것을 알 수 있다. 따라서 답은 ③ '여행자 보험에 가입하지 않은 사람은 모두 캐나다와 미국으로 여행을 가지 않는다(~여행자 보험 → ~캐나다 ∧ ~미국)'이다.

오답 분석

① (2)와 (3)의 대우를 결합하면 '미국 → (여행자 보험 ∧ 캐나다)'이므로, 미국으로 여행을 가는 사람은 모두 캐나다로 여행을 간다는 것을 알 수 있다. 하지만 제시된 명제를 통해 캐나다로 여행을 가는 사람이 모두 미국으로 여행을 가는지는 알 수 없다.

② (3)을 통해 캐나다로 여행을 가지 않는 사람은 모두 여권을 소지하지 않음을 알 수 있다. 하지만 제시된 명제를 통해 여권을 소지하지 않은 사람이 모두 캐나다로 여행을 가는지는 알 수 없다.

④ (2)와 (3)의 대우를 결합하면 '미국 → (여행자 보험 ∧ 캐나다)'이므로, 미국으로 여행을 가는 사람은 모두 캐나다로 여행을 간다는 것을 알 수 있다. 따라서 ④에서 미국으로 여행을 가는 사람은 모두 여행자 보험에 가입한다는 것은 참이지만, 캐나다로 여행을 가지 않는다는 것은 참이 아니다.

📖 개념 톺아보기

후건 분리

연언 명제나 선언 명제를 후건으로 하는 가언 명제는 후건의 각 항을 분리하여 독립된 명제로 나타내었을 때 동일한 진릿값을 갖는다.

1. 연언 명제를 후건으로 하는 경우

기호화	P → (Q ∧ R) ≡ (P → Q) ∧ (P → R)
예	공부를 하면, 지식이 쌓이고 시험에 합격한다. ≡ 공부를 하면 지식이 쌓이고, 공부를 하면 시험에 합격한다.

2. 선언 명제를 후건으로 하는 경우

기호화	P → (Q ∨ R) ≡ (P → Q) ∨ (P → R)
예	목이 마르면, 물을 마시거나 음료수를 마신다. ≡ 목이 마르면 물을 마시거나, 목이 마르면 음료수를 마신다.

2

정답 설명

① 제시된 진술을 기호화하면 다음과 같다.

> (1) 프로그래밍 ∧ 소프트웨어
> (2) ~컴퓨터 → ~프로그래밍
>   ≡ 프로그래밍 → 컴퓨터 (대우)
> (3) 소프트웨어 → 코딩 ≡ ~코딩 → ~소프트웨어 (대우)

(1)과 (2)의 대우를 결합하면 '(프로그래밍 → 컴퓨터) ∧ 소프트웨어'이므로 '컴퓨터 ∧ 소프트웨어'를 확정할 수 있다. 이어서 이를 (3)과 결합하면 '컴퓨터 ∧ (소프트웨어 → 코딩)'이므로, '컴퓨터 ∧ 코딩'을 확정할 수 있다. 따라서 제시된 진술이 모두 참일 때 반드시 참인 것은 '컴퓨터 전공인 사람 중 일부는 코딩 테스트를 본다(컴퓨터 ∧ 코딩)'이다.

오답 분석

② (1)과 (2)의 대우를 결합하면 '컴퓨터 ∧ 소프트웨어'를 확정할 수 있으므로, '컴퓨터 전공인 사람은 모두 소프트웨어를 개발하지 않는다(컴퓨터 → ~소프트웨어)'는 거짓이다.

③ (3)의 대우가 '~코딩 → ~소프트웨어'이므로, '코딩 테스트를 보지 않는 사람은 모두 소프트웨어를 개발한다(~코딩 → 소프트웨어)'는 거짓이다.

④ (1)과 (3)을 결합하면 '프로그래밍 ∧ 코딩'을 확정할 수 있으므로, '프로그래밍을 배우는 사람은 모두 코딩 테스트를 보지 않는다(프로그래밍 → ~코딩)'는 거짓이다.

📖 개념 톺아보기

가언 명제의 진리표

가언 명제 'P → Q'는 전건이 참이고 후건이 거짓인 경우를 제외하고는 모두 참이 된다. 전건이 참일 때 'P → Q'와 'P → ~Q'는 서로 반대의 진릿값을 가지며, 전건이 거짓일 때는 'P → Q'와 'P → ~Q'는 모두 참이 된다.

P	Q	P → Q	P → ~Q
참	참	참	거짓
참	거짓	거짓	참
거짓	참	참	참
거짓	거짓	참	참

3

정답 설명

③ 제시된 조건을 기호화하면 다음과 같다.

> (1) ~A
> (2) A → ~B
> (3) C → B
> (4) ~(~A ∧ ~C) ≡ A ∨ C (드모르간의 법칙)

(1)에 따라 '~A'가 확정되었으므로 (4)에서 선언지 제거에 의해 'C'가 확정된다. 이를 (3)에 대입하면 'B'도 확정됨을 알 수 있다. 따라서 '~A', 'B', 'C'가 확정된 것이므로 'B'와 'C'가 시험에 합격한다는 것은 반드시 참이 된다. 따라서 답은 ③이다.

오답 분석

① (1)에 따라 '~A'가 확정되고 (4)에서 'C'가 확정되며 이를 (3)에 대입하면 'B'도 확정되므로 'B'뿐만 아니라 'C'도 시험에 합격함을 알 수 있다. 따라서 ① 'B만 시험에 합격한다'는 거짓이다.

② (1)에 따라 '~A'가 확정되고 (4)에서 'C'가 확정되며 이를 (3)에 대입하면 'B'도 확정되므로 'A'는 시험에 합격하지 못하고 'C'는 시험에 합격함을 알 수 있다. 따라서 ② 'A와 C가 시험에 합격한다'는 거짓이다.

④ (1)에 따라 '~A'가 확정되고 (4)에서 'C'가 확정되며 이를 (3)에 대입하면 'B'도 확정되므로 'B', 'C'는 모두 시험에 합격함을 알 수 있다. 따라서 ④ 'B는 시험에 합격하지만 C는 시험에 합격하지 못한다'는 거짓이다.

DAY 07	**결론 추론 ①**		p.42
1 ④	2 ①	3 ②	

1

정답 설명

④ 제시된 전제를 기호화하면 아래와 같다.

> (가) 산림청 → 산악 생존 훈련
> (나) 산림청 ∧ ~식물학

(가) '산림청 → 산악 생존 훈련'과 (나) '산림청 ∧ ~식물학'을 결합하면 '(산림청 → 산악 생존 훈련) ∧ ~식물학'을 확정할 수 있다. 이를 통해 '산악 생존 훈련 ∧ ~식물학'이 확정되고, 이는 '~식물학 ∧ 산악 생존 훈련'과 논리적으로 동치이다. 따라서 빈칸에 들어갈 말로 가장 적절한 것은 ④ '식물학을 전공하지 않은 어떤 사람은 산악 생존 훈련을 받았다(~식물학 ∧ 산악 생존 훈련)'이다.

오답 분석

① 제시된 전제를 통해 ① '식물학을 전공한 모든 사람은 산악 생존 훈련을 받았다(식물학 → 산악 생존 훈련)'는 결론으로 도출할 수 없다.

② 제시된 전제를 통해 ② '산악 생존 훈련을 받은 어떤 사람은 식물학을 전공했다(산악 생존 훈련 ∧ 식물학)'는 결론으로 도출할 수 없다.

③ 제시된 전제를 통해 ③ '산악 생존 훈련을 받은 모든 사람은 산림청 소속 직원이다(산악 생존 훈련 → 산림청)'는 결론으로 도출할 수 없다.

2

정답 설명

① 제시된 전제를 기호화하면 다음과 같다.

> (가) 전광판 교체 ∨ 관중석 증축
> (나) ~전광판 교체

(가)를 통해 '전광판 교체'와 '관중석 증축' 중 적어도 하나는 반드시 참이 되어야 함을 알 수 있다. 이때 (나)에서 '~전광판 교체'가 확정되었으므로, '관중석 증축'이 참이 되어야 함을 알 수 있다. 따라서 빈칸에 들어갈 결론으로 가장 적절한 것은 ① '□□구장은 올해 관중석을 증축할 것이다'이다.

오답 분석

② (가)와 (나)를 통해 '관중석 증축'이 확정되었으므로 '~관중석 증축'은 거짓이다. 따라서 ② '□□구장은 올해 관중석을 증축하지 않을 것이다(~관중석 증축)'는 빈칸에 들어갈 결론으로 적절하지 않다.

③ (나)를 통해 '~전광판 교체'가 확정되었으므로 '전광판 교체'는 거짓이다. 따라서 ③ '□□구장은 올해 전광판을 교체할 것이고 관중석도 증축할 것이다(전광판 교체 ∧ 관중석 증축)'는 빈칸에 들어갈 결론으로 적절하지 않다.

④ (가)와 (나)를 통해 '관중석 증축'이 확정되었으므로 '~관중석 증축'은 거짓이다. 따라서 ④ '□□구장은 올해 전광판을 교체하지 않을 것이고 관중석도 증축하지 않을 것이다(~전광판 교체 ∧ ~관중석 증축)'는 빈칸에 들어갈 결론으로 적절하지 않다.

📖 개념 톺아보기

선언 명제의 개념과 진리표

1. 포괄적 선언문과 배타적 선언문

포괄적 선언문	포괄적 선언문이란 앞의 항과 뒤의 항이 모두 참이 될 수 있는 선언문이다. 예 □□구장은 전광판 교체를 하거나 관중석 증축을 한다.
배타적 선언문	• 배타적 선언문이란 앞의 항과 뒤의 항이 모두 참이 될 수 없는 선언문으로, '(P ∨ Q) ∧ ~(P ∧ Q)'로 기호화한다. • 앞의 항과 뒤의 항이 서로 반대의 의미를 갖는 관계일 때 발생하거나, 두 개 이상의 선택을 제한하는 표현이 추가되어 발생한다. 예 □□구장은 전광판을 교체하거나 전광판을 교체하지 않는다. → '전광판 교체'와 '~전광판 교체'는 반대의 의미를 가지므로, '전광판 교체'가 참이 되면 '~전광판 교체'는 거짓이 됨 예 □□구장은 전광판 교체만 하거나 관중석 증축만 한다. → 보조사 '만'에 의해 '전광판 교체'가 참이 되면, '관중석 증축'은 거짓이 됨

2. 포괄적 선언문의 진리표

포괄적 선언 명제는 앞의 항과 뒤의 항이 모두 거짓일 때를 제외하고 모든 경우에 참이 된다.

P	Q	P ∨ Q
참	참	참
참	거짓	참
거짓	참	참
거짓	거짓	거짓

3. 배타적 선언문의 진리표

배타적 선언 명제는 앞의 항과 뒤의 항이 모두 참이거나 거짓일 때를 제외하고 모든 경우에 참이 된다.

P	Q	(P ∨ Q) ∧~(P ∧ Q)
참	참	거짓
참	거짓	참
거짓	참	참
거짓	거짓	거짓

3

정답 설명

② 제시된 전제를 기호화하면 다음과 같다.

> (가) 규칙적 운동 → 면역력 향상
> ≡ ~면역력 향상 → ~규칙적 운동 (대우)
> (나) ~면역력 향상

(나)에 의해 '~면역력 향상'이 참이라는 것을 알 수 있고, 이를 (가)의 대우인 '~면역력 향상 → ~규칙적 운동'에 대입하면 '~규칙적 운동'도 참이라는 것을 알 수 있다. 따라서 빈칸에 들어갈 결론으로 가장 적절한 것은 ② '규칙적으로 운동하지 않았다(~규칙적 운동)'이다.

오답 분석

① (나)에 의해 '~면역력 향상'은 참이라는 것을 알 수 있고, 이를 (가)의 대우에 대입하면 '~규칙적 운동'도 참이라는 것을 알 수 있다. 따라서 ① '규칙적으로 운동했다(규칙적 운동)'는 거짓이므로 빈칸에 들어갈 결론으로 적절하지 않다.

③ (가)에 의해 '규칙적 운동 → 면역력 향상'은 참이라는 것을 알 수 있다. 따라서 ③ '규칙적으로 운동했고 면역력이 향상되지 않았다(규칙적 운동 ∧ ~면역력 향상)'는 거짓이므로 빈칸에 들어갈 결론으로 적절하지 않다.

④ (가)에 의해 '규칙적 운동 → 면역력 향상'은 참이라는 것을 알 수 있으나, 그 역인 '면역력 향상 → 규칙적 운동'이 항상 참이 되지는 않는다. 따라서 ④ '면역력이 향상되었으면 규칙적으로 운동한 것이다(면역력 향상 → 규칙적 운동)'는 빈칸에 들어갈 결론으로 적절하지 않다.

1 ④ 　　**2** ① 　　**3** ③

1
정답 ④

정답 설명
④ 제시된 전제를 기호화하면 다음과 같다.

> (1) 희원 문학 ∨ 태현 문학
> (2) 태현 문학 → (민지 역사 ∧ 민지 철학)
> (3) (민지 역사 ∧ 민지 철학) → ~지수 과학
> (4) 지수 과학

(4)에 의하면 '지수는 과학 수업을 수강한다(지수 과학)'가 확정이므로 (3)의 후건을 부정할 수 있다. 그에 따라 '민지는 역사 수업과 철학 수업을 수강하지 않는다[~(민지 역사 ∧ 민지 철학)]'를 확정할 수 있다. 마찬가지로 (2)의 후건을 부정하여 '태현이 문학 수업을 수강하지 않는다(~태현 문학)'를 확정할 수 있으므로, (1)에서 선언지 제거에 의해 '희원이 문학 수업을 수강한다(희원 문학)'를 확정할 수 있다. 따라서 희원이 ④ '문학 수업'을 수강한다는 것을 알 수 있다.

2
정답 ①

정답 설명
① 제시된 전제를 기호화하면 아래와 같다.

> (가) 행복지센터 증설 ∨ 문화예술 프로그램 다양화
> (나) 행복지센터 증설 → (만족도 향상 ∧ 예산 증가)
> (다) ~문화예술 프로그램 다양화

(가)와 (다)를 결합하면 선언지 제거에 의해 '행복지센터 증설'을 도출할 수 있다. 이에 따라 (나)의 전건을 긍정하여 '만족도 향상 ∧ 예산 증가'를 도출할 수 있으므로, 빈칸에 들어갈 결론으로 가장 적절한 것은 ① '운영 예산이 증가한다(예산 증가)'이다.

오답 분석
② (가)와 (다)를 결합하면 선언지 제거에 의해 '행복지센터 증설'을 도출할 수 있고, 이에 따라 (나)의 전건을 긍정하여 후건의 '예산 증가'를 도출할 수 있다. 따라서 '운영 예산이 증가하지 않는다(~예산 증가)'는 거짓이다.

③ (가)와 (다)를 결합하면 선언지 제거에 의해 '행복지센터 증설'을 도출할 수 있고, 이에 따라 (나)의 전건을 긍정하여 후건의 '만족도 향상'을 도출할 수 있다. 따라서 ③ '주민 만족도가 향상되지 않는다(~만족도 향상)'는 거짓이다.

④ (가)와 (다)를 결합하면 선언지 제거에 의해 '행복지센터 증설'을 도출할 수 있다. 따라서 ④ '행복지센터가 증설되지 않는다(~행복지센터 증설)'는 거짓이다.

3
정답 ③

정답 설명
③ 제시된 전제를 기호화하면 아래와 같다.

> (가) 자연적 현상 ∨ 인위적 현상
> 　≡ ~자연적 현상 → 인위적 현상 (실질 함축)
> 　≡ ~인위적 현상 → 자연적 현상 (대우)
> (나) 자연적 현상 → 예측 가능
> 　≡ ~예측 가능 → ~자연적 현상 (대우)

(가) '자연적 현상 ∨ 인위적 현상'은 '~자연적 현상 → 인위적 현상'과 동치이므로, 이것의 대우인 '~인위적 현상 → 자연적 현상' 역시 참이다. 이를 (2)와 결합하면 '~인위적 현상 → 자연적 현상 → 예측 가능'이므로, '~인위적 현상 → 예측 가능'이 확정된다. 따라서 빈칸에 들어갈 말로 가장 적절한 것은 ③ '인위적 현상이 아니라면 예측이 가능하다(~인위적 현상 → 예측 가능)'이다.

오답 분석
① (가)의 동치 '~자연적 현상 → 인위적 현상'과 (나)의 대우 '~예측 가능 → ~자연적 현상'을 결합하면 '~예측 가능 → 인위적 현상'이므로 예측 가능하지 않은 현상은 인위적 현상임을 알 수 있다. 하지만 제시된 전제를 통해 ① '인위적 현상이라면 예측이 가능하다(인위적 현상 → 예측 가능)'는 결론으로 도출할 수 없다.

② (가)와 (나)를 통해 '예측 가능하지 않은 현상은 인위적 현상(~예측 가능 → 인위적 현상)'임을 알 수 있다. 하지만 제시된 전제를 통해 ② '인위적 현상이라면 예측이 가능하지 않다(인위적 현상 → ~예측 가능)'는 결론으로 도출할 수 없다.

④ (가)와 (나)를 통해 '인위적 현상이 아니라면 예측이 가능(~인위적 현상 → 예측 가능)'함을 알 수 있다. 따라서 ④ '인위적 현상이 아니라면 예측이 가능하지 않다(~인위적 현상 → ~예측 가능)'는 거짓이 되므로 결론으로 도출할 수 없다.

📖 개념 톺아보기

실질 함축(가언 명제와 동치인 명제)

가언 명제 'P → Q'가 참일 경우에, 전건(P)이 참이면서 후건(Q)이 거짓인 경우는 성립하지 않는다. 이에 따라 참인 가언 명제 'P → Q'는 연언 명제 '~(P ∧ ~Q)', 선언 명제 '~P ∨ Q'와 진릿값이 모두 같다. 이와 같이 명제 간의 진릿값이 모두 같을 때, 해당 명제들은 논리적으로 동일한 의미를 갖는다. 이와 같은 관계의 명제를 동치라고 하며, 'P → Q ≡ ~(P ∧ ~Q) ≡ ~P ∨ Q'와 같이 기호화할 수 있다.

> [가언 명제] P이면 Q이다. (P → Q)
> 　　예 사람이면 동물이다.
> [연언문] P이면서 Q가 아닌 경우는 없다. [~(P ∧ ~Q)]
> 　　예 사람이면서 동물이 아닌 경우는 없다.
> [선언문] P가 아니거나 Q이다. (~P ∨ Q)
> 　　예 사람이 아니거나 동물이다.

1　　　정답 ①

정답 설명
① 제시된 전제를 기호화하면 다음과 같다.

> (가) 하이브리드 → (연료 효율 높음 ∧ 배기가스 적음)
> 　　 ≡ (~연료 효율 높음 ∨ ~배기가스 적음) → ~하이브리드 (대우)
> (나) ~연료 효율 높음

(가)를 통해 '하이브리드 → (연료 효율 높음 ∧ 배기가스 적음)'임을 알 수 있다. 이것의 대우는 '(~연료 효율 높음 ∨ ~배기가스 적음) → ~하이브리드'이므로 '~연료 효율 높음'이거나 '~배기가스 적음'일 경우 '~하이브리드'임을 알 수 있다. 이때 (나)에서 '~연료 효율 높음'이 확정되었으므로 '~하이브리드'임을 도출할 수 있다. 따라서 빈칸에 들어갈 결론으로 가장 적절한 것은 ① '이 자동차는 하이브리드 자동차가 아니다(~하이브리드)'이다.

오답 분석
② '이 자동차는 배기가스 배출량이 적지 않다(~배기가스 적음)'는 제시된 전제들로부터 도출할 수 없다. 따라서 ②는 빈칸에 들어갈 결론으로 적절하지 않다.

③ (가)를 통해 '하이브리드 자동차는 연료 효율이 높고 배기가스 배출량이 적다[하이브리드 → (연료 효율 높음 ∧ 배기가스 적음)]'는 것을 알 수 있으므로 '이 자동차는 하이브리드 자동차이면서 연료 효율이 높지 않다(하이브리드 ∧ ~연료 효율 높음)'는 거짓이다. 따라서 ③은 빈칸에 들어갈 결론으로 적절하지 않다.

④ '이 자동차의 배기가스 배출량이 적으면 하이브리드 자동차이다(배기가스 적음 → 하이브리드)'는 제시된 전제들로부터 도출할 수 없다. 따라서 ④는 빈칸에 들어갈 결론으로 적절하지 않다.

📖 개념 톺아보기

> **전건 분리**
>
> **1. 연언 명제를 전건으로 하는 경우**
> 연언 명제를 전건으로 하는 가언 명제는 전건의 각 항을 분리한 뒤 선언으로 결합하면 동일한 진릿값을 갖는다.
>
> | 기호화 | $(P \land Q) \to R \equiv (P \to R) \lor (Q \to R)$ |
> |---|---|
> | 예 | 비가 오고 바람이 불면, 외출을 취소한다.
≡ 비가 오면 외출을 취소하거나, 바람이 불면 외출을 취소한다. |
>
> **2. 선언 명제를 전건으로 하는 경우**
> 선언 명제를 전건으로 하는 가언 명제는 전건의 각 항을 분리한 뒤 연언으로 결합하면 동일한 진릿값을 갖는다.
>
> | 기호화 | $(P \lor Q) \to R \equiv (P \to R) \land (Q \to R)$ |
> |---|---|
> | 예 | 비가 오거나 눈이 내리면, 외출을 취소한다.
≡ 비가 오면 외출을 취소하고, 눈이 오면 외출을 취소한다. |

2　　　정답 ②

정답 설명
② 제시된 전제를 기호화하면 다음과 같다.

> (가) 고전 문학 연구 → 문장력
> (나) 고전 문학 연구 ∧ 철학적 소양

(가) '고전 문학 연구 → 문장력'과 (나) '고전 문학 연구 ∧ 철학적 소양'을 결합하면 '문장력이 우수하고 철학적 소양이 깊은 사람이 존재한다(문장력 ∧ 철학적 소양)'가 성립한다. 이는 '철학적 소양이 깊은 어떤 사람은 문장력이 우수하다(철학적 소양 ∧ 문장력)'와 동치이므로 결론에 들어갈 말로 적절한 것은 ②이다.

오답 분석
① (가)와 (나)를 통해 '철학적 소양이 깊은 어떤 사람은 문장력이 우수하다(철학적 소양 ∧ 문장력)'는 것은 알 수 있으나, 철학적 소양이 깊은 사람 중 문장력이 우수하지 않은 사람이 있을 수도 있다. 따라서 ① '철학적 소양이 깊은 모든 사람은 문장력이 우수하다(철학적 소양 → 문장력)'는 빈칸에 들어갈 말로 적절하지 않다.

③ (가)를 통해 '고전 문학을 연구한 사람은 모두 문장력이 우수하다(고전 문학 연구 → 문장력)'는 것은 알 수 있으나, 문장력이 우수한 사람 중 고전 문학을 연구하지 않은 사람이 있을 수도 있다. 따라서 ③ '문장력이 우수한 모든 사람은 고전 문학을 연구했다(문장력 → 고전 문학 연구)'는 빈칸에 들어갈 말로 적절하지 않다.

④ 제시된 전제들을 통해 철학적 소양이 깊지 않은 사람에 대한 정보는 알 수 없다. 따라서 ④ '문장력이 우수한 어떤 사람은 철학적 소양이 깊지 않다(문장력 ∧ ~철학적 소양)'는 빈칸에 들어갈 말로 적절하지 않다.

3　　　정답 ②

정답 설명
② 제시된 전제를 기호화하면 다음과 같다.

> (1) A 심해 탐사선 ∨ B 심해 탐사선
> (2) (태평양 ∨ 대서양) → ~A 심해 탐사선
> (3) (~태평양 ∧ ~대서양) → 추가 예산 배정
> 　　 ≡ ~추가 예산 배정 → (태평양 ∨ 대서양) (대우)
> (4) ~추가 예산 배정

(4)에 의해 '~추가 예산 배정'이 확정되므로, 이를 (3)의 대우에 대입하면 '태평양 ∨ 대서양'을 도출할 수 있다. 이어서 '태평양 ∨ 대서양'을 (2)에 대입하면 '~A 심해 탐사선'을 도출할 수 있고, 이를 (1)에 대입하면 선언지 제거를 통해 'B 심해 탐사선'을 도출할 수 있다. 따라서 빈칸에 들어갈 말로 가장 적절한 것은 ② '연구소 B가 심해 탐사선을 운영한다는 것'이다.

오답 분석
① 제시된 전제를 통해 '~A 심해 탐사선'이 확정되므로 'A 심해 탐사선'은 거짓이다. 따라서 ① '연구소 A가 심해 탐사선을 운영한다는 것(A 심해 탐사선)'은 빈칸에 들어갈 말로 적절하지 않다.

③ ④ (3)의 대우와 (4)에 의해 '태평양 ∨ 대서양'이 확정되므로 태평양과 대서양 중 적어도 한 곳에서 탐사가 진행된다는 사실을 알 수 있다. 하지만 제시된 전제를 통해 태평양과 대서양 중 정확히 어디서 탐사가 진행되는지는 알 수 없다. 따라서 ③ '태평양에서 탐사가 진행되지 않는다는 것(~태평양)'과 ④ '대서양에서 탐사가 진행되지 않는다는 것(~대서양)'은 빈칸에 들어갈 말로 적절하지 않다.

1
정답 ①

정답 설명

① 제시된 전제를 기호화하면 아래와 같다.

> (가) 유화 기법 ∧ 수채화 기법
> (나) 유화 기법 → (색의 중첩 ∧ 건조 시간)
> (다) 수채화 기법 → (건조 시간 ∧ 투명한 색감)

(가)에 의해 '유화 기법'과 '수채화 기법'이 모두 확정된 상태이므로, (나)와 (다)의 전건을 긍정하여 각각의 후건을 긍정할 수 있다. 따라서 (나)와 (다)의 후건인 '색의 중첩', '건조 시간', '투명한 색감'이 확정되므로, 빈칸에 들어갈 결론으로 가장 적절한 것은 ① '건조 시간이 길다(건조 시간)'이다.

오답 분석

② (가)에 의해 (나)와 (다)에서 '건조 시간'이 확정되므로 ② '건조 시간이 길지 않다(~건조 시간)'는 거짓이다.

③ (가)에 의해 '수채화 기법'이 확정된 상태이므로 (다)의 전건을 긍정하여 (다)의 후건인 '건조 시간'과 '투명한 색감'을 긍정할 수 있다. 따라서 ③ '투명한 색감을 표현할 수 없다(~투명한 색감)'는 거짓이다.

④ (가)에 의해 '유화 기법'이 확정된 상태이므로 (나)의 전건을 긍정하여 (나)의 후건인 '색의 중첩'과 '건조 시간'을 긍정할 수 있다. 따라서 ④ '색의 중첩 표현이 가능하지 않다(~색의 중첩)'는 거짓이다.

2
정답 ①

정답 설명

① 제시된 대화를 기호화하면 다음과 같다.

> (1) 위성 탐지 ∨ 해상 부이
> (2) ~해상 부이
> (3) 위성 탐지 → ~대기층 분석

(2)에서 '~해상 부이'가 확정되었으므로 이를 (1)에 대입하면 선언지 제거에 의해 '위성 탐지'를 확정할 수 있다. 이어서 '위성 탐지'를 (3)에 대입하면 '~대기층 분석'도 확정할 수 있다. 따라서 빈칸에 들어갈 말로 가장 적절한 것은 ① '대기층 분석이 필요하지 않겠군요(~대기층 분석)'이다.

오답 분석

② (2)에 의해 '~해상 부이'가 확정되었으므로 '태풍 관측을 해상 부이로 진행하겠군요(해상 부이)'는 거짓이다. 따라서 ②는 빈칸에 들어갈 말로 적절하지 않다.

③ (2) '~해상 부이'를 (1)에 대입하면 선언지 제거에 의해 '위성 탐지'가 확정되므로 '태풍 관측을 위성 탐지로 진행하지 않겠군요(~위성 탐지)'는 거짓이다. 따라서 ③은 빈칸에 들어갈 말로 적절하지 않다.

④ (2) '~해상 부이'를 (1)에 대입하면 선언지 제거에 의해 '위성 탐지'가 확정되고, 이를 (3)에 대입하면 '~대기층 분석'도 확정되므로 '태풍 관측을 위성 탐지로 진행하고 대기층 분석이 필요하겠군요(위성 탐지 ∧ 대기층 분석)'는 거짓이다. 따라서 ④는 빈칸에 들어갈 말로 적절하지 않다.

📖 개념 톺아보기

> **선언지 제거 (=선언 삼단 논법)**
>
> 선언 명제를 통해 결론을 도출하는 방법으로, 어느 하나의 명제를 부정하여 다른 하나를 긍정하는 방식이다.
>
> | | |
> |---|---|
> | 전제 1 | P이거나 Q이다. (P ∨ Q)
예 오 주무관이 회의에 참석하거나 박 주무관이 회의에 참석한다. |
> | 전제 2 | P가 아니다. (~P)
예 오 주무관이 회의에 참석하지 않는다. |
> | 결론 | 따라서 Q이다. (Q)
예 따라서 박 주무관이 회의에 참석한다. |

3
정답 ③

정답 설명

③ 제시된 진술을 기호화하면 다음과 같다.

> (1) 정 대리 → ~김 과장 ≡ 김 과장 → ~정 대리 (대우)
> (2) 이 부장 → 김 과장
> (3) ~이 부장 → 최 팀장 ≡ ~최 팀장 → 이 부장 (대우)
> (4) ~최 팀장

(4)에서 '~최 팀장'이 확정되었으므로 이를 (3)의 대우에 대입하면 '이 부장'을 확정할 수 있다. 또한 '이 부장'을 (2)에 대입하면 '김 과장'도 확정할 수 있고, '김 과장'을 (1)의 대우에 대입하면 '~정 대리' 또한 확정할 수 있다. 따라서 빈칸에 들어갈 말로 가장 적절한 것은 ③ '이 부장이 승인하고 정 대리가 코드를 작성하지 않는다(이 부장 ∧ ~정 대리)'이다.

오답 분석

① (4)에서 '~최 팀장'이 확정되었으므로 '최 팀장'은 거짓이다. 따라서 ① '최 팀장이 보고를 받고 김 과장이 검토한다(최 팀장 ∧ 김 과장)'는 빈칸에 들어갈 말로 적절하지 않다. 참고로, '~최 팀장'을 (3)의 대우에 대입하면 '이 부장'을 확정할 수 있고, '이 부장'을 (2)에 대입하면 '김 과장'을 확정할 수 있으므로 '김 과장'은 참이 된다.

② (4) '~최 팀장'을 (3)의 대우에 대입하면 '이 부장'을 확정할 수 있고, 이를 통해 (2)에서 '김 과장'을 확정할 수 있으므로 '~김 과장'은 거짓이다. 또한 '김 과장'을 (1)의 대우에 대입하면 '~정 대리'를 확정할 수 있으므로 '정 대리' 역시 거짓이다. 따라서 ② '김 과장이 검토하지 않고 정 대리가 코드를 작성한다(~김 과장 ∧ 정 대리)'는 빈칸에 들어갈 말로 적절하지 않다.

④ (4) '~최 팀장'을 (3)의 대우에 대입하면 '이 부장'을 확정할 수 있으므로 '~이 부장'은 거짓이다. 따라서 ④ '이 부장이 승인하지 않고 정 대리가 코드를 작성하지 않는다(~이 부장 ∧ ~정 대리)'는 빈칸에 들어갈 말로 적절하지 않다. 참고로, '이 부장'을 (2)에 대입하면 '김 과장'을 확정할 수 있고, '김 과장'을 (1)의 대우에 대입하면 '~정 대리'를 확정할 수 있으므로 '~정 대리'는 참이 된다.

DAY 11 결론 추론 ⑤   p.50

1 ②   **2** ②   **3** ③

1
정답 ②

정답 설명
② 제시된 전제를 기호화하면 다음과 같다.

> (가) ~환경 보호 단체 ∧ 채식주의자
> (나) 기후 변화 포럼 → 환경 보호 단체
>   ≡ ~환경 보호 단체 → ~기후 변화 포럼 (대우)

(가) '~환경 보호 단체 ∧ 채식주의자'와 (나)의 대우 '~환경 보호 단체 → ~기후 변화 포럼'을 연결하면, '기후 변화 포럼에 참석하지 않은 사람 중 일부는 채식주의자이다(~기후 변화 포럼 ∧ 채식주의자)'가 도출된다. '~기후 변화 포럼 ∧ 채식주의자'는 '채식주의자 ∧ ~기후 변화 포럼'과 동치이므로 답은 ② '채식주의자 중 일부는 기후 변화 포럼에 참석하지 않았다(채식주의자 ∧ ~기후 변화 포럼)'이다.

오답 분석
① (가)를 통해 '환경 보호 단체에 가입하지 않은 사람 중 일부는 채식주의자이다(~환경 보호 단체 ∧ 채식주의자)'는 알 수 있지만, 제시된 전제를 통해 '채식주의자는 모두 환경 보호 단체에 가입하지 않았다(채식주의자 → ~환경 보호 단체)'는 알 수 없다. 따라서 ①은 빈칸에 들어갈 말로 적절하지 않다.

③ (나)의 대우를 통해 '환경 보호 단체에 가입하지 않은 사람은 모두 기후 변화 포럼에 참석하지 않았다(~환경 보호 단체 → ~기후 변화 포럼)'는 알 수 있지만, 제시된 전제를 통해 '기후 변화 포럼에 참석하지 않은 사람은 모두 환경 보호 단체에 가입하지 않았다(~기후 변화 포럼 → ~환경 보호 단체)'는 알 수 없다. 따라서 ③은 빈칸에 들어갈 말로 적절하지 않다.

④ 제시된 전제를 통해 '기후 변화 포럼에 참석하면서 환경 보호 단체에 가입한 사람은 모두 채식주의자가 아니다(기후 변화 포럼 ∧ 환경 보호 단체 → ~채식주의자)'는 알 수 없다. 따라서 ④는 빈칸에 들어갈 말로 적절하지 않다.

📚 개념 톺아보기

동치

동치란 복수의 명제가 논리적으로 동등한 의미를 가진다는 것을 뜻한다. 동치 관계에 있는 명제는 진릿값이 항상 동일하다.

표준 명제	• P와 Q는 논리적으로 동등하다. • P와 Q는 서로의 필요충분조건이다.
기호화	• P ≡ Q • P ↔ Q

2
정답 ②

정답 설명
② 제시된 대화를 기호화하면 다음과 같다.

> (1) 열람실 리모델링 → ~참고 자료실 이용
>   ≡ 참고 자료실 이용 → ~열람실 리모델링 (대우)
> (2) 대학원생 논문 작성 → 참고 자료실 이용
> (3) 대학원생 논문 작성

(3)과 (2)를 결합하여 '참고 자료실 이용'을 도출할 수 있으므로 '참고 자료실 이용'은 참이다. 또한 이를 통해 (1)의 대우에서 '~열람실 리모델링'을 도출할 수 있다. 따라서 빈칸에 들어갈 말로 가장 적절한 것은 ② '열람실이 리모델링을 하지 않아요(~열람실 리모델링)'이다.

오답 분석
① (3)과 (2)를 결합하여 '참고 자료실 이용'을 도출할 수 있으므로 '참고 자료실 이용'은 참이다. '참고 자료실을 이용할 수 없다(~참고 자료실 이용)'는 '참고 자료실 이용'과 모순되므로 ①은 빈칸에 들어갈 말로 적절하지 않다.

③ (3)과 (2)를 결합하여 '참고 자료실 이용'을 도출할 수 있고, 이를 통해 (1)의 대우에서 '~열람실 리모델링'을 도출할 수 있으므로 '열람실 리모델링'은 거짓이다. 따라서 ③ '열람실이 리모델링을 하고 참고 자료실을 이용할 수 있어요(열람실 리모델링 ∧ 참고 자료실 이용)'는 앞의 항이 거짓이므로 빈칸에 들어갈 말로 적절하지 않다.

④ (3)과 (2)를 결합하여 '참고 자료실 이용'을 도출할 수 있으므로 '~참고 자료실 이용'은 거짓이다. 또한 (3)에서 '대학원생 논문 작성'이 확정되어 있으므로 '~대학원생 논문 작성' 역시 거짓이다. 따라서 ④ '대학원생들이 논문을 작성하지 않고 참고 자료실을 이용할 수 없어요(~대학원생 논문 작성 ∧ ~참고 자료실 이용)'는 빈칸에 들어갈 말로 적절하지 않다.

📚 개념 톺아보기

전건 긍정과 후건 부정

1. 전건 긍정: 가언 명제의 전건을 긍정하여 후건의 긍정을 결론으로 추론하는 논증 방법

전제 1	P이면 Q이다. (P → Q) 예 비가 오면 땅이 젖는다. (비 → 땅 젖음)
전제 2	P이다. (P) 예 비가 왔다. (비)
결론	따라서 Q이다. (Q) 예 따라서 땅이 젖었다. (땅 젖음)

2. 후건 부정: 가언 명제의 후건을 부정하여 전건의 부정을 결론으로 추론하는 논증 방법

전제 1	P이면 Q이다. (P → Q) 예 비가 오면 땅이 젖는다. (비 → 땅 젖음)
전제 2	Q가 아니다. (~Q) 예 땅이 젖지 않았다. (~땅 젖음)
결론	따라서 P가 아니다. (~P) 예 따라서 비가 오지 않았다. (~비)

3

정답 설명

③ 제시된 전제를 기호화하면 아래와 같다.

> (가) 공모전 수상작 → (창의성 ∨ 실용성)
> ≡ ~(창의성 ∨ 실용성) → ~공모전 수상작 (대우)
> ≡ ~창의성 ∧ ~실용성→ ~공모전 수상작 (드모르간의 법칙)
> (나) 실용성 → 기업 후원 ≡ ~기업 후원 → ~실용성 (대우)
> (다) ~창의성 ∧ ~기업 후원

(다)에서 '~창의성'과 '~기업 후원'이 확정된 상태이며, '~기업 후원'을 (나)에 대입하면 '~실용성'도 확정할 수 있다. 즉, '~창의성 ∧ ~실용성'이 확정된 상태이므로 이를 (가)의 대우에 대입하여 '~공모전 수상작'을 확정할 수 있다. 따라서 제시된 진술을 전제로 할 때 빈칸에 들어갈 결론으로 가장 적절한 것은 ③ '공모전 수상작으로 선정되지 않는다(~공모전 수상작)'이다.

오답 분석

① (다)에 의해 '~기업 후원'이 확정된 상태이므로 (나)의 대우에서 '~실용성'을 도출할 수 있다. 따라서 ① '실용성이 높다(실용성)'는 거짓이다.

② (다)와 (나)에 의해 '~창의성'과 '~실용성'이 확정된 상태이므로 (가)에서 '~공모전 수상작'을 도출할 수 있다. 따라서 ② '공모전 수상작으로 선정된다(공모전 수상작)'는 거짓이다.

④ (다)에서 '~기업 후원'이 확정된 상태이므로 '기업 후원'은 거짓이다. 또한 (다)에 의해 (나)의 대우에서 '~실용성'을 도출할 수 있으므로 '실용성' 역시 거짓이다. 따라서 ④ '실용성이 높고 기업의 후원을 받는다(실용성 ∧ 기업 후원)'는 거짓이다.

📖 개념 톺아보기

> **드모르간의 법칙**
>
> 연언 명제(P∧Q)의 부정을 선언 명제로, 선언 명제(P∨Q)의 부정을 연언 명제로 표현할 수 있음을 정리한 법칙이다.
>
> 1. 연언 명제의 선언 명제화
>
> | 기호화 | ~(P ∧ Q) ≡ ~P ∨ ~Q |
> |---|---|
> | 예 | 학교에 가면서 오락실에 가는 경우는 없다. ≡ 학교에 가지 않거나 오락실에 가지 않는다. |
>
> 2. 선언 명제의 연언 명제화
>
> | 기호화 | ~(P ∨ Q) ≡ ~P ∧ ~Q |
> |---|---|
> | 예 | 학교에 가거나 오락실에 가는 경우는 없다. ≡ 학교에 가지 않고 오락실에 가지 않는다. |

---

1 ④	**2** ①	**3** ②

1

정답 설명

④ 제시된 전제를 기호화하면 다음과 같다.

> (가) 수학 교사 → 논리적 사고력
> (나) 수학 교사 ∧ ~학생 중심 교육
> (다) 혁신적 교수법 → 학생 중심 교육
> ≡ ~학생 중심 교육 → ~혁신적 교수법 (대우)

(다)의 대우인 '~학생 중심 교육 → ~혁신적 교수법'과 (나) '수학 교사 ∧ ~학생 중심 교육'을 결합하면 '수학 교사 ∧ ~혁신적 교수법'을 도출할 수 있다. 또한 (가)에 의하면 모든 수학 교사는 논리적 사고력을 갖추고 있다. 이를 정리하면 수학 교사 중에 논리적 사고력을 갖추고 있으면서 혁신적 교수법을 활용하지 않는 사람이 있다는 의미이다. 따라서 빈칸에 들어갈 말로 가장 적절한 것은 ④ '어떤 수학 교사는 논리적 사고력을 갖추고 있으면서, 혁신적 교수법을 활용하지 않는다(수학 교사 ∧ 논리적 사고력 ∧ ~혁신적 교수법)'이다.

오답 분석

① (다)의 대우를 (나)와 연결하여 '수학 교사 ∧ ~혁신적 교수법'임을 알 수 있다. 하지만 제시된 전제를 통해 ① '어떤 수학 교사가 혁신적 교수법을 활용한다(수학 교사 ∧ 혁신적 교수법)'는 것은 알 수 없다.

② (나)를 통해 '수학 교사 ∧ ~학생 중심 교육'임을 알 수 있다. 하지만 제시된 전제를 통해 ② '모든 수학 교사가 학생 중심 교육을 실천하지 않는다(수학 교사 → ~학생 중심 교육)'는 것은 알 수 없다.

③ (가)를 (나)와 연결하여 '논리적 사고력 ∧ ~학생 중심 교육'임을 알 수 있다. 하지만 제시된 전제를 통해 ③ '어떤 논리적 사고력을 갖춘 사람은 학생 중심 교육을 실천한다(논리적 사고력 ∧ 학생 중심 교육)'는 것은 알 수 없다.

2

정답 설명

① 제시된 전제를 기호화하면 아래와 같다.

> (가) ~(자동차 소유 ∧ ~보험 가입)
> ≡ ~자동차 소유 ∨ 보험 가입 (드모르간의 법칙)
> ≡ 자동차 소유 → 보험 가입 (실질 함축)
> (나) 보험 가입 → 정기 점검

(가)는 드모르간의 법칙에 따라 '~자동차 소유 ∨ 보험 가입'으로 나타낼 수 있고, 이는 '자동차 소유 → 보험 가입'과 논리적으로 동치이다. 이를 (나)와 결합하면 '자동차 소유 → 보험 가입 → 정기 점검'을 도출할 수 있다. 따라서 빈칸에 들어갈 말로 가장 적절한 것은 ① '자동차를 소유하는 모든 사람은 정기 점검을 받는다(자동차 소유 → 정기 점검)'이다.

오답 분석

② (가)에 의해 '자동차 소유 → 보험 가입'은 항상 참이므로, '자동차 소유 → ~보험 가입'은 거짓이다. 따라서 ②는 빈칸에 들어갈 말로 적절하지 않다.

③ (가)와 (나)에서 '자동차 소유 → 정기 점검'이 도출되므로 '자동차 소유 → ~정기 점검'은 거짓이다. 따라서 ③은 빈칸에 들어갈 말로 적절하지 않다.

④ (가)에서 도출되는 '자동차 소유 → 보험 가입'의 대우는 '~보험 가입 → ~자동차 소유'이므로, '~보험 가입 → 자동차 소유'는 거짓이다. 따라서 ④는 빈칸에 들어갈 말로 적절하지 않다.

📖 개념 톺아보기

실질 함축 (가언 명제의 선언화)

가언 명제 'P이면 Q이다(P → Q)'는 전건(P)이 전제되면 반드시 후건(Q)이 도출된다는 의미이다. 이는 전건(P)이 참이면서 후건(Q)이 거짓인 경우가 없다는 의미이기도 하다. 이를 기호화하면 'P이면서 Q가 아닌 경우는 없다[~(P∧~Q)]'로 표현할 수 있으며, 이를 드모르간의 법칙을 통해 풀면 선언 명제 'P가 아니거나 Q이다(~P∨Q)'로 표현할 수 있다.

기호화	P → Q ≡ ~(P ∧ ~Q) ≡ ~P ∨ Q
예	사람이면 동물이다. ≡ 사람이면서 동물이 아닌 경우는 없다. ≡ 사람이 아니거나 동물이다.

④ (4)에 의해 (3)에서 후건 부정을 활용할 수 있으며, 이에 따라 '~항공<안전 인증> ∧ ~항공<의료 검사>'가 확정된다. 이때 '~항공<안전 인증> ∧ ~항공<의료 검사>'가 확정되었으므로 (2)에서도 후건 부정을 활용할 수 있고, '~수상<초급 교육>'을 확정할 수 있다. 따라서 '수상 레저 활동에는 <초급 교육>이 필요하다(수상<초급 교육>)'는 거짓이므로 ④는 빈칸에 들어갈 말로 적절하지 않다.

📖 개념 톺아보기

후건 부정

가언 명제(조건문)의 후건을 부정하여 전건의 부정을 결론으로 도출하는 논증 방법이다. 'P → Q'가 참이고 '~Q'도 참인 경우에 '~P'는 참이 된다.

전제 1	P이면 Q이다. (P → Q) 예 사과이면 그것은 과일이다. (사과 → 과일)
전제 2	Q가 아니다. (~Q) 예 그것은 과일이 아니다. (~과일)
결론	따라서 P가 아니다. (~P) 예 따라서 그것은 사과가 아니다. (~사과)

DAY 13	**결론 추론 ⑦**	p.54
1 ③	**2** ②	**3** ①

3

정답 ②

정답 설명

② 제시된 진술을 기호화하면 다음과 같다.

> (1) 산악<초급 교육> ∨ 수상<초급 교육>
> (2) 수상<초급 교육> → (항공<안전 인증> ∨ 항공<의료 검사>)
> (3) (항공<안전 인증> ∨ 항공<의료 검사>) → 동굴<특별 허가>
> (4) ~동굴<특별 허가>

(4)에 의해 '~동굴<특별 허가>'가 확정되었으므로, (3)에서 후건 부정을 활용할 수 있다. 이에 따라 '~항공<안전 인증> ∧ ~항공<의료 검사>'를 확정할 수 있다. 이때 '~항공<안전 인증> ∧ ~항공<의료 검사>'가 확정되었으므로 (2)에서도 후건 부정을 활용할 수 있고, '~수상<초급 교육>'을 확정할 수 있다. 이어서 '~수상<초급 교육>'이 확정되었으므로 (1)에서 선언지 제거를 활용할 수 있고, '산악<초급 교육>'을 확정할 수 있다. 따라서 빈칸에 들어갈 말로 가장 적절한 것은 ② '산악 레저 활동에는 <초급 교육>이 필요하다(산악<초급 교육>)'이다.

오답 분석

① (4)에 의해 (3)에서 후건 부정을 활용할 수 있으며, 이에 따라 '~항공<안전 인증> ∧ ~항공<의료 검사>'를 확정할 수 있다. 따라서 '항공 레저 활동에는 <안전 인증>이 필요하다(항공<안전 인증>)'는 거짓이므로 ①은 빈칸에 들어갈 말로 적절하지 않다.

③ (4)에 의해 '~동굴 <특별 허가>'가 확정되었으므로 '동굴 레저 활동에는 <특별 허가>가 필요하다(동굴<특별 허가>)'는 거짓이다. 따라서 ③은 빈칸에 들어갈 말로 적절하지 않다.

1

정답 ③

정답 설명

③ 제시된 전제를 기호화하면 아래와 같다.

> (가) 신재생 에너지 ∧ 자원 절약
> (나) 신재생 에너지 → (전기료 인상 ∧ ~탄소 배출)
> (다) 자원 절약 → (추가 예산 지원 ∧ 친환경 도시 지정)

(나)를 통해 '신재생 에너지'가 확정되면 '전기료 인상'과 '~탄소 배출'을 확정할 수 있음을 알 수 있다. 또한 (다)를 통해 '자원 절약'이 확정되면 '추가 예산 지원'과 '친환경 도시 지정'을 확정할 수 있음을 알 수 있다. 이때 (가)를 통해 '신재생 에너지'와 '자원 절약'이 확정되었으므로, '전기료 인상', '~탄소 배출', '추가 예산 지원', '친환경 도시 지정'을 확정할 수 있다. 따라서 빈칸에 들어갈 말로 가장 적절한 것은 ③ '전기료가 인상되고 친환경 도시로 지정될 것이다(전기료 인상 친환경 도시 지정)'이다.

오답 분석

① (가)에서 '신재생 에너지'가 확정되었으므로, (나)에서 '전기료 인상 ∧ ~탄소 배출'을 확정할 수 있다. 따라서 '탄소 배출'은 거짓이므로 ① '탄소를 배출할 것이다(탄소 배출)'는 빈칸에 들어갈 말로 적절하지 않다.

② (가)에서 '신재생 에너지'가 확정되었으므로, (나)에서 '전기료 인상 ∧ ~탄소 배출'을 확정할 수 있다. 따라서 '~전기료 인상'은 거짓이므로 ② '전기료가 인상되지 않을 것이다(~전기료 인상)'는 빈칸에 들어갈 말로 적절하지 않다.

④ (가)에서 '자원 절약'이 확정되었으므로, (다)에서 '추가 예산 지원 ∧ 친환경 도시 지정'을 확정할 수 있다. 따라서 '~추가 예산 지원'은 거짓이므로 ④ '탄소를 배출하지 않고 정부로부터 추가 예산 지원을 받지 않을 것이다(~탄소 배출 ∧ ~추가 예산 지원)'는 빈칸에 들어갈 말로 적절하지 않다.

🔎 개념 톺아보기

연언지 단순화

연언 명제에서 각각의 연언지를 결론으로 단순화해 각각의 명제가 참임을 추론하는 논증 방법이다.

전제	P이고 Q이다. (P ∧ Q) 예 오늘 날씨가 맑고 따뜻하다. (맑음 ∧ 따뜻함)
결론 1	P이다. (P) 예 오늘 날씨가 맑다. (맑음)
결론 2	Q이다. (Q) 예 오늘 날씨가 따뜻하다. (따뜻함)

2   정답 ②

정답 설명

② 제시된 전제를 기호화하면 다음과 같다

(1) 마케팅 교육 ∧ 소셜 미디어 관리 능력
(2) 소셜 미디어 관리 능력 → 디지털 콘텐츠 제작

(1) '마케팅 교육 ∧ 소셜 미디어 관리 능력'을 (2)와 결합하면 '마케팅 교육 ∧ (소셜 미디어 관리 능력 → 디지털 콘텐츠 제작)'이 성립하고, 이를 통해 '마케팅 교육 ∧ 디지털 콘텐츠 제작'을 도출할 수 있다. 따라서 빈칸에 들어갈 결론으로 가장 적절한 것은 ② '마케팅 교육을 받은 어떤 직원은 디지털 콘텐츠를 제작할 수 있다(마케팅 교육 ∧ 디지털 콘텐츠 제작 가능)'이다.

오답 분석

① (1)과 (2)를 통해 '마케팅 교육을 받은 어떤 직원은 디지털 콘텐츠를 제작할 수 있다(마케팅 교육 ∧ 디지털 콘텐츠 제작)'는 도출할 수 있지만, 제시된 전제를 통해 '마케팅 교육을 받은 직원은 모두 디지털 콘텐츠를 제작할 수 있다(마케팅 교육 → 디지털 콘텐츠 제작)'는 알 수 없다. 따라서 ①은 빈칸에 들어갈 결론으로 적절하지 않다.

③ 제시된 전제를 통해 '디지털 콘텐츠를 제작할 수 있는 직원은 모두 마케팅 교육을 받았다(디지털 콘텐츠 제작 → 마케팅 교육)'는 도출할 수 없다. 따라서 ③은 빈칸에 들어갈 결론으로 적절하지 않다.

④ (2)를 통해 '소셜 미디어 관리 능력을 갖춘 직원은 모두 디지털 콘텐츠를 제작할 수 있다(소셜 미디어 관리 능력 → 디지털 콘텐츠)'는 도출할 수 있지만, 그 역인 '디지털 콘텐츠를 제작할 수 있는 직원은 모두 소셜 미디어 관리 능력을 갖추고 있다(디지털 콘텐츠 → 소셜 미디어 관리 능력)'가 성립하는지는 알 수 없다. 따라서 ④는 빈칸에 들어갈 결론으로 적절하지 않다.

🔎 개념 톺아보기

역

개념	· 전건과 후건의 위치를 앞뒤로 바꾼 명제 · 원명제가 참이더라도 그 역은 반드시 참이 아님
예	[원명제] 그것이 사람이면 그것은 동물이다. [역] 그것이 동물이면 그것은 사람이다. ⇒ 원명제는 항상 참이지만, 그 역은 동물 중에 사람이 아닌 것이 있으므로 항상 참이 되지는 않음

3   정답 ①

정답 설명

① 제시된 전제를 기호화하면 다음과 같다.

(1) 축제 → 체육 대회
(2) ~경시대회 → ~학술제
(3) 축제 ∨ 학술제
(4) ~학술제

(4)로 인해 '학술제를 개최하지 않음(~학술제)'이 확정되고, 이를 (3)에 대입할 경우, 선언지 세서에 의해 '축제를 개최힘(축제)'이 확정된다. 더해서 이를 (1)에 대입할 경우 '체육 대회를 개최힘(체육 대회)' 또한 확정되므로 빈칸에 들어갈 말로 가장 적절한 것은 ① '축제와 체육 대회를 개최할 것이다(축제 ∧ 체육 대회)'이다.

오답 분석

② ④ (4)로 인해 학술제를 개최하지 않음을 알 수 있으나, 경시대회의 개최 여부는 제시된 진술을 통해 확정할 수 없다. 따라서 ② '경시대회와 학술제를 개최하지 않을 것이다(~경시대회 ∧ ~학술제)'와 ④ '경시대회를 개최하고 학술제를 개최하지 않을 것이다(경시대회 ∧ ~학술제)'는 빈칸에 들어갈 말로 적절하지 않다.

③ (4)를 (3)에 대입하여 선언지 제거에 의해 '축제를 개최힘(축제)'이 확정되고, 이를 (1)에 대입해 '체육 대회를 개최힘(체육 대회)'이 확정된다. 따라서 체육 대회가 개최되므로 ③ '축제를 개최하고 체육 대회를 개최하지 않을 것이다(축제 ∧ ~체육 대회)'는 빈칸에 들어갈 말로 적절하지 않다.

1

정답 ①

정답 설명

① 제시된 전제와 결론을 기호화하면 아래와 같다.

> [전제] 인공지능 ∧ 지속 가능한 비즈니스
> [결론] 지속 가능한 비즈니스 ∧ 글로벌 시장 진출

현재의 전제만으로는 '지속 가능한 비즈니스'와 '글로벌 시장 진출' 사이의 연결 고리가 없어 결론을 도출할 수 없다. 결론이 도출되기 위해서는 이 둘을 연결할 수 있는 전제가 추가되어야 한다. ① '인공지능을 활용하는 기업은 모두 글로벌 시장에 진출한 기업이다(인공지능 → 글로벌 시장 진출)'를 추가하면, '인공지능 ∧ 지속 가능한 비즈니스'에서 '인공지능'을 '글로벌 시장 진출'로 변경하여 '글로벌 시장 진출 ∧ 지속 가능한 비즈니스'로 바꿀 수 있다. 이는 교환 법칙에 따라 결론 '지속 가능한 비즈니스 ∧ 글로벌 시장 진출'과 동일한 의미이므로 답은 ①이다.

오답 분석

② '글로벌 시장에 진출한 기업 중에 인공지능을 활용하는 기업이 있다(글로벌 시장 진출 ∧ 인공지능)'를 추가하더라도 '지속 가능한 비즈니스'와 '글로벌 시장 진출'을 연결할 수 없어 결론을 이끌어 낼 수 없다. 따라서 ②는 추가해야 할 전제로 적절하지 않다.

③ '글로벌 시장에 진출하지 않은 기업은 모두 인공지능을 활용하는 기업이다(~글로벌 시장 진출 → 인공지능)'를 추가하더라도 '지속 가능한 비즈니스'와 '글로벌 시장 진출'을 연결할 수 없어 결론을 이끌어 낼 수 없다. 따라서 ③은 추가해야 할 전제로 적절하지 않다.

④ '지속 가능한 비즈니스 모델을 가진 기업은 모두 글로벌 시장에 진출하지 않은 기업이다(지속 가능한 비즈니스 → ~글로벌 시장)'를 추가할 경우, 오히려 결론과 모순되는 결과가 나타난다. 따라서 ④는 추가해야 할 전제로 적절하지 않다.

2

정답 ③

정답 설명

③ 제시된 진술을 기호화하면 다음과 같다.

> (1) ~영상 확인 → 이의 제기 ≡ ~이의 제기 → 영상 확인 (대우)
> (2) 이의 제기 → 추가 회의 ≡ ~추가 회의 → ~이의 제기 (대우)
> [결론] ~영상 확인 → 시간 연장

(1)과 (2)를 결합하면 '~영상 확인 → 이의 제기 → 추가 회의'이므로 '~영상 확인 → 추가 회의'를 도출할 수 있다. 이때 결론이 '~영상 확인 → 시간 연장'으로 도출되기 위해서는 '~영상 확인 → 추가 회의'의 후건인 '추가 회의'와 결론의 '시간 연장'을 연결할 수 있는 전제가 추가되어야 한다. 따라서 빈칸에 들어갈 말로 가장 적절한 것은 ③ '심판진이 추가 회의를 소집하면 경기 시간이 연장됩니다(추가 회의 → 시간 연장)'이다.

오답 분석

① '경기 시간은 연장되지 않습니다(~시간 연장)'가 전제로 추가되어도 결론은 도출할 수 없으므로 ①은 빈칸에 들어갈 말로 적절하지 않다.

② '심판진은 추가 회의를 소집하지 않습니다(~추가 회의)'가 전제로 추가되면 (2)의 대우에서 '~이의 제기'를 도출할 수 있다. 또한 이를 (1)의 대우와 결합하여 '영상 확인'을 도출할 수 있다. 그러나 결론은 도출할 수 없으므로 ②는 빈칸에 들어갈 말로 적절하지 않다.

④ '농구 경기 영상을 확인하면 판정에 이의를 제기할 수 없습니다(영상 확인 → ~이의 제기)'가 추가되어도 결론은 도출할 수 없으므로 ④는 빈칸에 들어갈 말로 적절하지 않다.

3

정답 ④

정답 설명

④ 제시된 진술을 기호화하면 다음과 같다.

> (1) 저고도 ∨ 고고도
> (2) 저고도 → 특별 안전 점검
> [결론] ~비행사 교육 ∨ 특별 안전 점검

결론인 '~비행사 교육 ∨ 특별 안전 점검'은 교환 법칙에 의해 '특별 안전 점검 ∨ ~비행사 교육'과 동치이다. 이때 (1)과 (2)를 결합하면 '(저고도 → 특별 안전 점검) ∨ 고고도'이므로 '특별 안전 점검 ∨ 고고도'가 성립함을 알 수 있다. 이를 고려했을 때 결론을 도출하기 위해서는 '고고도'와 '~비행사 교육'을 연결할 수 있도록 '고고도 → ~비행사 교육'이 전제로 추가되어야 한다. 따라서 빈칸에 들어갈 말로 가장 적절한 것은 ④ '고고도에서 실시하면 비행사 교육을 진행하지 않습니다(고고도 → ~비행사 교육)'이다.

오답 분석

① '고고도에서 실시합니다(고고도)'가 전제로 추가되어도 '고고도'와 '~비행사 교육'을 연결할 수 없으므로 결론을 도출할 수 없다. 따라서 ①은 빈칸에 들어갈 말로 적절하지 않다.

② '저고도에서 실시하지 않습니다(~저고도)'가 전제로 추가되어도 '고고도'와 '~비행사 교육'을 연결할 수 없으므로 결론을 도출할 수 없다. 따라서 ②는 빈칸에 들어갈 말로 적절하지 않다.

③ '고고도에서 실시하면 비행사 교육을 진행합니다(고고도 → 비행사 교육)'가 전제로 추가되어도 '고고도'와 '~비행사 교육'을 연결할 수 없으므로 결론을 도출할 수 없다. 따라서 ③은 빈칸에 들어갈 말로 적절하지 않다. 참고로 '고고도 → 비행사 교육'이 전제로 추가되면, (1), (2)와 결합했을 때 '(저고도 → 특별 안전 점검) ∨ (고고도 → 비행사 교육)'이므로 '특별 안전 점검 ∨ 비행사 교육'을 도출할 수 있을 뿐이다.

📖 개념 톺아보기

교환 법칙

개념	연언과 선언으로 기호화하는 명제는 앞 명제와 뒤 명제의 순서를 바꾸어도 그 진릿값은 변하지 않음
예	• P ∧ Q ≡ Q ∧ P 눈이 오고 바람이 분다. ≡ 바람이 불고 눈이 온다. • P ∨ Q ≡ Q ∨ P 눈이 오거나 바람이 분다. ≡ 바람이 불거나 눈이 온다.

1

정답 ③

정답 설명

③ 제시된 진술을 기호화하면 다음과 같다.

> (1) 수질 오염 → 정수 시설
> (2) 수질 오염 ∧ 강수량
> [결론] 정수 시설 ∧ 배수로

(1)과 (2)를 결합하면 '(수질 오염 → 정수 시설) ∧ 강수량'이므로 결론인 '정수 시설 ∧ 배수로'의 전항인 '정수 시설'을 도출할 수 있다. 결론의 후항인 '배수로'를 도출하기 위해서는 '강수량'과 '배수로'를 연결하는 전제가 추가되어야 한다. 이때 ③ '배수로를 점검하지 않으면 강수량이 많지 않다(~배수로 → ~강수량)'의 대우는 '강수량 → 배수로'이므로, 이를 추가하면 '배수로'를 도출하고 결론을 이끌어 낼 수 있다. 따라서 답은 ③이다.

오답 분석

① '배수로를 점검하면 수질 오염이 심각하다(배수로 → 수질 오염)'가 전제로 추가되더라도 결론은 이끌어 낼 수 없다. 따라서 ①은 추가해야 할 전제로 적절하지 않다.

② '정수 시설을 정비하면 강수량이 많지 않다(정수 시설 → ~강수량)'가 전제로 추가되더라도 결론은 이끌어 낼 수 없다. 따라서 ②는 추가해야 할 전제로 적절하지 않다.

④ '수질 오염이 심각하지 않으면 배수로를 점검하지 않는다(~수질 오염 → ~배수로)'가 추가되더라도 결론은 이끌어 낼 수 없다. 따라서 ④는 추가해야 할 전제로 적절하지 않다.

2

정답 ③

정답 설명

③ 제시된 대화를 기호화하면 다음과 같다.

> (1) 대형 강의실 ∨ 소형 회의실
> (2) ~음향 장비 → ~대형 강의실
> ≡ 대형 강의실 → 음향 장비 (대우)
> [결론] 음향 장비

(2)의 대우에 의하면 결론인 '음향 장비'를 도출하기 위해서는 '대형 강의실'이 전제되어야 한다. 이때 ③ '소형 회의실에서 세미나를 진행할 수 없습니다(~소형 회의실)'가 추가되면, (1)에서 선언지 제거를 통해 '대형 강의실'을 확정하고 결론을 도출할 수 있다. 따라서 빈칸에 들어갈 말로 가장 적절한 것은 ③이다.

오답 분석

① '소형 회의실에서 세미나를 진행합니다(소형 회의실)'를 추가해도 대형 강의실 사용 여부와 음향 장비 설치 여부는 알 수 없으므로 결론을 이끌어 낼 수 없다.

② '대형 강의실에서 세미나를 진행할 수 없습니다(~대형 강의실)'를 추가하면 (1)과 결합하여 '소형 회의실'만 참이 된다. 이는 음향 장비 설치 여부와 연결되지 않으므로 결론을 이끌어 낼 수 없다.

④ '대형 강의실과 소형 회의실에서 모두 세미나를 진행할 수 없습니다(~대형 강의실 ∧ ~소형 회의실)'는 (1)과 논리적으로 모순되므로 결론을 이끌어 낼 수 없다.

3

정답 ④

정답 설명

④ 제시된 진술을 기호화하면 다음과 같다.

> [전제] 건강 관심 → 정기적 운동
> [결론] 건강 관심 → 건강보험 할인

결론을 이끌어 내기 위해서는 전제의 후건 '정기적 운동'과 결론의 후건 '건강보험 할인'을 연결하는 전제가 추가되어야 한다. 이때 '정기적 운동 → 건강보험 할인'을 추가하면, '건강 관심 → 정기적 운동'과 결합하여 '건강 관심 → 정기적 운동 → 건강보험 할인'을 도출할 수 있다. 따라서 결론인 '건강 관심 → 건강보험 할인'을 도출할 수 있으므로, 결론을 이끌어 내기 위해 추가해야 할 것은 ④ '정기적으로 운동하는 사람들은 모두 건강보험 할인 혜택을 받을 수 있다'이다.

오답 분석

① '건강에 관심이 있는 사람들은 모두 정기적으로 운동하지 않는다(건강 관심 → ~정기적 운동)'를 추가해도 결론을 이끌어 낼 수 없다.

② '건강보험 할인 혜택을 받는 사람들은 모두 정기적으로 운동한다(건강보험 할인 → 정기적 운동)'를 추가해도 결론을 이끌어 낼 수 없다.

③ '건강에 관심이 없는 사람들은 모두 건강보험 할인 혜택을 받을 수 있다(~건강 관심 → 건강보험 할인)'를 추가해도 결론을 이끌어 낼 수 없다.

1

정답 ②

정답 설명

② 제시된 진술을 기호화하면 다음과 같다.

> (1) ~전철 → ~자가용 ≡ 자가용 → 전철 (대우)
> (2) 버스 → 자가용
> [결론] 전철 ∧ 도보

(1)의 대우와 (2)를 연결하면 '버스 → 자가용 → 전철'이 도출된다. 이때 결론을 이끌어 내기 위해서는 '버스를 이용하는 사람 중 일부는 도보를 선호한다(버스 ∧ 도보)' 또는 '자가용을 이용하는 사람 중 일부는 도보를 선호한다(자가용 ∧ 도보)'가 추가되어야 함을 알 수 있다. ② '도보를 선호하는 사람 중 일부는 자가용을 이용한다(도보 ∧ 자가용)'는 '자가용을 이용하는 사람 중 일부는 도보를 선호한다(자가용 ∧ 도보)'와 동일한 의미이므로 답은 ②이다.

오답 분석

① '전철을 이용하는 사람 중 일부는 버스를 이용한다(전철 ∧ 버스)'를 추가하더라도 도보와 전철(또는 버스) 사이의 논리적 연결 고리가 없어 결론을 이끌어 낼 수 없다. 따라서 ①은 추가해야 할 전제로 적절하지 않다.

③ '버스를 이용하는 사람은 모두 도보를 선호하지 않는다(버스 → ~도보)'를 추가하더라도 결론을 이끌어 낼 수 없다. 따라서 ③은 추가해야 할 전제로 적절하지 않다.

④ '도보를 선호하는 사람은 모두 전철을 이용하지 않는다(도보 → ~전철)'를 추가하더라도 결론을 이끌어 낼 수 없다. 따라서 ④는 추가해야 할 전제로 적절하지 않다.

2

정답 ③

정답 설명

③ 제시된 진술을 기호화하면 다음과 같다.

> (1) 온실 재배 ∨ 노지 재배
> (2) 온실 재배 → 온도 조절 시스템
> [결론] 온도 조절 시스템

결론이 '온도 조절 시스템'으로 도출되기 위해서는 (2)의 전건인 '온실 재배'가 확정되어야 한다. 이때 '~노지 재배'가 전제로 추가되면 (1)에서 선언지 제거를 통해 '온실 재배'를 도출할 수 있으므로, (2)의 전건을 긍정하여 결론인 '온도 조절 시스템'을 확정할 수 있다. 따라서 결론을 이끌어 내기 위해 추가해야 할 전제로 적절한 것은 ③ '농작물 실험을 노지 재배로 진행하지 않는다(~노지 재배)'이다.

오답 분석

① '농작물 실험을 노지 재배로 진행한다(노지 재배)'가 전제로 추가되어도 (2)의 전건인 '온실 재배'를 확정할 수 없으므로 결론을 도출할 수 없다. 따라서 ①은 추가해야 할 전제로 적절하지 않다.

② '농작물 실험을 온실 재배로 진행하지 않는다(~온실 재배)'가 전제로 추가되면 (2)의 전건인 '온실 재배'를 확정할 수 없으므로 결론을 도출할 수 없다. 따라서 ②는 추가해야 할 전제로 적절하지 않다.

④ '농작물 실험을 온실 재배로 진행하지 않으면 노지 재배로 진행한다(~온실 재배 → 노지 재배)'는 (1) '온실 재배 ∨ 노지 재배'와 동치이므로, 전제로 추가되어도 (2)의 전건인 '온실 재배'를 확정할 수 없고 결론을 도출할 수 없다. 따라서 ④는 추가해야 할 전제로 적절하지 않다.

03

정답 ④

정답 설명

④ 철수의 진술을 기호화하면 다음과 같다.

> (1) ~월별 계획서 → ~활동 지원금
>   ≡ 활동 지원금 → 월별 계획서 (대우)
> (2) 동아리 → 활동 지원금
> [결론] 동아리 → 분기별 실적 보고서

(1)의 대우와 (2)를 결합하면 '동아리 → 활동 지원금 → 월별 계획서'이므로 '동아리 → 월별 계획서'를 도출할 수 있다. 이를 고려했을 때 결론인 '동아리 → 분기별 실적 보고서'를 도출하기 위해서는 '월별 계획서'와 '분기별 실적 보고서'를 연결시킬 수 있는 '월별 계획서 → 분기별 실적 보고서'와 같은 전제가 추가되어야 한다. 이때 '~분기별 실적 보고서 → ~월별 계획서'는 '월별 계획서 → 분기별 실적 보고서'의 대우이므로 (가)에 들어갈 말로 적절한 것은 ④ '분기별 계획서를 제출하지 않으면 월별 계획서를 제출하지 않는다(~분기별 실적 보고서 → ~월별 계획서)'이다.

오답 분석

① '월별 계획서를 제출하면 활동 지원금을 받는다(월별 계획서 → 활동 지원금)'가 전제로 추가되더라도 결론은 도출할 수 없다. 따라서 ①은 (가)에 들어갈 말로 적절하지 않다.

② '활동 지원금을 받으면 분기별 실적 보고서를 제출하지 않는다(활동 지원금 → ~분기별 실적 보고서)'가 전제로 추가되면 (2)와 결합하여 '동아리 → ~분기별 실적 보고서'를 도출할 수 있다. 하지만 이는 결론인 '동아리 → 분기별 실적 보고서'와 모순되므로, '활동 지원금 → ~분기별 실적 보고서'가 전제로 추가되더라도 결론은 도출할 수 없다. 따라서 ②는 (가)에 들어갈 말로 적절하지 않다.

③ '월별 계획서를 제출하면 분기별 실적 보고서를 제출하지 않는다(월별 계획서 → ~분기별 실적 보고서)'는 (2)와 (1)의 대우를 통해 도출한 '동아리 → 월별 계획서'와 결합하여 '동아리 → ~분기별 실적 보고서'를 도출할 수 있다. 하지만 이는 결론인 '동아리 → 분기별 실적 보고서'와 모순되므로, '월별 계획서 → ~분기별 실적 보고서'가 추가되더라도 결론은 도출할 수 없다. 따라서 ③은 (가)에 들어갈 말로 적절하지 않다.

1
정답 ③

정답 설명

③ 제시된 대화를 기호화하면 다음과 같다.

> (1) (시스템 안정 ∧ 백업 서버) → ~긴급 점검
> (2) 보안 업데이트 → 긴급 점검
>   ≡ ~긴급 점검 → ~보안 업데이트 (대우)
> [결론] ~보안 업데이트

(2)의 대우를 통해 결론인 '~보안 업데이트'를 확정하기 위해서는 '~긴급 점검'이 확정되어야 함을 알 수 있다. 이어서 (1)을 통해 '~긴급 점검'을 확정하기 위해서는 '시스템 안정 ∧ 백업 서버'가 확정되어야 함을 알 수 있다. 따라서 빈칸에 들어갈 말로 가장 적절한 것은 ③ '오늘은 시스템이 안정적이고 백업 서버가 가동 중입니다(시스템 안정 ∧ 백업 서버)'이다.

오답 분석

① '오늘은 백업 서버가 가동 중입니다(백업 서버)'가 추가되더라도 '시스템 안정'이 확정되지 않아 (1)에서 '~긴급 점검'을 확정할 수 없으므로 결론을 이끌어 낼 수 없다. 따라서 ①은 빈칸에 들어갈 말로 적절하지 않다.

② '오늘은 시스템이 안정적이지 않습니다(~시스템 안정)'가 추가되더라도 (1)에서 '~긴급 점검'을 확정할 수 없으므로 결론을 이끌어 낼 수 없다. 따라서 ②는 빈칸에 들어갈 말로 적절하지 않다.

④ '오늘은 시스템이 안정적이지 않고 백업 서버가 가동 중입니다(~시스템 안정 ∧ 백업 서버)'가 추가되더라도 (1)에서 '~긴급 점검'을 확정할 수 없으므로 결론을 이끌어 낼 수 없다. 따라서 ④는 빈칸에 들어갈 말로 적절하지 않다.

2
정답 ③

정답 설명

③ 제시된 진술을 기호화하면 다음과 같다.

> (1) 학술지 발행 연기 → 추가 연구
> (2) 학술지 발행 연기 ∨ 국제 학회
> [결론] 추가 연구 ∨ 과학 논문

(1)과 (2)를 결합하면 '(학술지 발행 연기 → 추가 연구) ∨ 국제 학회'이므로 '추가 연구 ∨ 국제 학회'를 도출할 수 있다. 이때 결론이 '추가 연구 ∨ 과학 논문'으로 도출되기 위해서는 '국제 학회'와 '과학 논문'을 연결할 수 있는 전제가 추가되어야 한다. 따라서 결론을 이끌어 내기 위해 추가해야 할 전제는 '국제 학회 → 과학 논문'이며, 이는 '~과학 논문 → ~국제 학회'와 동치이므로 답은 ③이다.

오답 분석

① '내가 추가 연구를 하면 국제 학회는 열리지 않는 것이다(추가 연구 → ~국제 학회)'가 전제로 추가되어도 '국제 학회'와 '과학 논문'을 연결할 수 없으므로 결론을 이끌어 낼 수 없다. 따라서 ①은 추가해야 할 전제로 적절하지 않다.

② '내가 과학 논문을 작성하면 학술지 발행이 연기되지 않는 것이다(과학 논문 → ~학술지 발행 연기)'가 전제로 추가되어도 '국제 학회'와 '과학 논문'을 연결할 수 없으므로 결론을 이끌어 낼 수 없다. 따라서 ②는 추가해야 할 전제로 적절하지 않다.

④ '학술지 발행이 연기되지 않으면 나는 과학 논문을 작성하지 않는 것이다(~학술지 발행 연기 → ~과학 논문)'가 전제로 추가되어도 '국제 학회'와 '과학 논문'을 연결할 수 없으므로 결론을 이끌어 낼 수 없다. 따라서 ④는 추가해야 할 전제로 적절하지 않다.

📖 개념 톺아보기

대우 규칙

개념	가언 명제의 전건과 후건을 부정하고 두 명제의 위치를 바꾸어도 그 진릿값은 변하지 않음
예	• P → Q ≡ ~Q → ~P • 눈이 오면 도로가 언다. ≡ 도로가 얼지 않으면 눈이 오지 않은 것이다.

3
정답 ④

정답 설명

④ 제시된 대화를 기호화하면 다음과 같다.

> (1) 동아리 회원 → (침착함 ∨ 성숙함)
> (2) 바둑 실력 → 바둑 대회
> [결론] 동아리 회원 → 바둑 대회

결론인 '동아리 회원 → 바둑 대회'를 도출하기 위해서는 (1)의 전건인 '동아리 회원'과 (2)의 후건인 '바둑 대회'를 연결시킬 수 있는 전제가 추가되어야 한다. 이때 '(침착함 ∨ 성숙함) → 바둑 실력'이 추가되면 (1)과 (2)를 연결할 수 있게 된다. 따라서 (가)에 들어갈 말로 가장 적절한 것은 ④ '침착하거나 성숙한 사람은 바둑 실력이 일정 수준 이상인 사람이야[(침착함 ∨ 성숙함) → 바둑 실력]'이다.

오답 분석

① '우리 동아리 회원들은 침착하지 않은 사람들이야(동아리 회원 → ~침착함)'가 추가되면, (1)에서 '동아리 회원 → 성숙함'을 확정할 수 있다. 하지만 이를 통해 결론인 '동아리 회원 → 바둑 대회'는 도출할 수 없으므로 ①은 (가)에 들어갈 말로 적절하지 않다.

② '우리 동아리 회원들은 성숙하지 않은 사람들이야(동아리 회원 → ~성숙함)'가 추가되면, (1)에서 '동아리 회원 → 침착함'을 확정할 수 있다. 하지만 이를 통해 결론인 '동아리 회원 → 바둑 대회'는 도출할 수 없으므로 ②는 (가)에 들어갈 말로 적절하지 않다.

③ '침착하지 않은 사람은 바둑 실력이 일정 수준 이상인 사람이야(~침착함 → 바둑 실력)'가 추가되더라도 결론인 '동아리 회원 → 바둑 대회'는 도출할 수 없으므로 ③은 (가)에 들어갈 말로 적절하지 않다.

1

정답 ③

정답 설명

③ 제시된 대화를 기호화하면 다음과 같다.

> (1) ~임상 통과 → 개발 중단
> (2) 개발 중단 → ~투자금 회수
> [결론] ~임상 통과 → 주가 하락

(1)과 (2)를 결합하여 '~임상 통과 → 개발 중단 → ~투자금 회수'를 도출할 수 있고, 이를 통해 '~임상 통과 → ~투자금 회수'를 도출할 수 있다. 이때 결론이 '~임상 통과 → 주가 하락'으로 도출되기 위해서는 '~투자금 회수'와 '주가 하락'을 연결하는 전제가 추가되어야 한다. 따라서 빈칸에 들어갈 말로 가장 적절한 것은 ③ '연구 투자금을 회수할 수 없다면 회사의 주가가 하락합니다(~투자금 회수 → 주가 하락)'이다.

오답 분석

① '회사의 주가가 하락하면 임상 실험을 통과하지 못합니다(주가 하락 → ~임상 통과)'가 전제로 추가되어도 결론은 도출할 수 없으므로 ①은 빈칸에 들어갈 말로 적절하지 않다.

② '임상 실험을 통과하면 연구 투자금을 회수할 수 있습니다(임상 통과 → 투자금 회수)'가 전제로 추가되어도 결론은 도출할 수 없으므로 ②는 빈칸에 들어갈 말로 적절하지 않다.

④ '연구 투자금을 회수할 수 있다면 회사의 주가가 하락하지 않습니다(투자금 회수 → ~주가 하락)'가 전제로 추가되어도 결론은 도출할 수 없으므로 ④는 빈칸에 들어갈 말로 적절하지 않다.

2

정답 ①

정답 설명

① 제시된 진술을 기호화하면 다음과 같다.

> (1) 실험적 사고 → 디자이너
> (2) 실험적 사고 ∧ 예술적 감각
> [결론] 예술적 감각 ∧ 건축가

(2)는 '예술적 감각 ∧ 실험적 사고'와 논리적으로 동치이며, 이것을 (1)과 결합하여 '예술적 감각 ∧ 디자이너'를 도출할 수 있다. 이때 결론이 도출되기 위해서는 '디자이너'와 '건축가'를 연결할 수 있는 전제가 추가되어야 한다. 따라서 결론을 이끌어내기 위해 추가해야 할 전제로 적절한 것은 ① '디자이너는 모두 건축가이다(디자이너 → 건축가)'이다.

오답 분석

② '실험적 사고를 하지 않는 사람들은 모두 건축가이다(~실험적 사고 → 건축가)'가 전제로 추가되어도 결론은 도출할 수 없으므로 ②는 추가해야 할 전제로 적절하지 않다.

③ '실험적 사고를 하는 사람들은 모두 디자이너가 아니다(실험적 사고 → ~디자이너)'가 전제로 추가되면, 이것을 (2)의 동치인 '예술적 감각 ∧ 실험적 사고'와 결합하여 '예술적 감각 ∧ ~디자이너'를 도출할 수 있다. 그러나 결론은 도출할 수 없으므로 ③은 추가해야 할 전제로 적절하지 않다.

④ '예술적 감각이 있는 사람들은 모두 실험적 사고를 한다(예술적 감각 → 실험적 사고)'가 전제로 추가되면 (1)과 결합하여 '예술적 감각 → 디자이너'를 도출할 수 있다. 그러나 결론은 도출할 수 없으므로 ④는 추가해야 할 전제로 적절하지 않다.

3

정답 ④

정답 설명

④ 갑의 진술을 기호화하면 다음과 같다.

> (1) 학과 사무실 ∨ 학생회관
> (2) 학과 사무실 → 100명 넘음
> (3) ~학과 사무실
> [결론] ~100명 넘음

제시된 진술 중 결론인 '~100명 넘음'을 확정할 수 있는 전제가 없기 때문에 (1)~(3)에 의해 확정된 내용과 '~100명 넘음'을 연결시킬 수 있는 전제가 추가되어야 한다. 이때 (3)에 의해 '~학과 사무실'이 확정되었고, '~학과 사무실'이 확정됨에 따라 (1)에서 선언지 제거를 통해 '학생회관'도 확정할 수 있다. 즉, 결론을 도출하기 위해서는 '~학과 사무실 → ~100명 넘음'이나 '학생회관 → ~100명 넘음'이 추가되어야 하므로 답은 ④ '학생회관에서 졸업장을 배부한다면 졸업하는 학생이 100명을 넘지 않는다는 것입니다(학생회관 → ~100명 넘음)'이다. 참고로, 갑은 (2)의 전건인 '학과 사무실'을 부정하여 (2)의 후건인 '100명 넘음'의 부정을 결론으로 제시한 전건 부정의 오류를 범하고 있다.

오답 분석

① '이번에는 학생회관에서 졸업장을 배부한다(학생회관)'는 (3)과 (1)에 의해 확정된 내용으로, 추가되더라도 결론을 도출할 수 없다. 따라서 ①은 (가)에 들어갈 말로 적절하지 않다.

② '이번에는 학과 사무실과 학생회관에서 졸업장을 배부하지 않는다(~학과 사무실 ∧ ~학생회관)'는 (1) '학과 사무실 ∨ 학생회관'과 모순되는 내용으로, 추가되더라도 결론을 도출할 수 없다. 따라서 ②는 (가)에 들어갈 말로 적절하지 않다.

③ '졸업하는 학생이 100명을 넘는 경우에만 학과 사무실에서 졸업장을 배부한다(학과 사무실 → 100명 넘음)'는 (2)와 동치로, 추가되더라도 결론을 도출할 수 없다. 따라서 ③은 (가)에 들어갈 말로 적절하지 않다.

📖 개념 톺아보기

선언지 제거법(선언 삼단 논법)

선언 명제에서 어느 하나의 명제를 부정한 뒤 나머지 하나의 명제를 결론으로 도출하는 논증 방법이다.

전제1	P이거나 Q이다. (P∨Q) 예 오늘은 눈이 오거나 비가 왔다.
전제2	P가 아니다. (~P) 예 오늘은 눈이 오지 않았다.
결론	따라서 Q이다. (Q) 예 따라서 오늘은 비가 왔을 것이다.

DAY 19	**전제 추론 ⑥**	p.66

1 ①	2 ②	3 ④

1
정답 ①

정답 설명

① 제시된 진술을 기호화하면 다음과 같다.

> (1) (~전통 기법 ∧ 현대 공구) → ~예술성 구현
> (2) 장인 초빙 → 예술성 구현
>   ≡ ~예술성 구현 → ~장인 초빙 (대우)
> (3) ~전통 기법
> [결론] ~장인 초빙

결론인 '~장인 초빙'을 도출하기 위해서는 (2)의 대우에서 전건인 '~예술성 구현'을 확정할 수 있는 전제가 추가되어야 한다. 이때 (3)에 의해 '~전통 기법'이 확정된 상태이므로 '현대 공구'가 전제로 추가되면 (1)의 전건 '~전통 기법 ∧ 현대 공구'를 긍정하여 '~예술성 구현'을 확정할 수 있다. 따라서 결론을 이끌어 내기 위해 추가해야 할 전제로 적절한 것은 ① '오늘은 현대 공구를 사용해 도자기를 제작할 예정이다(현대 공구)'이다.

오답 분석

② '오늘은 현대 공구를 사용하지 않고 도자기를 제작할 예정이다(~현대 공구)'가 전제로 추가되더라도 결론 '~장인 초빙'은 확정할 수 없다. 따라서 ②는 결론을 이끌어 내기 위해 추가해야 할 전제로 적절하지 않다.

③ '현대 공구를 사용해 도자기를 제작하면 전문 장인을 초빙한다(현대 공구 → 장인 초빙)'가 전제로 추가되더라도 결론 '~장인 초빙'은 확정할 수 없다. 따라서 ③은 결론을 이끌어 내기 위해 추가해야 할 전제로 적절하지 않다.

④ '장인의 예술성이 구현되면 현대 공구를 사용하지 않고 도자기를 제작한 것이다(예술성 구현 → ~현대 공구)'가 전제로 추가되더라도 결론 '~장인 초빙'은 확정할 수 없다. 따라서 ④는 결론을 이끌어 내기 위해 추가해야 할 전제로 적절하지 않다.

2
정답 ②

정답 설명

② 제시된 진술을 기호화하면 다음과 같다.

> (1) 등산 ∨ 해수욕
> (2) 등산 → 아버지 동행
> (3) 아버지 운전 → ~아버지 동행
>   ≡ 아버지 동행 → ~아버지 운전 (대우)
> [결론] ~아버지 운전

결론인 '~아버지 운전'을 이끌어 내기 위해서는 (3)의 대우에서 전건인 '아버지 동행'이 참이어야 한다. 또한 '아버지 동행'은 (2)를 통해 '등산'이 참이어야 확정됨을 알 수 있다. 이때 '~해수욕'을 전제로 추가하면 (1) '등산 ∨ 해수욕'에서 선언지 제거에 의해 '등산'이 참이 된다. 따라서 결론을 이끌어 내기 위해 추가해야 할 것은 ② '올해 가족 휴가에서 해수욕을 하지 않는다(~해수욕)'이다.

오답 분석

① '올해 가족 휴가에서 등산을 하지 않는다(~등산)'가 추가되더라도 결론을 이끌어 낼 수 없다. 따라서 ①은 결론을 이끌어 내기 위해 추가해야 할 것으로 적절하지 않다.

③ '아버지는 올해 가족 휴가에 동행하지 않는다(~아버지 동행)'가 추가되더라도 결론을 이끌어 낼 수 없다. 따라서 ③은 결론을 이끌어 내기 위해 추가해야 할 것으로 적절하지 않다.

④ '올해 가족 휴가에서 등산을 한다면, 아버지는 올해 가족 휴가에 동행하지 않는다(등산 → ~아버지 동행)'가 추가되더라도 결론을 이끌어 낼 수 없다. 참고로 ④ '등산 → ~아버지 동행'은 (2) '등산 → 아버지 동행'과 모순되는 진술이며, 모순되는 두 개의 진술이 모두 참일 때는 전건의 부정인 '~등산'을 확정할 수 있다.

📖 개념 톺아보기

가언 명제에서의 모순

가언 명제에서 전건이 참일 때 후건이 모순(Q ∧ ~Q)되는 경우, 전건의 부정을 결론으로 추론할 수 있다.

기호화	[전제 1] P이면 Q이다(P → Q). [전제 2] P이면 Q가 아니다(P → ~Q). [결론] 따라서 P가 아니다(~P).
예	[전제 1] 그가 범인이라면 현장에 그의 지문이 있다. [전제 2] 그가 범인이라면 현장에 그의 지문이 없다. [결론] 따라서 그는 범인이 아니다.

3

정답 설명
④ 제시된 대화를 기호화하면 다음과 같다.

> (1) 인간 행위 → (유전적 요인 ∨ 환경적 요인)
> (2) 유전적 요인 → ~도덕적 책임
> [결론] 인간 행위 → ~도덕적 책임

결론인 '인간 행위 → ~도덕적 책임'이 도출되기 위해서는 (1)의 후건인 '유전적 요인 ∨ 환경적 요인'과 결론의 후건인 '~도덕적 책임'을 연결할 수 있는 전제가 추가되어야 한다. '(유전적 요인 ∨ 환경적 요인) → ~도덕적 책임'은 전건 분리에 따라 '(유전적 요인 → ~도덕적 책임) ∧ (환경적 요인 → ~도덕적 책임)'과 논리적으로 동치인데, (2)에서 '유전적 요인 → ~도덕적 책임'이 확정된 상태이므로 '환경적 요인 → ~도덕적 책임'이 전제로 추가되면 결론을 도출할 수 있다. 따라서 빈칸에 들어갈 말로 가장 적절한 것은 ④ '환경적 요인에 의해 결정된 행위는 모두 도덕적 책임이 없습니다(환경적 요인 → ~도덕적 책임)'이다.

오답 분석
① '유전적 요인에 의해 결정된 행위는 모두 인간의 행위입니다(유전적 요인 → 인간 행위)'가 전제로 추가되어도 결론을 도출할 수 없다. 따라서 ①은 빈칸에 들어갈 말로 적절하지 않다.

② '환경적 요인에 의해 결정된 행위는 모두 인간의 행위입니다(환경적 요인 → 인간 행위)'가 전제로 추가되어도 결론을 도출할 수 없다. 따라서 ②는 빈칸에 들어갈 말로 적절하지 않다.

③ '인간의 행위는 모두 유전적 요인이 아닌 것에 의해 결정됩니다(인간 행위 → ~유전적 요인)'가 전제로 추가되어도 결론을 도출할 수 없다. 따라서 ③은 빈칸에 들어갈 말로 적절하지 않다.

📖🔍 개념 톺아보기

전건 분리와 후건 분리

1. 전건 분리
- (A ∧ B) → C ≡ (A → C) ∨ (B → C)
- (A ∨ B) → C ≡ (A → C) ∧ (B → C)

2. 후건 분리
- C → (A ∧ B) ≡ (C → A) ∧ (C → B)
- C → (A ∨ B) ≡ (C → A) ∨ (C → B)

1
정답 ②

정답 설명
② 제시된 진술을 기호화하면 다음과 같다.

> [전제] 음악 → ~여행 ≡ 여행 → ~음악 (대우)
> [결론] 독서 ∧ ~음악

(1)의 대우를 통해 '여행 동아리에 가입한 모든 학생은 음악 동아리에 가입하지 않은 학생이다(여행 → ~음악)'를 알 수 있다. 이때 결론을 이끌어 내기 위해서는 '독서 동아리에 가입한 어떤 학생은 여행 동아리에 가입한 학생이다(독서 ∧ 여행)'가 추가되어야 하며, 이는 '여행 동아리에 가입한 어떤 학생은 독서 동아리에 가입한 학생이다(여행 ∧ 독서)'와 동치이다. 따라서 답은 ②이다.

오답 분석
① '음악 동아리에 가입한 어떤 학생은 독서 동아리에 가입한 학생이다(음악 ∧ 독서)'가 추가되어도 결론을 이끌어 낼 수 없다. 따라서 ①은 추가해야 할 전제로 적절하지 않다.

③ '독서 동아리에 가입한 모든 학생은 음악 동아리에 가입한 학생이다(독서 → 음악)'가 추가되면 결론인 '독서 동아리에 가입한 어떤 학생은 음악 동아리에 가입하지 않은 학생이다(독서 ∧ ~음악)'와 모순되므로 적절하지 않다. 따라서 ③은 추가해야 할 전제로 적절하지 않다.

④ '음악 동아리에 가입하지 않았지만 독서 동아리에 가입한 모든 학생은 여행 동아리에 가입한 학생이다[(~음악 ∧ 독서) → 여행]'가 추가되더라도 결론을 직접 이끌어 낼 수 없다. 따라서 ④는 추가해야 할 전제로 적절하지 않다.

2
정답 ④

정답 설명
④ 제시된 진술을 기호화하면 다음과 같다.

> (1) ~해양 생물학자 ∧ ~수영
> (2) 수중 탐험 → 수영 ≡ ~수영 → ~수중 탐험 (대우)
> [결론] 고소공포증 ∧ ~수중 탐험

(1)과 (2)의 대우를 결합하여 '~해양 생물학자 ∧ (~수영 → ~수중 탐험)'을 도출할 수 있으므로 '~해양 생물학자 ∧ ~수중 탐험'이 확정된다. 이때 결론이 '고소공포증 ∧ ~수중 탐험'으로 도출되기 위해서는 '~해양 생물학자'와 결론의 '고소공포증'을 연결하는 전제를 추가해야 한다. 따라서 결론을 이끌어 내기 위해 추가해야 할 전제로 적절한 것은 ④ '해양 생물학자가 아닌 사람들은 모두 고소공포증이 있다(~해양 생물학자 → 고소공포증)'이다.

오답 분석

① '어떤 해양 생물학자는 고소공포증이 있다(해양 생물학자 ∧ 고소공포증)'를 추가해도 '~해양 생물학자'와 '고소공포증'을 연결하지 못하므로 결론을 도출할 수 없다.

② '고소공포증이 있는 사람은 모두 수중 탐험을 한다(고소공포증 → 수중 탐험)'는 결론과 모순되므로 추가해도 결론을 도출할 수 없다.

③ '수영을 할 수 있는 사람들은 모두 해양 생물학자가 아니다(수영 → ~해양 생물학자)'를 추가해도 '~해양 생물학자'와 '고소공포증'을 연결하지 못하므로 결론을 도출할 수 없다.

3

정답 ③

정답 설명

③ 소은의 진술을 기호화하면 다음과 같다.

> [전제] 김밥가게 사장님 → 요리사 → 전문가 → 책임 의식
> [결론] ~김밥가게 사장님 → ~책임 의식
> ≡ 책임 의식 → 김밥가게 사장님 (대우)

전제를 통해 '모든 김밥가게 사장님은 전문가로서의 책임 의식을 가질 의무가 있다(김밥가게 사장님 → 책임 의식)'는 것을 알 수 있다. 하지만 결론으로 제시한 '~김밥가게 사장님 → ~책임 의식'은 '김밥가게 사장님 → 책임 의식'의 전건을 부정하여 후건의 부정을 도출한 것으로 전건 부정의 오류를 범하였다. 이때 ③ '전문가로서의 책임 의식을 가질 의무가 있는 사람은 모두 김밥가게 사장님이다(책임 의식 → 김밥가게 사장님)'가 추가되면, 이것의 대우인 '김밥가게 사장님이 아닌 모든 사람은 선문가로서의 책임 의식을 가질 의무가 없다(~김밥가게 사장님 → ~책임 의식)'를 결론으로 도출할 수 있다. 따라서 (가)에 들어갈 말로 적절한 것은 ③이다.

오답 분석

① '어떤 전문가는 전문가로서의 책임 의식을 가질 의무가 없다(전문가 ∧ ~책임 의식)'가 전제로 추가되더라도 결론은 도출할 수 없으므로 ①은 (가)에 들어갈 말로 적절하지 않다.

② 전제에 따르면 '모든 김밥가게 사장님은 전문가로서의 책임 의식을 가질 의무가 있다(김밥가게 사장님 → 책임 의식)'는 것을 알 수 있다. 이때 ② '모든 김밥가게 사장님은 전문가로서의 책임 의식을 가질 의무가 없다(김밥가게 사장님 → ~책임 의식)'는 '김밥가게 사장님 → 책임 의식'과 모순되는 내용으로, 추가되더라도 결론을 도출할 수 없다. 따라서 ②는 (가)에 들어갈 말로 적절하지 않다.

④ 전제에 따르면 '모든 김밥가게 사장님은 전문가로서의 책임의식을 가질 의무가 있다(김밥가게 사장님 → 책임 의식)'는 것을 알 수 있다. 이때 ④ '전문가로서의 책임 의식을 가질 의무가 없는 사람은 모두 김밥가게 사장님이 아니다(~책임 의식 → ~김밥가게 사장님)'는 전제인 '김밥가게 사장님 → 책임 의식'의 대우로, 추가되더라도 결론을 도출할 수 없다. 따라서 ④는 (가)에 들어갈 말로 적절하지 않다.

1
정답 ④

정답 설명

④ 제시문은 제약 산업의 연구·개발을 촉진하기 위해 의약품 특허 보호 기간의 연장이 필요하다는 논지를 전개하고 있다. 그 근거로 특허 기간이 연장되면 제약 회사는 더 많은 수익을 창출할 수 있고, 이는 다시 혁신적인 의약품 개발을 위한 재투자로 이어진다는 점을 제시한다. 그러나 제약 회사 관계자들이 의약품 특허 기간이 연장되면 신약 개발보다 기존 약품의 특허 유지에 더 많은 자원을 투입하게 되어, 새로운 의약품에 대한 연구나 개발이 위축될 수 있다고 답한 것은 특허 기간 연장이 '신약 개발 촉진'이라는 본 목적과 달리, '기존 약품의 특허 유지'로 이어질 수 있음을 보여준다. 따라서 ④는 제시문의 핵심 논지를 반박하므로 제시문의 논지를 약화하는 것으로 적절하다.

오답 분석

① 의약품 특허 보호 기간이 긴 국가일수록 제약 산업의 매출이 높고 연구·개발에 대한 투자도 더 활발하게 이루어진다는 것은 특허 기간을 연장하면 연구·개발이 촉진된다는 주장을 뒷받침하므로 제시문의 논지를 강화하는 사례에 해당한다. 따라서 ①은 제시문의 논지를 약화하는 것으로 적절하지 않다.

② 특허 보호 기간이 연장된 국가들에서 약학 관련 특허의 출원 건수가 증가했다는 제약 산업 협회의 보고서는 특허 기간 연장이 연구·개발 활동을 촉진한다는 증거가 된다. 따라서 제시문의 논지를 뒷받침하는 사례에 해당하므로 ②는 제시문의 논지를 약화하는 것으로 적절하지 않다.

③ 관련 분야 전문가로 볼 수 있는 약학 대학의 교수들이 특허 기간 연장이 제약 회사의 신약 개발 역량 강화와 제약 산업 발전에 긍정적 영향을 미친다고 평가한 것은 제약 산업의 연구·개발을 촉진하기 위해 의약품 특허 기간 연장이 필요하다는 제시문의 논지를 뒷받침하는 사례에 해당한다. 따라서 ③은 제시문의 논지를 약화하는 것으로 적절하지 않다.

2
정답 ③

정답 설명

③ (가)에 의하면 수평적 구조는 조직 내 의사소통 장벽을 낮추고, 직원들의 자율성과 창의성을 증진시켜 빠르게 변화하는 비즈니스 환경에 더 효과적으로 대응할 수 있다. 이때 직급 체계를 없앤 기업이 직급 체계를 유지하고 있는 기업보다 신제품 개발부터 시장 출시까지의 기간이 평균적으로 더 짧다는 연구 결과는 수평적 구조가 조직의 유연성과 혁신성을 높이고 직원들의 자율성과 창의성을 증진시켜 비즈니스 환경에 효과적으로 대응한다는 (가)의 주장을 뒷받침한다. 따라서 (가)를 강화하는 것으로 가장 적절한 것은 ③이다.

오답 분석

① (가)는 수평적 조직 구조가 중간 관리층을 최소화하고 의사결정 권한을 분산시켜 조직의 유연성과 혁신성을 높인다고 주장한다. 이때 중간 관리자가 적은 스타트업 기업들이 초기에 빠르게 성장한 사례는 수평적 조직 구조의 장점을 주장하는 (가)를 뒷받침한다. 그러나 규모가 커진 후에 성장률이 감소한 것은 관리 체계의 부재와 지나치게 평등한 의사 결정 과정으로 인해 효율성이 떨어질 수 있는 수평적 조직 구조의 한계를 보여준 사례이다. 따라서 ①은 (가)의 주장을 강화하지 않고 약화한다.

② (가)는 수평적 조직 구조가 혁신적인 업무 문화를 형성하고 높은 직원 만족도를 달성하는 데 기여한다고 주장한다. 직무 만족도 조사에서 직장 생활에 동기부여가 된다는 이유로 명확한 승진 체계가 있는 것에 만족한다는 비율이 높게 나타난 사례는 위계적 조직 구조에서도 높은 직원 만족도를 달성할 수 있음을 보여준다. 이는 수평적 조직 구조가 높은 직원 만족도를 달성하는 데 기여한다는 (가)의 주장을 뒷받침하지 않는다. 따라서 ②는 (가)의 주장을 강화하지 않는다.

④ (가)는 수평적 조직 구조가 의사결정 권한을 분산시켜 유연성과 혁신성을 높인다고 주장한다. 이때 경제 전문가들이 중앙집중식 의사결정 제도를 채택한 기업들이 신속한 의사결정을 통해 비용 절감 조치를 취할 수 있어 금융 위기에 잘 대처할 수 있다고 주장한 사례는 위계적 조직 구조가 비즈니스 환경에 효과적으로 대응하고 있음을 보여준다. 이는 수평적 조직 구조가 빠르게 변화하는 비즈니스 환경에 더 효과적으로 대응한다는 (가)의 주장과 상충된다. 따라서 ④는 (가)의 주장을 강화하지 않고 약화한다.

3
정답 ①

정답 설명

① 1문단에서는 암기식 역사 교육이 역사 교육의 목적을 달성하는 데 한계가 있다고 주장한다. 또한 2문단에서는 사료 분석 중심 교육의 도입을 고려해야 한다고 주장하며 사료 분석 중심 교육의 긍정적 효과를 설명하고 있다. 즉, 제시문의 논지는 역사 교육에서 사료 분석 중심 교육을 도입해 암기식 교육의 한계를 극복하자는 것이다. 이때 중세 문헌을 해석하는 역사 수업에서 고어와 옛 표현을 이해하는 데 어려움을 겪는 학생이 있었다는 것은 학생들이 사료 분석에 어려움을 겪어 효과적인 역사 교육이 진행되지 못했음을 시사한다. 이는 사료 분석 중심 교육의 한계를 보여주므로 제시문의 논지를 약화하는 사례에 해당한다. 따라서 답은 ①이다.

오답 분석

② 20개 지역의 고등학교에서 역사 자료 해석 중심의 수업을 도입한 후 학생들의 역사 과목 성취도가 상승한 것은 사료 분석 중심 교육이 학생들의 학업 성취도를 높일 수 있음을 시사한다. 이는 사료 분석 중심 교육의 긍정적 효과를 보여주므로 사료 분석 중심 교육이 가진 긍정적 측면을 강조하는 제시문의 논지를 약화한다고 볼 수 없다.

③ 학생들이 유물을 직접 분석하고 토의하는 수업을 진행한 학급이 암기식 수업을 진행한 학급보다 역사적 상황에 대한 이해 및 평가 점수가 높았다는 것은 사료 분석 중심 교육이 암기식 역사 교육보다 효과적일 수 있음을 시사한다. 이는 사료 분석 중심 교육의 긍정적 효과를 보여주므로 사료 분석 중심 교육이 가진 긍정적 측면을 강조하는 제시문의 논지를 약화한다고 볼 수 없다.

④ 역사 사료를 분석하는 교육 프로그램에 참여한 학생들이 그렇지 않은 학생들보다 사회 문제를 다양한 관점에서 분석하고 판단하는 경향이 크다는 것은 사료 분석 중심 교육이 학생들의 비판적 사고력을 기를 수 있음을 시사한다. 이는 사료 분석 중심 교육의 긍정적 효과를 보여주므로 사료 분석 중심 교육이 가진 긍정적 측면을 강조하는 제시문의 논지를 약화한다고 볼 수 없다.

DAY 22 강화·약화 단일형 ② p.79

| 1 ④ | 2 ④ | 3 ② |

1 정답 ④

정답 설명

④ 제시문은 식량 위기에 대응하고 식량 공급의 안정성을 강화하기 위해 여러 장점을 가진 도시 농업의 확대가 필수적이라는 논지를 전개하고 있다. 이때 도시 농업 시설의 설치 및 유지 비용이 많이 들기 때문에 대규모 농업에는 적합하지 않아 식량 자급률 향상에 미미한 영향을 끼친다는 것은 도시 농업 기술이 식량 자급률을 높인다는 제시문의 주장을 반박하는 사례이다. 따라서 ④는 도시 농업의 확대가 식량 공급 안정성 강화에 필수적이라는 글의 논지를 약화한다.

오답 분석

① 세계 식량 기구가 2030년까지 전 세계 도시 인구의 식량 공급량 중 최대 20%를 도시 농업을 통해 조달할 수 있을 것이라고 전망한 것은 도시 농업이 식량 공급에 상당한 기여를 할 수 있음을 보여준다. 이는 도시 농업의 확대가 식량 공급 안정성 강화에 필수적이라는 주장을 뒷받침하므로 글의 논지를 강화한다. 따라서 ①은 글의 논지를 약화하는 것으로 적절하지 않다.

② 도시 농업이 전통적 농업에 비해 단위 면적당 수확량은 많고 물 사용량은 적다는 연구 결과는 도시 농업이 제한된 공간에서 높은 생산성을 달성할 수 있다는 주장을 뒷받침하므로 글의 논지를 강화한다. 따라서 ②는 글의 논지를 약화하는 것으로 적절하지 않다.

③ 도시 계획 전문가들이 도시 농업 공간이 증가함에 따라 도시의 열섬 현상이 감소하고 생물 다양성이 향상되는 긍정적 효과가 있다고 평가한 것은 도시 농업이 도시 생태계 개선 등 다양한 부가 가치를 창출한다는 주장을 뒷받침하므로 글의 논지를 강화한다. 따라서 ③은 글의 논지를 약화하는 것으로 적절하지 않다.

2 정답 ④

정답 설명

④ ⊙은 동물의 도구 사용에 대한 최근 학계의 주된 견해이다. 이에 따르면 동물도 인간처럼 의도성을 가지고 도구를 사용하며, 주어진 상황에 맞춰 문제 해결 능력, 계획성, 창의성 등을 발휘해 다양한 방식으로 도구를 사용한다. 이를 강화하는 것으로 적절한 것은 ④ 'ㄱ, ㄴ, ㄷ'이다.

- ㄱ: 이전에 철사를 다뤄본 경험이 없는 까마귀가 스스로 철사를 도구로 변형하여 문제를 해결한 사례는 동물이 창의성과 문제 해결 능력을 발휘해 도구를 사용한다는 것을 보여준다. 따라서 ⊙을 강화한다.
- ㄴ: 바다수달이 도구(돌)의 특성을 고려하여 선택하고, 나아가 도구를 다시 사용하기 위해 보관하는 행동은 동물이 계획성을 발휘해 도구를 사용한다는 것을 보여준다. 따라서 ⊙을 강화한다.
- ㄷ: 돌고래가 해면의 크기와 질감을 선별해 사용한다는 점은 동물이 계획성을 발휘해 도구를 사용한다는 것을 보여준다. 또한 도구 사용법을 어미로부터 배운다는 점은 도구 사용이 교육과 학습이라는 문화적 사고에 의한 결과물이라는 점도 시사한다. 따라서 ⊙을 강화한다.

3 정답 ②

정답 설명

② (가)는 사회적 책임 활동이 재무 성과에 미치는 영향이 산업 특성, 기업 규모, 경영 전략, 기업 운영 국가의 제도적 환경 등 다양한 조절 변수에 따라 달라질 수 있다는 주장이다. 이때 제품 생산 시설에 친환경 설비를 도입했을 때 대기업은 투자 대비 평균 15% 수익률을 기록했지만, 중소기업은 투자 대비 평균 8%의 손실을 보게 된 것은 기업 규모에 따라 재무 성과가 달라질 수 있음을 보여준다. 이는 다양한 조절 변수에 따라 사회적 책임 활동이 재무 성과에 미치는 영향이 달라질 수 있다는 (가)를 직접적으로 뒷받침한다. 따라서 (가)를 강화하는 것으로 가장 적절한 것은 ②이다.

오답 분석

① 윤리적 노동 관행을 지속적으로 유지한 기업일수록 높은 매출 증가율을 기록한 사례는 사회적 책임 활동이 재무 성과에 긍정적 영향을 미칠 수 있음을 보여준다. 이는 다양한 조절 변수에 따라 사회적 책임 활동이 재무 성과에 미치는 영향이 달라질 수 있다는 (가)와 무관하므로, (가)를 강화하지 않는다.

③ 10년간 저소득층 학생들에게 장학금을 지원한 식품 기업의 경우, 지역 사회 환원 활동을 하지 않은 동종 업계 기업보다 고객 충성도가 높았다는 사례는 사회적 책임 활동이 재무 성과에 긍정적 영향을 미칠 수 있음을 보여준다. 이는 다양한 조절 변수에 따라 사회적 책임 활동이 재무 성과에 미치는 영향이 달라질 수 있다는 (가)와 무관하므로, (가)를 강화하지 않는다.

④ 탄소 배출 규제법이 도입된 후 주주들이 원자재 기업의 생산성 및 시장 경쟁력 저하를 우려해 주가가 큰 폭으로 하락한 사례는 사회적 책임 활동이 재무 성과에 부정적 영향을 미칠 수 있음을 보여준다. 이는 다양한 조절 변수에 따라 사회적 책임 활동이 재무 성과에 미치는 영향이 달라질 수 있다는 (가)와 무관하므로, (가)를 강화하지 않는다.

1

정답 ④

정답 설명

④ (가)는 행정정보 공개제도가 진정한 민주주의적 가치를 실현하기 위해서는 단순한 정보 접근성 보장만으로는 한계가 있으며, 시민의 정보 활용 역량 강화와 정보 공개 과정에 시민 참여가 함께 이루어져야 함을 주장한다. 이때 단순히 정보를 공개하는 것보다 시민들이 정보를 쉽게 이해할 수 있도록 하고 정책 결정에 참여할 수 있도록 하는 플랫폼을 함께 제공할 때 정책 신뢰도가 크게 향상된다는 연구 결과는 형식적 접근성을 넘어선 시민의 정보 활용 역량 강화 및 참여의 중요성을 뒷받침한다. 따라서 (가)를 강화하는 것으로 가장 적절한 것은 ④이다.

오답 분석

① (가)는 행정정보 공개제도가 단순한 형식적 접근성 보장을 넘어 시민의 정보 활용 역량 강화와 참여가 필요하다고 주장한다. 이때 행정정보 공개제도를 채택한 국가들이 정부 투명성 지수에서 지속적으로 상위권을 유지하고 있다는 해외 사례는 행정정보 공개제도의 필요성을 뒷받침한다. 그러나 이는 (가)에서 강조하는 시민의 정보 활용 역량 강화 및 시민 참여와는 직접적인 관련이 없으므로, (가)를 강화하는 것으로 적절하지 않다.

② (가)는 형식적인 정보 접근성 보장만으로는 한계가 있으며, 시민의 정보 활용 역량 강화와 공개 과정에 대한 참여가 필요하다고 주장한다. 이때 동일한 정보 접근성이 보장되면, 사람 간의 정보 이해와 활용 능력 차이는 실제로 큰 영향을 미치지 않는다는 연구 결과는 형식적인 정보 접근성이 보장되는 것만으로도 충분하다는 것을 보여준다. 이는 형식적인 정보 접근성의 보장을 넘어 시민의 정보 활용 역량 강화와 시민 참여가 필요하다는 (가)를 반박하므로, (가)를 강화하는 것으로 적절하지 않다.

③ (가)는 행정정보 공개제도가 단순한 형식적 접근성 보장을 넘어 시민의 정보 활용 역량 강화와 참여가 필요하다고 주장한다. 이때 대부분의 국가에서 정보공개 청구권을 헌법적 권리로 인정하고, 이에 따라 국제기구들이 행정정보 공개를 민주주의의 핵심 요소로 강조하게 된 것은 정보공개 청구권의 중요성과 법적 지위를 강조할 뿐, (가)가 주장하는 시민의 정보 활용 역량 강화 및 시민 참여와는 직접적인 관련이 없다. 따라서 (가)를 강화하는 것으로 적절하지 않다.

2

정답 ②

정답 설명

② 제시문의 핵심 논지는 시민들의 도서 이용률과 독서율을 향상시키기 위해 도서관 대출 기간을 확대해야 한다는 것이다. 이때 대출 기간이 길어질수록 책의 회전율이 낮아져 인기 도서의 경우 도서 대출 대기 기간이 2배 이상 늘어날 수 있다는 사실은 대출 기간 확대가 오히려 도서관 시스템의 효율성을 저해하고 전체 이용자의 도서 접근성을 떨어뜨릴 수 있음을 보여준다. 따라서 ②는 제시문의 논지를 약화하는 것으로 적절하다.

오답 분석

① 도서관 대출 기간을 30일로 확대한 지역에서 대출량이 증가하고 독서 관련 문화 프로그램 참여율도 높아졌다는 것은, 대출 기간 확대가 도서 이용률과 독서율 향상 효과를 가져온다는 제시문의 주장을 뒷받침하는 사례에 해당한다. 따라서 ①은 제시문의 논지를 약화하는 것으로 적절하지 않다.

③ 도서관 회원을 대상으로 한 설문조사에서 82%가 대출 가능한 책의 권수가 늘어나면 더 다양한 종류의 책을 빌려볼 의향이 있으며 독서량도 늘어날 것이라고 답한 결과는 대출 가능 권수 증가에 대한 이용자들의 긍정적 의향과 독서량 증가 가능성을 보여준다. 이는 대출 기간 확대를 주장하는 제시문과는 무관하다. 따라서 ③은 제시문의 논지를 약화하는 것으로 적절하지 않다.

④ 전문가들이 대출 기간이 길어지면 더 깊이 있는 독서가 가능하고, 전문 서적이나 어려운 고전의 경우 충분한 시간을 두고 읽을 수 있어 독서의 질이 향상된다고 말한 것은 대출 기간 연장이 책과 더 깊이 교감할 수 있는 기회를 제공한다는 제시문의 주장을 뒷받침하는 사례에 해당한다. 따라서 ④는 제시문의 논지를 약화하는 것으로 적절하지 않다.

3

정답 ④

정답 설명

④ 제시문의 논지는 '재난 대응에 있어 중앙정부보다 지방정부 중심의 분산적 접근 방식이 더 효과적'이라는 것이다. 제시문에 따르면 지방정부는 중앙정부보다 현장과 더 가까워 상황을 신속하게 파악하고 지역 특성에 맞는 대응책을 마련할 수 있으며, 지역 주민들의 필요에 민감하게 반응할 수 있다. 이때 자원과 인력이 풍부한 중앙정부가 통합 지휘 체계를 구축하여 대응할 때 지방정부 주도의 개별 대응 방식보다 대규모 재난의 피해 복구가 더 효율적으로 이루어졌다는 것은 중앙정부의 통합 대응이 지방정부 주도 방식보다 재난 대응에 더 효과적임을 보여준다. 이는 지방정부 중심 접근이 재난 대응에 더 효과적이라는 제시문의 논지를 반박한다. 따라서 제시문의 논지를 약화하는 것은 ④이다.

오답 분석

① 지역 특성을 반영한 맞춤형 대응 체계가 표준화된 중앙 지침보다 실용적이었다는 연구 결과는 지방정부의 지역 맞춤형 접근이 중앙정부의 표준화된 방식보다 재난 대응에 더 효과적임을 보여준다. 이는 지방정부가 지역 특성에 맞는 대응책을 마련할 수 있다는 제시문의 주장을 뒷받침하는 사례에 해당한다. 따라서 ①은 제시문의 논지를 약화하는 것으로 적절하지 않다.

② 지방정부의 초기 대응 능력과 지역 맞춤형 대피 계획이 대형 지진 발생 시 사망률을 낮추는 핵심 요소라는 분석은 지방정부의 신속한 초기 대응과 지역 특성 반영 능력의 중요성을 강조한다. 이는 제시문과 동일한 주장을 하는 전문가들이 많다는 것을 의미하므로 제시문의 주장을 뒷받침하는 사례에 해당한다. 따라서 ②는 제시문의 논지를 약화하는 것으로 적절하지 않다.

③ 재난 초기 대응 시간이 지방정부 주도 시스템에서 평균 30분 이상 단축되어 인명 피해 감소 효과가 있었다는 재난 사례 분석은 지방정부 중심 대응의 신속성과 효과성을 구체적 수치로 입증한다. 이는 재난 대응에서 지방정부 중심의 분산적 접근 방식이 효과적이라는 제시문의 주장을 뒷받침하는 사례에 해당한다. 따라서 ③은 제시문의 논지를 약화하는 것으로 적절하지 않다.

1
정답 ④

정답 설명

④ 제시문은 원격 교육이 교실 수업보다 더 효과적일 수 있다고 주장한다. 이때 ④에서 원격 수업 환경에서 학습자들이 개념을 완전히 이해할 때까지 반복 학습을 하는 경향이 있었고, 그 결과 개념 이해 평가에서 교실 수업 학습자들보다 더 높은 점수를 기록한 것은 원격 교육의 개인 맞춤형 학습 환경이 학습 효과를 높인 구체적인 사례이다. 이러한 실험 결과는 원격 교육이 더 효과적일 수 있다는 필자의 주장을 직접적으로 뒷받침하므로 제시문의 논지를 강화한다.

오답 분석

① 교사들이 온라인 수업에서 학생들의 학습 상태를 실시간으로 파악하기 어려워 교육의 질이 저하된다고 응답한 것은 원격 교육의 한계점을 보여주는 사례이다. 따라서 ①은 제시문의 논지를 강화하는 것으로 적절하지 않다.

② 온라인 수업을 받은 학생들의 중도 포기율이 대면 수업을 받은 학생들보다 두 배 이상 높다는 것은 원격 교육에서 학습 지속성이 떨어진다는 것을 보여주는 사례이다. 이는 원격 교육의 효과성에 대한 의문을 제기하여 필자의 주장을 반박하는 근거가 된다. 따라서 ②는 제시문의 논지를 강화하는 것으로 적절하지 않다.

③ 전문가들이 원격 교육 환경에서 디지털 유혹으로 인해 학습 집중 시간이 교실 수업보다 감소한다고 지적한 것은 원격 교육의 집중력 저하 문제를 보여주는 사례이다. 이는 집중력을 지속적으로 유지하기 어렵다는 원격 교육의 한계점을 보여주는 사례이다. 따라서 ③은 제시문의 논지를 강화하는 것으로 적절하지 않다.

2
정답 ③

정답 설명

③ (가)에 따르면 멀티태스킹은 인지 기능을 저하시키고 업무 효율성을 떨어뜨린다. 이때 운전 중에 통화를 하지 않을 때보다 통화를 했을 때 반응 속도가 느리고 표지판 인식률이 떨어진 것은 멀티태스킹 상황에서 인지 기능이 저하된 사례에 해당한다. 이는 멀티태스킹이 인지 기능을 저하시킨다는 (가)를 직접적으로 뒷받침한다. 따라서 ③은 (가)를 강화하는 사례로 적절하다.

오답 분석

① 온라인 강의를 들으며 SNS를 확인하는 학생들이 강의에만 집중하는 학생들보다 기억력 테스트에서 더 높은 점수를 받은 것은 멀티태스킹 상황이 인지 기능을 저하시키지 않고 오히려 향상시킨 사례에 해당한다. 이는 멀티태스킹이 인지 기능을 저하시킨다는 (가)의 내용을 반박한다. 따라서 ①은 (가)를 강화하는 것으로 적절하지 않다.

② 화상 회의 중에 이메일이나 문자를 확인하는 직장인들이 그렇지 않은 직장인들보다 업무 전환 속도가 빠르고 업무 성과도 높다는 것은 멀티태스킹이 업무 효율성을 향상시킨 사례에 해당한다. 이는 멀티태스킹이 업무 효율성을 떨어뜨린다는 (가)의 내용을 반박한다. 따라서 ②는 (가)를 강화하는 것으로 적절하지 않다.

④ 온라인 학습 플랫폼 데이터를 분석한 결과, 수업 중 여러 화면을 동시에 켜두고 다른 화면으로 자주 전환하는 학생과 하나의 화면에만 집중하는 학생 사이에 학업 성취도의 차이가 나타나지 않았다는 것은 멀티태스킹이 인지 기능과 업무 효율성에 부정적 영향을 미치지 않았음을 보여주는 사례에 해당한다. 이는 멀티태스킹이 인지 기능을 저하시키고 업무 효율성을 떨어뜨린다는 (가)의 내용을 지지하지 않는다. 따라서 ④는 (가)를 강화하는 것으로 적절하지 않다.

3
정답 ①

정답 설명

① ㉠은 변화로 인한 잠재적 손실을 과도하게 염려하여 합리적 검토 없이 현재 상태를 유지하려는 경향인 '현상 유지 편향'이다. '현상 유지 편향'을 강화하는 것을 <보기>에서 모두 고른 것은 ① 'ㄱ, ㄴ'이다.

• ㄱ: 성능이 우수한 새 요금제가 출시되었음에도 요금제 변경의 번거로움을 피하기 위해 기존 요금제를 유지하는 경향을 보이는 것은 변화로 인한 손실(번거로움)을 과대평가하여 현상 유지를 선택한 사례에 해당한다. 따라서 ㄱ은 '현상 유지 편향'이 나타난 사례이므로 ㉠을 강화한다.

• ㄴ: 변동 금리가 유리해졌음에도 금리 변동의 불확실성에 대한 두려움으로 인해 고정 금리를 유지하는 것은 변화로 인한 손실(불확실성)을 과도하게 우려하여 객관적으로 유리한 변화를 거부하고 현상 유지를 선택한 사례에 해당한다. 따라서 ㄴ은 '현상 유지 편향'이 나타난 사례이므로 ㉠을 강화한다.

오답 분석

• ㄷ: 한 지방자치단체가 단기적 혼란을 유발할 수 있음에도 불구하고, 수십 년간 추진해 온 도시 계획을 전면 재검토한 뒤 교통 통제 시스템을 완전히 변경하기로 한 것은 현상 유지를 거부하고 변화를 선택한 사례에 해당한다. 따라서 ㄷ은 '현상 유지 편향'과 반대되는 사례이므로 ㉠을 약화한다.

1

정답 ④

정답 설명

④ 대화에 대해 평가한 내용으로 적절한 것은 'ㄱ, ㄷ'이므로 답은 ④이다.

- ㄱ: 소은은 두 번째 발화에서 청소년들이 지역 방언보다는 표준어나 신조어를 더 많이 사용하기 때문에 현대 사회에서 방언 사용률의 감소가 불가피한 현상이라고 주장한다. 이때 인터넷과 대중매체의 영향으로 젊은 세대의 방언 사용률이 크게 감소했다는 통계는 이를 뒷받침하는 사례이므로 소은의 입장을 강화한다. 따라서 ㄱ은 대화에 대한 평가로 적절하다.

- ㄷ: 소은은 첫 번째 발화에서 의사소통의 효율성을 위해 표준어 사용을 권장해야 한다고 주장한다. 이때 특정 지역의 방언을 사용하는 사람들이 다른 지역 사람들과 소통할 때 오해가 발생하는 경우가 많다는 조사 결과는 방언이 의사소통에 장애가 될 수 있음을 보여주므로 소은의 입장을 강화한다. 따라서 ㄷ은 대화에 대한 평가로 적절하다.

오답 분석

- ㄴ: 은지는 첫 번째 발화에서 지역 방언을 국가의 문화유산으로 보고 적극적으로 보존해야 한다고 주장한다. 다양한 방언을 사용하는 직장에서 업무 용어를 표준어로 통일한 후 생산성이 향상되었다는 사례는 표준어 사용이 의사소통의 효율성을 높인다는 것을 보여준다. 방언의 문화적 가치보다 표준어의 실용적 효율성을 입증하는 이 사례는 은지의 방언 보존 주장을 약화시키는 내용이므로, 은지의 입장을 강화한다는 것은 적절하지 않다. 참고로 이는 의사소통의 효율성을 위해 표준어 사용을 권장한 소은의 입장을 강화하는 사례이다.

2

정답 ③

정답 설명

③ C는 마야인들이 천문학적 계산을 위해 수학을 발전시켰으며, 이것이 권력층의 정치적 정당성을 강화하는 도구였다고 주장했다. 이때 마야 유물에서 중요 정치 행사가 특정 천체 현상이 발생했던 시점에 맞춰 진행되었다는 기록이 발견된다면 천문학적 지식이 권력층의 정치적 정당성을 강화하는 데 직접적으로 사용되었음을 보여주는 증거가 될 것이다. 이는 C의 주장을 뒷받침하므로 C의 주장은 강화될 것이다.

오답 분석

① 20세기 초 서구 학자들은 마야인들이 고립된 문명이었기에 복잡한 체계를 독자적으로 발전시켰다고 주장했다. 하지만 마야와 다른 문명 간의 교류 증거가 발견된다면 마야가 고립된 문명이 아니었음이 입증된다. 따라서 이는 서구 학자들의 주장을 강화하지 않고 오히려 약화하는 것이므로 ①의 평가는 적절하지 않다.

② B는 마야의 수 체계가 순수한 지적 호기심과 수학적 사고에서 비롯되었다고 주장했다. 하지만 수학적 기록이 주로 신전과 종교 의식에서 발견된다면, 마야의 수 체계가 순수한 지적 호기심이 아닌 종교적 목적 등의 다른 이유로 인해 발전했다고 볼 수 있게 된다. 따라서 이는 B의 주장을 강화하지 않고 오히려 약화하는 것이므로 ②의 평가는 적절하지 않다.

④ D는 마야의 수학이 실용적 필요와 추상적 개념이 결합된 복합적 발전의 산물이며, 수학과 종교가 통합된 세계관의 일부였다고 주장했다. 하지만 마야 문명의 수학 문서와 종교 문서가 철저하게 분리되어 관리되었던 흔적이 발견된다면, 이는 수학과 종교 간의 통합이나 관련성이 크지 않았음이 입증된다. 따라서 이는 D의 주장은 강화하지 않고 오히려 약화할 것이므로 ④의 평가는 적절하지 않다.

3

정답 ③

정답 설명

③ (나)는 전통 공예를 현대 사회의 필요와 기술에 맞게 재해석하고 발전시켜야 한다는 입장이다. 이때 ③에는 현대적 재료인 플라스틱으로 제작한 탈을 탈춤 공연에서 사용했을 때 전통 탈을 사용했을 때보다 전달력과 몰입도가 떨어졌다는 관객의 평가가 제시되어 있다. 이는 전통 공예를 현대에 맞게 재해석하고 발전시켰을 때 실패한 사례에 해당하므로 (나)의 입장을 약화한다. 따라서 해당 평가가 (나)의 입장을 강화한다는 ③은 적절하지 않다.

오답 분석

① (가)는 전통 기법과 재료가 엄격하게 유지되어야 한다는 입장이다. 이때 ①에는 전통 기법으로 목기를 제작하던 장인들이 경제적 어려움으로 인해 기술 전수에 실패하는 경우가 늘었다는 통계가 제시되어 있다. 이는 전통 기법을 엄격히 유지했을 때의 한계를 보여주는 사례이므로 (가)의 입장을 약화한다. 따라서 해당 통계가 (가)의 입장을 약화한다는 평가는 적절하다.

② (나)는 전통 공예를 현대 사회의 필요와 기술에 맞게 재해석하고 발전시켜야 한다는 입장이다. 이때 ②에는 전통 매듭 기법을 응용해 옷을 만든 디자이너들이 국내외 패션계에서 주목받게 되었고 전통 매듭의 세계적 인지도가 높아진 사례가 제시되어 있다. 이는 전통 공예를 현대에 맞게 재해석하고 발전시켰을 때 성공한 사례에 해당하므로 (나)의 입장을 강화한다. 따라서 해당 사례가 (나)의 입장을 강화한다는 ②의 평가는 적절하다.

④ (가)는 전통 기법과 재료가 엄격하게 유지되어야 한다는 입장이다. 이때 ④에는 전통 나전칠기 공방에 현대적 도구인 레이저 조각기를 도입한 이후 수작업으로 구현하기 어려웠던 문양을 구현할 수 있게 되었다는 장인의 인터뷰가 제시되어 있다. 이는 전통 기법을 고수하지 않고 현대 기술을 도입해 성공한 사례에 해당하므로 (가)의 입장을 약화한다. 따라서 해당 인터뷰가 (가)의 입장을 약화한다는 평가는 적절하다.

1

정답 ④

정답 설명

④ '진화적 적응주의 이론'을 평가한 내용으로 적절한 것만을 〈보기〉에서 모두 고른 것은 ④'ㄱ, ㄴ, ㄷ'이다.

- ㄱ: ⊙에 따르면 인간의 심리적 특성은 특정 환경적 문제에 대한 해결책으로 자연 선택을 통해 진화했다. 인간이 고열량 식품을 선호하는 심리적 특성이 식량 부족이라는 환경적 문제를 해결하기 위한 적응 기제로 설명된다는 연구 결과는 이러한 ⊙의 핵심 주장을 직접적으로 뒷받침한다. 따라서 'ㄱ'의 평가는 적절하다.

- ㄴ: ⊙은 복잡한 인간의 심리적 특성들이 특정 환경적 문제를 해결하기 위해 자연 선택을 통해 설계되었다고 주장한다. 그러나 인간이 기쁨을 느끼는 것은 적응 문제 해결을 위해 설계된 것이 아니라 뇌 활동의 부산물로 발생했을 가능성을 제시하는 연구는 모든 심리적 특성이 적응의 결과라는 ⊙의 주장과 상반된다. 따라서 'ㄴ'의 평가는 적절하다.

- ㄷ: ⊙에 따르면 인간의 심리적 특성은 자연 선택을 통해 진화했다. 그러나 차분한 장례식을 진행하는 문화권과 흥겨운 장례식을 진행하는 문화권이 있다는 것은 같은 상황임에도 문화에 따라 다른 심리적 반응이 나타날 수 있음을 보여준다. 이는 인간의 심리적 특성이 환경 적응이 아닌 문화적 요인이나 학습의 영향을 받는다는 것을 의미하므로 ⊙이 문화적 요인이나 학습의 영향을 간과한다는 비판을 뒷받침한다. 따라서 'ㄷ'의 평가는 적절하다.

2

정답 ①

정답 설명

① (가)는 객관식 평가가 공정하고 효율적인 평가 방식이라는 주장이다. 객관식 평가가 폭넓은 교육과정의 내용을 효과적으로 측정할 수 있다는 연구 결과는 객관식 평가의 효율성과 효과성을 뒷받침한다. 따라서 이는 (가)의 주장을 강화하는 사례이므로 ①은 적절한 평가이다.

오답 분석

② (나)는 객관식 시험이 단편적 지식의 암기만을 평가하는 한계가 있으며, 고차원적 사고력을 측정하기 위해 서술형 평가가 필요하다고 주장하는 입장이다. 이때 객관식 문항에서도 고차원적 사고력을 요구하는 문제를 출제할 수 있다는 주장은 객관식 시험이 단편적 지식의 암기만을 평가한다는 (나)의 주장과 반대된다. 따라서 이는 (나)의 주장을 강화하는 것이 아니라 약화하는 사례이므로 ②는 적절하지 않은 평가이다.

③ 객관식 시험에서 높은 점수를 받은 학생들이 실제 문제 해결 상황에서도 우수한 능력을 보인다는 연구는 객관식 평가가 공정하고 효율적인 평가 방식이라는 (가)의 주장과 무관한 사례이다. 따라서 이는 (가)의 주장을 약화하지 못하는 사례이므로 ③은 적절하지 않은 평가이다.

④ 서술형 평가가 학생의 통합적 사고 능력과 지식 적용 능력의 수준 차이를 명확하게 구분해 낸다는 연구 결과는 서술형 평가가 고차원적 사고력을 평가하는 데 효과적이라는 (나)의 주장을 뒷받침한다. 따라서 이는 (나)의 주장을 약화하는 것이 아니라 강화하는 사례이므로 ④는 적절하지 않은 평가이다.

3

정답 ③

정답 설명

③ 제시문에서 글쓴이는 맛 인식이 단순히 미각에만 의존하지 않고 다양한 감각이 복합적으로 작용한다고 주장한다. 또한 3문단에서 청각과 촉각 역시 맛 경험의 중요한 요소라고 명시적으로 언급하고 있다. 이때 식당에서 들리는 음악의 종류에 따라 같은 와인의 맛이 다르게 인식된다는 연구 결과는 청각이 맛 경험에 영향을 준다는 글쓴이의 주장을 직접적으로 뒷받침한다. 따라서 지문에 대한 평가로 적절한 것은 ③이다.

오답 분석

① 3문단에서 글쓴이는 청각과 촉각이 맛 경험의 중요한 요소라고 주장한다. 소음이 심한 환경에서 짠맛을 덜 느낀다는 연구 결과는 청각적 환경(소음)이 맛을 느끼는 과정에 영향을 미친다는 것을 보여준다. 이는 다양한 감각이 맛 경험에 복합적으로 작용한다는 글쓴이의 주장을 강화시킨다. 따라서 ①에서 제시된 연구 결과가 글쓴이의 주장을 약화시킨다는 평가는 적절하지 않다.

② 제시문에서 글쓴이는 맛을 느끼는 것이 단순히 미각에만 의존하는 것이 아니며, 다양한 감각이 복합적으로 작용한 결과라고 주장한다. 이를 통해 글쓴이는 미각이 맛 인식의 핵심이라고 생각하지 않는다는 것을 알 수 있다. 또한 미각 장애가 있더라도 다른 감각을 통해 맛을 느낄 수 있다는 연구 결과는 글쓴이의 주장을 강화시킨다. 따라서 ②에서 글쓴이가 미각이 맛 인식의 핵심이라고 주장한다는 설명은 적절하지 않으며, 제시된 연구 결과가 글쓴이의 주장을 약화시킨다는 평가도 적절하지 않다.

④ 4문단에서 글쓴이는 문화적 요소도 맛 인식에 영향을 준다고 주장한다. 성장한 문화권에 따라 쓴맛을 느끼는 정도에 차이가 있다는 연구 결과는 문화적 요소가 맛 인식에 영향을 준다는 증거이므로 글쓴이의 주장을 강화시킨다. 따라서 ④에서 제시된 연구 결과가 글쓴이의 주장을 약화시킨다는 평가는 적절하지 않다.

1   정답 ①

정답 설명

① 갑은 구석기시대 인류를 단순한 수렵꾼으로 간주하며 그들이 예술 활동이나 상징적 사고를 할 수 없었을 것이라고 주장했다. 만약 알타미라 동굴 벽화의 패턴이 무작위적이고 의도성이 없다는 분석 결과가 나온다면, 이는 구석기시대 인류가 의도적이고 상징적인 표현을 할 만한 인지 능력이 부족했다는 갑의 견해를 뒷받침하게 된다. 따라서 제시문에 대한 평가로 적절한 것은 ①이다.

오답 분석

② 제시문에 따르면 을은 동굴 벽화가 석회암과 산화철을 이용해 그려졌다고 주장한다. 구석기시대 사람들이 식물성 색소를 추출하여 사용했다는 증거는 을이 언급하지 않은 추가적인 재료가 사용되었음을 의미하므로 그의 주장을 강화하지 못할 것이다. 따라서 해당 내용이 을의 주장을 강화한다는 ②는 적절하지 않은 평가이다.

③ 제시문에 따르면 병은 동굴 벽화가 주술적 의식을 위해 그려졌다고 주장한다. 만약 알타미라 동굴 근처에서 종교 의식과 관련된 유물이 발견된다면 이는 병의 주장을 뒷받침하는 근거에 해당한다. 따라서 해당 내용이 병의 주장을 약화한다는 ③은 적절하지 않은 평가이다.

④ 제시문에 따르면 글쓴이는 구석기인들의 사고방식과 문화적 배경이 현대인과 달랐으며 그들의 예술을 현대의 관점으로 완전히 이해하기 어렵다고 주장한다. 이러한 주장은 벽화의 제작 시기와 직접적인 연관이 없으므로 벽화의 제작 시기가 2만 년 전으로 앞당겨진다고 해도 글쓴이의 주장이 약화되지는 않는다. 따라서 해당 내용이 글쓴이의 주장을 약화한다는 ④는 적절하지 않은 평가이다.

2   정답 ①

정답 설명

① 대화에 대해 평가한 내용으로 적절한 것은 'ㄱ'이므로 답은 ①이다.

- ㄱ: 제시된 대화에서 갑은 과학적으로 검증된 현대 의학에 의존해야 한다고 주장하며, 검증되지 않은 전통 의학 치료법의 무분별한 허용에 반대한다. 이때 현대 의학과 전통 의학을 통합한 의료 시스템을 도입한 이후 만성 질환 환자들의 치료 효과가 향상된 것은 전통 의학도 치료에 효과적일 수 있음을 보여주는 사례이다. 이는 현대 의학에만 의존해야 한다는 갑의 주장을 반박하므로 갑의 입장을 약화한다. 따라서 ㄱ의 평가는 적절하다.

오답 분석

- ㄴ: 제시된 대화에서 을은 전통 의학이 수천 년간의 경험과 지식을 바탕으로 하며, 현대 의약품 중 다수도 전통 의학에서 사용하던 유효 성분을 활용해 개발했다고 주장한다. 이때 전통 의학에서 사용되지 않던 식물을 현대 과학으로 분석해 염증을 치료하는 효능이 있음을 발견한 것은 을의 주장과는 무관한 사례이므로 을의 주장을 강화하지 않는다. 따라서 ㄴ의 평가는 적절하지 않다.

- ㄷ: 제시된 대화에서 갑은 전통 의학 치료법을 무분별하게 허용하면 환자들이 적절한 치료 시기를 놓치거나 부작용에 노출될 위험이 있다고 주장한다. 반면 을은 전통 의학이 만성 질환이나 현대 의학으로 치료하기 어려운 질병에 대해 대안적 치료법을 제공한다고 주장한다. 이때 효능이 입증되지 않은 전통 의학 치료를 받은 관절 질환 환자보다 현대 의학 수술을 받은 관절 질환 환자들의 완치율이 높다는 통계는 현대 의학의 치료 효과가 전통 의학보다 우수함을 보여주는 사례이다. 이는 갑의 주장을 뒷받침하므로 갑의 입장을 강화하고, 을의 주장과는 무관하므로 을의 입장을 강화하지 않는다. 따라서 ㄷ의 평가는 적절하지 않다.

3   정답 ②

정답 설명

② 페스팅거의 '사회 비교 이론'을 평가한 내용으로 적절한 것만을 〈보기〉에서 모두 고른 것은 ② 'ㄴ, ㄷ'이다.

- ㄴ: ㉠에 따르면 명확한 판단 기준이 없을 때 사람들은 타인과의 비교를 통해 자신을 평가하며, 이는 다양한 심리적 결과를 초래한다. 이때 SNS 사용량이 많은 청소년들이 자신의 삶과 타인의 삶을 비교하는 경향이 있고 대체로 자존감이 낮다는 것은, SNS에서 타인과 자신을 비교하는 행위가 부정적인 심리를 불러일으켰다는 것을 의미한다. 따라서 'ㄴ'에 제시된 연구 결과는 ㉠을 뒷받침하는 사례이므로 강화한다는 평가는 적절하다.

- ㄷ: ㉠에 따르면 명확한 판단 기준이 없을 때 사람들은 자신과 비슷한 타인과의 비교를 통해 평가한다. 이때 마라톤 선수들이 경력이 쌓일수록 타인(경쟁자)과 비교하기보다 자신의 과거 기록과 비교하며 성취감을 느낀다는 것은, 비교 대상이 타인이 아닌 자신의 과거인 사례에 해당한다. 따라서 'ㄷ'에 제시된 연구 결과는 ㉠과 반대되는 사례이므로 ㉠을 약화한다는 평가는 적절하다.

오답 분석

- ㄱ: ㉠에 따르면 명확한 판단 기준이 없을 때 사람들은 타인과의 비교를 통해 자신을 평가한다. 이때 서양인이 동양인보다 개인적 목표 달성 여부를 중요시한다는 점은 타인과의 비교가 자신에 대한 평가의 기준이 된다는 것과 관련이 없는 내용이다. 따라서 'ㄱ'에 제시된 연구 결과는 ㉠과 무관한 사례에 해당하므로 ㉠을 강화한다는 평가는 적절하지 않다.

- ㄹ: ㉠에 따르면 명확한 판단 기준이 없을 때 사람들은 자신과 비슷한 타인과의 비교를 통해 자신을 평가한다. 이때 영유아 자녀를 둔 부모들이 자녀의 발달 속도를 또래 아이들과 비교하여 평가한다는 것은, 명확한 판단 기준이 없는 자녀의 성장 속도에 대해 비슷한 타인을 비교 대상으로 삼아 평가하는 사례에 해당한다. 따라서 'ㄹ'에 제시된 연구 결과는 ㉠을 뒷받침하는 사례이므로, ㉠을 약화한다는 평가는 적절하지 않다.

1
정답 ②

정답 설명

② ㉠은 일부 플랫폼 기업들의 시장 독점을 억제하는 규제가 필요하다는 정책 입안자들의 주장이다. 이때 이용자가 자신의 데이터를 타 플랫폼으로 전송할 수 있는 무료 제도가 도입된 후 신생 플랫폼 기업들의 시장 점유율이 상승했다는 연구 결과는 플랫폼 간 데이터 이동의 편의성을 높였을 때 독점 기업 외의 기업들도 시장에서 살아남을 수 있음을 시사한다. 이는 ㉠이 주장한 독점 방지를 위해 이용자가 자유롭게 플랫폼 이동을 할 수 있도록 하는 정책의 효과를 입증한 것이다. 따라서 해당 연구 결과는 ㉠을 강화하는 사례이므로 ②의 평가는 적절하다.

오답 분석

① 플랫폼 기업들이 지난 10년간 스타트업 기업들을 인수한 목적이 잠재적 경쟁자를 제거하기 위함이었다고 응답한 조사 결과는 일부 플랫폼 기업들이 시장 지배력을 강화하고 있는 사례에 해당한다. 이는 플랫폼 기업들의 시장 독점을 억제하기 위한 규제가 필요하다는 ㉠을 뒷받침한다. 따라서 해당 조사 결과는 ㉠을 강화하는 사례이므로 ①의 평가는 적절하지 않다.

③ ㉡은 과도한 규제가 기술 혁신을 저해할 수 있다는 일부 전문가들의 주장이다. 이때 플랫폼 기업들이 플랫폼 이용료를 지속적으로 인상해 소비자 물가 상승에 영향을 끼쳤다는 조사 결과는 플랫폼 기업의 시장 독점으로 인해 문제가 발생한 사례에 해당한다. 이는 플랫폼 기업들의 시장 독점을 제한해야 할 필요성을 강화하는 사례이며, 과도한 규제가 혁신을 저해한다는 ㉡을 뒷받침하지 않는다. 따라서 해당 조사 결과는 ㉡을 약화하는 사례이므로 ③의 평가는 적절하지 않다.

④ 플랫폼 기업의 독점 규제 정책이 강화된 후 해당 국가에서 기술 연구 투자가 위축되고 해당 국가 소재 기업들의 매출이 감소했다는 통계는 플랫폼 기업들에 대한 규제가 기술 혁신을 저해하고, 기업의 경쟁력을 약화한 사례에 해당한다. 이는 과도한 규제가 혁신 동력을 약화할 수 있다는 ㉡을 뒷받침한다. 따라서 해당 통계는 ㉡을 강화하는 사례이므로 ④의 평가는 적절하지 않다.

2
정답 ①

정답 설명

① 대화에 대해 평가한 내용으로 적절한 것은 'ㄱ'이므로 답은 ① 'ㄱ'이다.

- ㄱ: 제시된 대화에서 갑은 기초 과학 이론 연구가 국가 경쟁력을 높이는 근본적인 방법이라고 주장한다. 이때 첨단 산업 분야를 선도하는 국가들이 최소 한 세기 전부터 기초 과학 이론 발전에 투자해 왔다는 연구 결과는 기초 과학 이론 연구가 국가 경쟁력을 높일 수 있음을 보여준다. 이는 갑의 주장을 뒷받침하므로 갑의 입장을 강화한다. 따라서 ㄱ의 평가는 적절하다.

오답 분석

- ㄴ: 제시된 대화에서 을은 가시적인 성과를 내기 위해서는 실용적 기술 연구가 필요하다고 주장한다. 이때 개발도상국이 기술 연구에 집중적으로 투자하여 단기간에 세계 20위권 내의 경제 규모를 가진 국가로 성장한 사례는 실용적 기술 연구가 단기간에 경제적 성과를 낼 수 있음을 보여준다. 이는 을의 주장을 뒷받침하므로 을의 입장을 강화한다. 따라서 ㄴ의 평가는 적절하지 않다.

- ㄷ: 제시된 대화에서 갑과 을은 각각 기초 과학 이론 연구와 실용적 기술 연구에 집중적으로 투자해야 한다고 주장한다. 이때 화학이나 생물학에 대한 자료를 충분히 확보하지 않고 신약 개발에 도전한 기업들이 모두 실패했다는 조사 결과는 기초 과학 이론 연구의 필요성을 보여준다. 이는 갑의 주장을 뒷받침하므로 갑의 입장은 강화하지만, 을의 주장과는 상충하므로 을의 입장을 약화한다. 따라서 ㄷ의 평가는 적절하지 않다.

3
정답 ①

정답 설명

① ㉠은 고층 아파트 건설이 제한된 토지에 많은 인구를 수용할 수 있으므로 도시 주거 문제 해결에 가장 효율적인 방안이라고 주장한다. 이때 동일 면적에서 고층 아파트가 저층 주거지보다 평균 3배 이상의 인구를 수용할 수 있다는 연구 결과는 고층 아파트가 저층 주거 지역에 비해 제한된 토지에 더 많은 인구를 수용할 수 있음을 보여준다. 이는 ㉠의 주장을 뒷받침하여 강화한다. 따라서 ①의 평가는 적절하다.

오답 분석

② ㉠은 고층 아파트 건설과 같은 집중적 개발을 통해 도시 외곽의 자연환경을 보존할 수 있다고 주장한다. 이때 고층 아파트 개발로 인해 도시 외곽의 녹지 공간이 감소했고, 생태 보존 기능도 훼손되었다는 조사 결과는 집중적 개발이 자연환경 보존에 부정적 영향을 줄 수 있음을 보여준다. 이는 ㉠의 주장을 반박하여 약화한다. 따라서 ②의 평가는 적절하지 않다.

③ ㉡은 저층 주거지가 공동체 형성과 도시 활력 증진에 더 효과적이라고 주장한다. 이때 20층 이상의 아파트 거주자들이 5층 이하의 주택 거주자들보다 이웃과 인사하지 않는다고 답한 비율이 높았다는 것은 저층 주거지가 고층 아파트보다 이웃과의 교류가 활성화되어 있음을 의미한다. 이는 저층 주거지가 공동체 형성에 효과적이라는 것을 시사하는 사례이므로, ㉡의 주장을 뒷받침하여 강화한다. 따라서 ③의 평가는 적절하지 않다.

④ ㉡은 고층 아파트 위주의 개발이 지역 공동체 형성과 사회적 유대감 형성에 부정적 영향을 미친다고 주장한다. 이때 아파트 층수가 많을수록 단지 내 커뮤니티 시설의 주민 이용률이 증가하고 단지에 입점한 상점의 수가 늘어난다는 전문가들의 연구 결과는 고층 아파트가 공동체 활동을 증진하고 상업 공간의 다양성에 기여할 수 있음을 보여준다. 이는 ㉡의 주장을 반박하여 약화한다. 따라서 ④의 평가는 적절하지 않다.

1

정답 ③

정답 설명

③ 대화에 대해 평가한 내용으로 적절한 것은 'ㄴ, ㄷ'이므로 답은 ③ 'ㄴ, ㄷ'이다.

- ㄴ: 제시된 대화에서 갑은 동물 실험이 과학 연구와 의학 발전에 필수적이라고 주장한다. 이때 원숭이 신장 세포 실험을 통해 개발된 소아마비 백신이 전 세계적으로 소아마비 발병률을 절반 이상 줄였다는 공중보건 통계는 동물 실험을 통해 개발된 백신이 많은 생명을 구할 수 있음을 보여준다. 이는 인류의 건강과 생명을 위해서 동물 실험을 계속해야 한다는 갑의 입장을 뒷받침하여 강화한다. 따라서 ㄴ의 평가는 적절하다.

- ㄷ: 제시된 대화에서 갑은 대체 기술이 동물 실험을 완전히 대체할 수준은 아니라고 주장한다. 이때 과학자들이 개발한 인공 장기 모형이 실제 장기의 운동 체계를 완벽히 재현했고, 이를 사용한 실험이 동물 실험보다 예측 정확도가 높았다는 연구 결과는 대체 기술이 동물 실험을 대체할 수 있음을 보여준다. 이는 인체의 복잡한 상호 작용을 완벽히 모방할 수 있는 기술이 없는 한 동물 실험이 불가피하다는 갑의 입장을 반박하며 약화한다. 따라서 ㄷ의 평가는 적절하다.

오답 분석

- ㄱ: 제시된 대화에서 을은 동물의 도덕적 지위를 강조하며 동물 실험의 대체 방법을 활용해야 한다고 주장한다. 이때 동물 실험을 통해 안정성이 입증된 약물을 인간에게 투여했으나 다발성 장기부전과 면역계 과반응 등의 부작용이 발생한 사례는 동물 실험이 가지는 한계를 보여준다. 이는 동물 실험을 줄이고 대안을 적극적으로 활용해야 한다는 을의 입장과는 직접적으로 연결되지 않으므로 을의 입장을 약화하지 않는다. 따라서 ㄱ의 평가는 적절하지 않다.

2

정답 ②

정답 설명

② ㉠'알렐로파시 생태학 이론'을 평가한 내용으로 적절한 것만을 〈보기〉에서 모두 고른 것은 ②'ㄷ'이다.

- ㄷ: ㉠에 따르면 식물은 화학 물질을 통해 주변 환경을 자신에게 유리하게 조성하며, 이를 생존 전략으로 활용하여 진화해 왔다. 이때 외래 침입종 식물이 원산지에서는 생성하지 않는 화학 물질로 새로 정착한 곳의 주변 식물의 생장을 억제한다는 연구 결과는 알렐로파시가 식물의 생존 전략으로서 중요한 역할을 한다는 ㉠의 주장을 뒷받침한다. 즉, 해당 연구 결과는 ㉠을 강화하므로 ㄷ의 평가는 적절하다.

오답 분석

- ㄱ: ㉠에 따르면 식물이 방출하는 화학 물질이 생태계 내 식물 군집의 구성에 결정적 영향을 미친다. 이때 침엽수림의 토양에 축적된 화학 물질이 특정 식물만 선택적으로 자랄 수 있게 한다는 연구 결과는 식물의 화학 물질이 생태계 구조 형성에 중요한 역할을 한다는 ㉠의 주장을 뒷받침한다. 즉, 해당 연구 결과는 ㉠을 강화시키므로 ㄱ의 평가는 적절하지 않다.

- ㄴ: ㉠에 따르면 식물이 방출하는 화학 물질이 자연 생태계의 식물 군집 형성에 결정적인 영향을 미친다. 이때 자연 생태계에서는 미생물, 기후와 같은 요인이 화학 물질의 영향을 상쇄하여 그 효과가 미미하다는 연구 결과는 ㉠과 상반되는 견해에 해당한다. 즉, 해당 연구 결과는 ㉠을 약화시키므로 ㄴ의 평가는 적절하지 않다.

3

정답 ②

정답 설명

② 효과적인 아동 독서 교육을 위해 (나)는 아동이 자유롭게 책을 선택하여 읽는 것을 강조한다. 이때 아동 스스로 책을 선택하도록 한 경우 만화나 오락성 위주의 도서를 주로 읽게 되어 언어 능력 발달이 더딜 수 있다는 연구 결과는 아동의 자율성을 중시한 독서 교육이 부정적인 효과로 이어진 사례에 해당한다. 따라서 해당 연구 결과는 독서 교육에서 아동의 자율성을 중시한 (나)의 주장을 약화하므로 ②의 평가는 적절하다.

오답 분석

① 효과적인 아동 독서 교육을 위해 (가)는 아동에게 교훈적이고 정서 함양에 도움이 되는 책을 선별하여 읽히는 것을 강조한다. 이는 교훈적이고 정서 발달에 도움이 되는 작품을 선별해 읽히는 가치 중심 지도 방식과 연결된다. 이때 가치 중심 독서 교육을 받은 아이들이 성인이 되어 자발적으로 독서하는 비율이 더 높다는 연구 결과는 선별적인 독서 교육이 긍정적인 효과로 이어진 사례에 해당한다. 따라서 해당 연구는 독서 교육에서 교훈적이고 정서 함양에 도움이 되는 책을 선별하여 읽히는 것을 중시한 (가)의 주장을 강화하므로 ①의 평가는 적절하지 않다.

③ 효과적인 아동 독서 교육을 위해 (가)는 아동에게 교훈적이고 정서 함양에 도움이 되는 책을 선별하여 읽히는 것을 강조한다. 이때 교사가 권장하는 문학 작품만 읽게 한 학급보다 다양한 장르의 책을 자유롭게 선택하게 한 학급의 학생들이 더 높은 독서량을 보였다는 것은 선별적 독서 교육보다 자율적 독서 교육이 더 효과적임을 보여주는 사례에 해당한다. 따라서 해당 사례는 독서 교육에서 양서를 선별하여 읽히는 것을 중시한 (가)를 강화하지 않으므로 ③의 평가는 적절하지 않다. 참고로, ③의 사례는 독서 교육에서 아동의 자율성을 중시한 (나)의 주장을 강화한다.

④ 효과적인 아동 독서 교육을 위해 (나)는 아동이 자유롭게 책을 선택하여 읽는 것을 강조한다. 이때 아동의 흥미에 맞추어 책을 선택하게 했을 때 시간이 지남에 따라 자연스럽게 더 다양하고 수준 높은 도서로 관심이 확장된다는 연구 결과는 아동의 자율성을 중시한 독서 교육이 긍정적인 효과로 이어진 사례에 해당한다. 따라서 해당 연구 결과는 독서 교육에서 아동의 자율성을 중시한 (나)의 주장을 강화하므로 ④의 평가는 적절하지 않다.

1

정답 ②

정답 설명

② 대화에 대해 평가한 내용으로 적절한 것은 'ㄱ, ㄷ'이므로 답은 ②'ㄱ, ㄷ'이다.

- ㄱ: 예진은 첫 번째 발화에서 비디오 판독 기술이 사람의 눈으로는 놓치기 쉬운 상황을 정확히 판단할 수 있고 공정한 경기 운영에 도움이 된다고 주장한다. 이때 야구 경기에서 비디오 판독을 도입한 후 오심 발생률이 감소했다는 통계는 비디오 판독 기술이 정확한 판정에 도움이 된 사례이므로 예진의 입장을 강화한다. 따라서 'ㄱ'은 대화에 대한 평가로 적절하다.

- ㄷ: 현우는 첫 번째 발화에서 비디오 판독으로 인해 경기의 흐름이 끊기고 관중들의 재미가 반감될 수 있다고 주장한다. 이때 축구 경기에서 비디오 판독을 도입한 후 경기 중단 시간이 증가하고 관중 수가 감소했다는 조사 결과는 비디오 판독이 경기의 흐름을 끊고 관람의 재미를 감소시킨다는 것을 뒷받침하는 사례이므로 현우의 입장을 강화한다. 반면 예진은 두 번째 발화에서 관중들은 기다리더라도 정확한 판정을 더 중요시할 것이라고 주장한다. 그러나 비디오 판독 이후 경기 중단과 관중 감소가 발생했다는 것은 대다수의 관객이 경기가 중단되는 것을 선호하지 않는다는 것을 시사하므로 예진의 입장을 약화한다. 즉, 제시된 조사 결과는 현우의 입장을 강화하고 예진의 입장을 약화한다. 따라서 'ㄷ'은 대화에 대한 평가로 적절하다.

오답 분석

- ㄴ: 예진은 두 번째 발화에서 기술이 발전하면서 판독 시간도 계속 단축되고 있다고 주장한다. 이때 인공지능 판단 기술을 도입하면 비디오 판독 시간을 30초가량 단축할 수 있다는 논문은 최신 기술이 도입되면 판독 시간이 실제로 단축될 수 있음을 보여주므로 예진의 입장을 강화한다. 반면 현우는 첫 번째 발화에서 기술에 지나치게 의존하면 경기의 흐름이 끊기고 관중들의 재미도 반감될 수 있다고 주장했는데, 인공지능 기술을 통해 판독 시간을 단축할 수 있다는 것은 현우가 우려한 경기 흐름이 끊기는 문제가 크지 않을 수 있음을 시사하므로 현우의 입장은 약화한다. 즉, 제시된 논문은 예진의 입장은 강화하지만 현우의 입장은 약화한다. 따라서 'ㄴ'은 대화에 대한 평가로 적절하지 않다.

2

정답 ③

정답 설명

③ 2문단에 따르면 기후학자 C는 인간의 활동이 물의 순환에 미치는 영향이 미미하다고 주장한다. 이때 도시화가 진행된 지역에서 지하수 고갈 현상이 관측된다는 것은, 도시의 아스팔트와 콘크리트가 빗물의 땅속 침투를 방해한다는 것이며 인간의 활동(도시화)이 물의 순환에 상당한 영향을 미친다는 증거가 된다. 따라서 이러한 사례는 C의 주장을 약화시킬 것이므로 ③은 지문에 대한 평가로 적절하다.

오답 분석

① 1문단 마지막 문장에 따르면 기상학자 A는 물의 순환이 기후 변화에 민감하게 반응한다고 주장했다. 이때 연평균 기온(기후 조건)이 변화했지만 물의 순환 양상은 변화하지 않았다는 것은, 물의 순환이 기후 변화에 민감하게 반응하지 않는다는 의미이다. 따라서 이러한 사례는 기상학자 A의 주장을 약화시킬 것이므로 ①은 지문에 대한 평가로 적절하지 않다.

② 2문단 첫 번째 문장에 따르면 환경학자 B는 기온 상승으로 인해 바다에서 증발하는 물의 양이 증가한다고 주장했다. 이때 지구 온난화가 심화됨에 따라 바닷물의 증발량이 늘었다는 것은 환경학자 B의 주장을 직접적으로 뒷받침하는 증거가 된다. 따라서 이러한 사례는 B의 주장을 강화할 것이므로 ②는 지문에 대한 평가로 적절하지 않다.

④ 3문단에 따르면 최근 연구들은 산림 벌채가 식물에 의한 수분 증발을 감소시켜 기후 변화를 유발한다고 본다. 이때 자연 숲과 인공 숲에서 증발하는 수분량에 차이가 없다는 것은, 산림을 벌채하더라도 도시에 인공 숲을 조성해 물의 순환을 과거와 동일하게 조정할 수 있음을 시사한다. 따라서 이러한 사례는 최근 연구들의 견해를 강화하지 않을 것이므로 ④는 지문에 대한 평가로 적절하지 않다.

3

정답 ④

정답 설명

④ ㉠에 대한 평가로 적절한 것만을 〈보기〉에서 모두 고른 것은 ④'ㄱ, ㄴ, ㄷ'이다.

- ㄱ: 인쇄술 보급 이후 과학 지식이 대중화되었고 과학 혁명이 일어남으로써 과학적 방법론이 확립되었다는 연구 결과는 인쇄술이 과학 혁명이라는 지적 혁명에 직접적인 영향을 미쳤음을 보여준다. 이는 인쇄술이 사회적·지적 혁명의 핵심 동인이었다는 주장을 뒷받침하므로 ㉠을 강화한다. 따라서 'ㄱ'의 평가는 적절하다.

- ㄴ: 종교 개혁 시기 대다수의 사람이 문맹이자 빈곤층이었기 때문에 인쇄물의 효과가 제한적이었다는 연구 결과는 인쇄술의 영향력이 모든 사회 계층에 균등하게 미치지 않았음을 의미한다. 이는 인쇄술이 사회적·지적 혁명의 핵심 동인이었다는 주장의 보편성을 제한하므로 ㉠을 약화시킨다. 따라서 'ㄴ'의 평가는 적절하다.

- ㄷ: 동아시아에서도 인쇄 기술이 존재했지만 유럽과 같은 급격한 사회 변화가 일어나지 않았다는 연구 결과는 단순히 기술의 존재만으로는 변화가 일어나지 않음을 의미한다. 또한 해당 연구 결과는 유럽에서 혁명이 촉발된 것에는 인쇄술 외에 영향을 미친 다른 요소들이 있음을 시사한다. 이는 인쇄술의 발명이 사회적·지적 혁명을 촉발한 핵심 동인이었다는 주장과 상반되므로 ㉠의 주장을 약화한다. 따라서 'ㄷ'의 평가는 적절하다.

1회 하프모의고사

p.108

1 ③	2 ②	3 ④	4 ①	5 ②
6 ①	7 ②	8 ①	9 ④	10 ③

1 명제 추론 - 전제 추론
정답 ③

정답 설명

③ 제시된 진술을 기호화하면 다음과 같다.

> [전제] 체육관→운동
> [결론] 체육관→샤워

'체육관에 가면 샤워를 한다(체육관→샤워)'를 결론으로 도출하기 위해서는 전제의 '운동'과 결론의 '샤워'를 연결해야 한다. 따라서 '운동→샤워'가 필요하므로 '운동을 하면 샤워를 한다(운동→샤워)'를 전제로 추가해야 함을 알 수 있다. 따라서 빈칸에 들어갈 말로 가장 적절한 것은 ③이다.

오답 분석

① '운동을 한다(운동)'를 추가해도 결론을 이끌어 낼 수 없다. 따라서 ①은 빈칸에 들어갈 말로 적절하지 않다.

② '체육관에 간다(체육관)'를 추가해도 결론을 이끌어 낼 수 없다. 따라서 ②는 빈칸에 들어갈 말로 적절하지 않다.

④ '샤워를 하면 운동을 한다(샤워→운동)'를 추가해도 결론을 이끌어 낼 수 없다. 따라서 ④는 빈칸에 들어갈 말로 적절하지 않다.

2 명제 추론 - 결론 추론
정답 ②

정답 설명

② 제시된 전제를 기호화하면 다음과 같다.

> (가) 책 읽기 ∧ 글쓰기
> (나) ~요리하기→~글쓰기 ≡ 글쓰기→요리하기 (대우)

(가)와 (나)의 대우를 결합하면, '책 읽기를 좋아하는 어떤 사람은 글쓰기를 좋아하고, 글쓰기를 좋아하는 모든 사람은 요리하는 것을 좋아한다[책 읽기 ∧ (글쓰기→요리하기)]'는 것을 알 수 있다. 따라서 책 읽기, 글쓰기, 요리하기를 모두 좋아하는 사람이 존재함을 도출할 수 있으므로 빈칸에 들어갈 결론으로 가장 적절한 것은 ②이다.

오답 분석

① (가)와 (나)의 대우를 결합하면, '책 읽기를 좋아하는 어떤 사람은 글쓰기를 좋아하고, 글쓰기를 좋아하는 모든 사람은 요리하는 것을 좋아한다[책 읽기 ∧ (글쓰기→요리하기)]'는 것을 알 수 있다. 따라서 ①'책 읽기, 글쓰기, 요리하기를 모두 좋아하는 사람은 없다'는 빈칸에 들어갈 결론으로 적절하지 않다.

③ (가)와 (나)를 통해 '요리하는 것을 좋아하는 모든 사람은 책 읽기를 좋아한다(요리하기→책 읽기)'는 것은 알 수 없다. 따라서 ③'요리하는 것을 좋아하는 모든 사람은 책 읽기를 좋아한다.'는 빈칸에 들어갈 결론으로 적절하지 않다.

④ (가)와 (나)의 대우를 결합하면, '책 읽기를 좋아하는 어떤 사람은 글쓰기를 좋아하고, 글쓰기를 좋아하는 모든 사람은 요리하는 것을 좋아한다[책 읽기 ∧ (글쓰기→요리하기)]'는 것을 알 수 있다. 따라서 ④'책 읽기를 좋아하는 어떤 사람은 요리하는 것을 좋아하지 않는다(책 읽기 ∧ ~요리하기)'는 빈칸에 들어갈 결론으로 적절하지 않다.

3 논증 평가 - 강화·약화 단일형
정답 ④

정답 설명

④ 제시문은 플랜테리어가 단순한 인테리어 트렌드를 넘어 실질적인 삶의 질 향상 수단이라는 논지를 전개하고 있다. 그 근거로 식물이 실내 공기질과 습도를 개선하고, 식물이 있는 공간에서 생활하는 사람들의 스트레스가 감소하며 집중력과 업무 효율성이 향상된다는 사례를 제시한다. 이때 식물이 놓인 사무실에서 일한 피실험자들이 평균적으로 집중 시간이 늘어났으며 작업 속도가 빨라지고 결과물의 질도 향상되었다는 것은 제시문에서 주장하는 플랜테리어의 집중력과 업무 효율성 향상 효과를 뒷받침하는 증거가 된다. 따라서 ④는 글의 논지를 강화하는 것으로 적절하다.

오답 분석

① 실내 식물의 흙이나 화분에 곰팡이가 번식해 알레르기를 유발할 수 있다는 전문가들의 지적은 플랜테리어의 부정적 측면을 드러낸다. 이는 플랜테리어가 환경적, 심리적 이점을 가져다준다는 제시문의 핵심 주장과 상반되는 내용으로, 건강상 위험 요소를 제기하여 글의 논지를 약화한다. 따라서 ①은 글의 논지를 강화하는 것으로 적절하지 않다.

② 플랜테리어 유행으로 인한 관엽 식물 수입량 증가와 가격 급등은 플랜테리어의 경제적 파급 효과를 보여준다. 하지만 이는 제시문에서 주장하는 플랜테리어의 환경적, 심리적 이점이나 실질적 효과와는 직접적인 관련이 없는 경제적 현상에 불과하다. 따라서 ②는 글의 논지를 강화하는 것으로 적절하지 않다.

③ 플랜테리어에 사용되는 식물 대부분이 실내의 제한된 햇빛으로 인해 원활한 성장을 하지 못한다는 연구 결과는 플랜테리어 자체의 근본적 한계와 문제점을 지적하는 것으로, 플랜테리어가 환경적·심리적 이점을 제공한다는 제시문의 논지를 강화하지 않는다. 따라서 ③은 글의 논지를 강화하는 것으로 적절하지 않다.

4 명제 추론 – 전제 추론   정답 ①

정답 설명

① 제시된 진술을 기호화하면 다음과 같다.

> [전제] 샌드위치 ∧ 커피
> [결론] 커피 ∧ 디저트

결론을 이끌어 내기 위해서는 전제의 '샌드위치 ∧ 커피'와 결론의 '커피 ∧ 디저트'를 연결하는 새로운 전제가 필요하다. 이때 ① '샌드위치를 좋아하는 모든 사람은 디저트를 좋아한다(샌드위치→디저트)'를 추가하면 '디저트 ∧ 커피'를 도출할 수 있으며, 이는 결론인 '커피 ∧ 디저트'와 동치이다. 따라서 결론을 도출하기 위해 추가해야 할 전제는 ①이다.

오답 분석

② '커피를 좋아하는 어떤 사람은 디저트를 좋아하지 않는다(커피 ∧ ~디저트)'를 추가해도 결론을 도출할 수 없다.

③ '디저트를 좋아하는 어떤 사람은 커피를 좋아하지 않는다(디저트 ∧ ~커피)'를 추가해도 결론을 도출할 수 없다.

④ '샌드위치를 좋아하는 모든 사람은 디저트를 좋아하지 않는다(샌드위치→~디저트)'를 추가해도 결론을 도출할 수 없다.

5 논증 평가 – 강화·약화 종합형   정답 ②

정답 설명

② (나)는 체육 교육의 방향성이 학생들의 즐거운 참여로 설정되어야 한다고 주장한다. 이때 체육 교육에 즐겁게 참여했던 학생들이 성인이 되어서도 규칙적으로 운동하는 경우가 많다는 통계는 즐거운 체육 교육이 생활 속에서 체육 활동을 지속할 수 있는 계기가 되었다는 것을 시사한다. 따라서 해당 통계는 (나)의 주장을 강화하므로 ②는 적절한 평가이다.

오답 분석

① (가)는 체육 교육의 방향성이 기초 체력의 향상으로 설정되어야 한다고 주장한다. 이때 청소년의 체력 저하가 심각한 사회 문제로 대두되고 있다는 기사는 (가)가 주장하는 체육 교육의 방향성을 정당화할 수 있다. 따라서 해당 기사는 (가)의 주장을 강화하므로, (가)의 주장을 약화한다는 ①은 적절하지 않다.

③ (가)는 체육 교육의 방향성이 기초 체력의 향상으로 설정되어야 한다고 주장하고, (나)는 체육 교육의 방향성이 스포츠 정신과 협동심 함양을 위한 학생들의 즐거운 참여로 설정되어야 한다고 주장한다. 이때 체력 향상 중심의 체육 교육을 경험한 학생들의 협동심이 더 높다는 연구 결과는 체육 교육에서 체력 향상이 강조되어도 협동심 함양이 가능하다는 점을 시사한다. 따라서 해당 연구 결과는 (가)의 주장은 강화하고 (나)의 주장은 약화할 수 있으므로, 이것이 (가)와 (나)의 주장을 모두 약화한다는 ③은 적절하지 않다.

④ (가)는 체육 교육의 방향성이 운동 기술의 습득으로 설정되어야 한다고 주장하며, (나)는 체육 교육의 방향성이 학생들의 즐거운 참여로 설정되어야 한다고 주장한다. 이때 운동 기술 습득에 어려움을 겪는 학생들이 체육 활동에 대한 흥미를 잃을 가능성이 높다는 논문은 체육 교육에서 운동 기술 습득이 강조되면 체육 활동에 즐겁게 참여할 수 없음을 시사한다. 따라서 해당 논문은 (가)의 주장을 약화하고 (나)의 주장을 강화할 수 있으므로, 이것이 (가)와 (나)의 주장을 모두 강화한다는 ④는 적절하지 않다.

6 논증 평가 – 강화·약화 단일형   정답 ①

정답 설명

① 제시문에서는 공공 안전을 위해 고령 운전자에 대한 운전면허 제한 정책이 필수적임을 주장하고 있다. 반면, ①의 조사 결과는 운전자의 연령보다 운전 습관이 사고 발생률에 더 큰 영향을 미친다는 내용으로, 이는 단순히 연령만을 기준으로 운전 제한 정책을 시행하는 것이 적절하지 않을 수 있음을 보여 준다. 따라서 고령자 운전 제한의 필요성을 주장하는 글의 논지를 약화하는 것으로 가장 적절한 것은 ①이다.

오답 분석

② 고령 운전자의 인지 능력 테스트를 주기적으로 의무화한 후 교통사고가 감소했다는 보고는 고령 운전자 제한 정책의 긍정적 효과를 보여 주므로 글의 논지를 강화하는 사례에 해당한다. 따라서 ②는 글의 논지를 약화하는 것으로 적절하지 않다.

③ 75세 이상 고령자들이 돌발 상황에 대한 반응 속도가 느리고 야간 운전 시 사물 감지 능력이 낮아진다는 사실은 고령 운전자의 안전 운전 능력 저하를 입증하므로 글의 논지를 강화하는 사례에 해당한다. 따라서 ③은 글의 논지를 약화하는 것으로 적절하지 않다.

④ 나이가 많을수록 운전 경험이 풍부하지만, 신체 능력 저하로 인한 위험이 이를 상쇄한다는 전문가의 견해는 고령 운전자의 위험성을 강조하므로 글의 논지를 강화하는 사례에 해당한다. 따라서 ④는 글의 논지를 약화하는 것으로 적절하지 않다.

7 명제 추론 – 결론 추론   정답 ②

정답 설명

② 제시된 진술을 기호화하면 다음과 같다.

> (1) 도시락→식비 아낌
> (2) ~식비 아낌 ∨ ~식사 시간 부족
> (3) 도시락

(3)에서 '도시락'이 확정되었으므로 (1)에서 전건 긍정에 의해 '식비 아낌'이 확정된다. 또한 '식비 아낌'이 확정되었으므로 (2)에서 선언지 제거에 의해 '~식사 시간 부족'이 확정된다. 따라서 결론에 들어갈 말로 적절한 것은 ② '식사 시간이 부족하지 않다(~식사 시간 부족)'이다.

오답 분석

① (1)과 (3)에 의해 '식비 아낌'이 확정되므로 '~식비 아낌'은 거짓이다. 따라서 ① '식비를 아낄 수 없다(~식비 아낌)'는 결론에 들어갈 말로 적절하지 않다.

③ (3)에 의해 '도시락'은 참이나, (1)과 (3)에 의해 '식비 아낌'이 확정되므로 '~식비 아낌'은 거짓이다. 따라서 ③ '도시락을 싸 왔고 식비를 아낄 수 없다(도시락 ∧ ~식비 아낌)'는 결론에 들어갈 말로 적절하지 않다.

④ (1)과 (3)에 의해 '식비 아낌'이 확정되고, (2)에서 선언지 제거에 의해 '~식사 시간 부족'이 확정되므로 '~식비 아낌'과 '식사 시간 부족'은 거짓이다. 따라서 ④ '식비를 아낄 수 없고 식사 시간이 부족하다(~식비 아낌 ∧ 식사 시간 부족)'는 결론에 들어갈 말로 적절하지 않다.

8 논증 평가 – 강화·약화 종합형 정답 ①

정답 설명
① 글쓴이는 디지털 시대에 문화 간 교류가 활발해지면서 문화권에 따른 감정 표현 방식의 차이가 모호해지는 경향이 있다고 주장했다. 이때 소셜 미디어의 발달로 전 세계 젊은 세대의 감정 표현 방식이 유사해지고 있다는 것은 글쓴이의 주장을 직접적으로 뒷받침하는 사례에 해당한다. 따라서 이것이 글쓴이의 주장을 강화한다는 ①은 올바른 평가이다.

오답 분석
② 병은 개인의 감정 표현 방식을 집단의 특성으로 단순화하는 것은 개개인의 특수성을 간과한 것이라고 비판했다. 동양 문화권 내에서도 개개인에 따라 감정 표현 방식에 차이가 있다는 것은 개인의 표현 방식을 집단으로 단순하게 일반화하는 것에 한계가 있음을 뒷받침한다. 이것은 병의 주장을 강화하는 사례로, 병의 주장을 약화한다고 볼 수 없으므로 ②는 올바르지 않은 평가이다.

③ 을은 기본적 감정을 나타내는 표정은 문화와 관계없이 보편적이지만, 이러한 감정을 표현하는 방식은 문화적 특성에 따라 달라진다고 주장했다. 이때 모든 사람이 동일한 상황에서 비슷한 감정을 느낀다는 뇌 영상 연구는 문화와 상관없이 사람이 느끼는 기본적 감정이 보편적임을 증명한다. 이것이 을의 주장을 약화한다고 볼 수 없으므로 ③은 올바르지 않은 평가이다.

④ 갑은 서양인들은 감정을 직접적으로 표현하고, 동양인들은 감정 표현을 절제하는 경향이 있다고 주장했다. 이때 다국적 기업에서 감정 표현의 문화적 차이를 교육하는 프로그램이 있다는 것은 감정 표현의 문화적 차이가 존재하고 이를 이해할 필요가 있다는 것을 전제로 한다. 이것이 갑의 주장을 약화한다고 볼 수 없으므로 ④는 올바르지 않은 평가이다.

9 명제 추론 – 진위 판단 정답 ④

정답 설명
④ 제시된 대화를 기호화하면 다음과 같다.

> (1) 냉면 ∨ 떡볶이
> (2) ~떡볶이
> (3) 냉면 → ~만두
> (4) ~만두 → 아이스크림

(2)에서 '~떡볶이'가 확정되었으므로 (1)에서 선언지 제거를 통해 '냉면'을 확정할 수 있다. 이를 (3)에 대입하면 전건 긍정을 통해 '~만두'를 확정할 수 있으며, '~만두'를 (4)에 대입하면 전건 긍정을 통해 '아이스크림'도 확정할 수 있다. 즉, '~떡볶이', '냉면', '~만두', '아이스크림'이 확정되므로 '수훈이와 유빈이는 냉면과 아이스크림을 먹는다(냉면 ∧ 아이스크림)'는 반드시 참이 된다. 따라서 답은 ④이다.

오답 분석
① (2)에서 '~떡볶이'가 확정되었으므로, ①'수훈이와 유빈이는 떡볶이를 먹는다(떡볶이)'는 거짓이다.

② (1)과 (2)를 통해 '냉면'이 확정되며, 이를 (3)에 대입하면 '~만두'가 확정되므로, ②'수훈이와 유빈이는 냉면과 만두를 먹는다(냉면 ∧ 만두)'는 거짓이다.

③ (1)과 (2)를 통해 '냉면'이 확정되며, 이를 (3)에 대입하면 '~만두'가 확정되므로, ③'수훈이와 유빈이는 만두와 아이스크림을 먹는다(만두 ∧ 아이스크림)'는 거짓이다.

10 논증 평가 – 강화·약화 단일형 정답 ③

정답 설명
③ ⊙'신념 고착화 현상'을 강화하는 것을 모두 고른 것은 ③'ㄴ, ㄷ'이다.

- ㄴ: 온라인 도서 판매 회사에서 구매 이력을 기반으로 한 도서 추천 서비스를 도입한 이후 자신이 선호하는 사상이나 이데올로기의 서적만을 구매하는 독자가 많아졌다는 것은 유사한 정보만 제공하는 알고리즘에 의해 독자들이 다양한 사고에 노출될 기회를 잃고 기존 신념이 더욱 견고해진 사례로 ⊙'신념 고착화 현상'을 직접적으로 보여준다. 따라서 'ㄴ'은 ⊙을 강화하는 것으로 적절하다.

- ㄷ: 개인화된 뉴스 피드가 투자자의 과거 행동 패턴을 학습하여 특정 종목에 대한 긍정적 기사만 제공한 결과, 위험 요소를 간과한 채 잘못된 투자 신념이 더욱 확고해진 것은 반박 증거에 노출되지 않아 잘못된 믿음이 더욱 견고해진 사례로 ⊙'신념 고착화 현상'을 직접적으로 보여준다. 따라서 'ㄷ'은 ⊙을 강화하는 것으로 적절하다.

오답 분석
- ㄱ: 서로 다른 정치 성향을 가진 사람들이 온라인 토론에 참여하여 극단적 견해가 완화된 것은 다양한 관점과 반박 증거에 노출되어 기존 믿음이 수정되거나 완화된 사례이다. 이는 신념 고착화와 반대되는 현상으로, 오히려 ⊙을 약화하는 사례이다. 따라서 'ㄱ'은 ⊙을 강화하는 것으로 적절하지 않다.

2회 하프모의고사

1 ②	**2** ③	**3** ④	**4** ④	**5** ③
6 ②	**7** ④	**8** ③	**9** ①	**10** ④

1 명제 추론 – 전제 추론

정답 ②

정답 설명

② 제시된 진술을 기호화하면 다음과 같다.

> (1) 학업 성취도 하락→교육 예산 늘림
> (2) ~교육 예산 늘림 ∨ 학습 보조금 확대
> (3) 학습 보조금 확대→지방 재정 악화
> [결론] 지방 재정 악화

'지방 재정 악화'라는 결론을 도출하기 위해서는 (3)에서 전건 긍정을 할 수 있도록 '학습 보조금 확대'가 확정되어야 함을 알 수 있다. 또한 '학습 보조금 확대'를 확정하기 위해서는 (2)에서 선언지 제거를 할 수 있도록 '교육 예산 늘림'이 확정되어야 함을 알 수 있다. 이어서 '교육 예산 늘림'을 확정하기 위해서는 (1)에서 전건 긍정을 할 수 있도록 '학업 성취도 하락'이 확정되어야 함을 알 수 있다. 따라서 결론을 도출하기 위해 추가해야 할 전제는 ②'A 지역 청소년의 학업 성취도가 하락한다(학업 성취도 하락)'이다.

오답 분석

① '지방 재정 악화'라는 결론을 도출하기 위해서는 '학습 보조금 확대'가 확정되어야 하며, '학습 보조금 확대'를 확정하기 위해서는 '교육 예산 늘림'이 확정되어야 한다. 따라서 ①'A 지자체가 교육 예산을 늘리지 않는다(~교육 예산 늘림)'는 추가해야 할 전제로 적절하지 않다.

③ '지방 재정 악화'라는 결론을 도출하기 위해서는 '학습 보조금 확대'가 확정되어야 한다. 따라서 ③'A 지자체가 학습 보조금을 확대하지 않는다(~학습 보조금 확대)'는 추가해야 할 전제로 적절하지 않다.

④ ④'A 지자체에서 교육 예산을 늘리면 A 지역 청소년의 학업 성취도는 하락하지 않는다(교육 예산 늘림→~학업 성취도 하락)'의 대우 '학업 성취도 하락→~교육 예산 늘림'은 (1)'학업 성취도 하락→교육 예산 늘림'과 논리적으로 모순되므로 추가해야 할 전제로 적절하지 않다.

2 명제 추론 – 진위 판단

정답 ③

정답 설명

③ 제시된 진술을 기호화하면 다음과 같다.

> (1) 갑 ∨ 을 ≡ ~갑→을 (실질 함축)
> (2) 을 ∨ 병 ≡ ~을→병 (실질 함축)
> (3) 병→정

(2)를 통해 '을이 출장을 가지 않으면 병은 출장을 간다(~을→병)'는 것을 알 수 있고, 이를 (3)과 결합하면 '~을→병→정'이 도출되므로 '~을→정'임을 알 수 있다. 따라서 제시된 진술이 모두 참이라고 할 때 반드시 참인 것은 ③'을이 출장을 가지 않으면 정이 출장을 간다(~을→정)'이다.

오답 분석

① '갑이 출장을 가면 병이 출장을 간다(갑→병)'는 것은 제시된 진술로부터 알 수 없으므로 ①은 반드시 참이 되지는 않는다.

② '병이 출장을 가면 을이 출장을 간다(병→을)'는 것은 제시된 진술로부터 알 수 없으므로 ②는 반드시 참이 되지는 않는다.

④ (1)을 통해 '갑이 출장을 가지 않으면 을이 출장을 간다(~갑→을)'는 것을 알 수 있다. 따라서 '갑이 출장을 가지 않으면 을도 출장을 가지 않는다(~갑→~을)'는 거짓이므로 ④는 반드시 참이 되지 않는다.

3 명제 추론 – 결론 추론

정답 ④

정답 설명

④ 제시된 전제를 기호화하면 다음과 같다.

> (가) 야근→커피 ≡ ~커피→~야근 (대우)
> (나) ~야근→운동 ≡ ~운동→야근 (대우)
> (다) 잠→~운동 ≡ 운동→~잠 (대우)

(가)의 대우 '~커피→~야근'을 (나)와 연결하면 '~커피→~야근→운동'이 성립한다. 이어서 (다)의 대우 '운동→~잠'을 '~커피→~야근→운동'에 결합하면 '~커피→~야근→운동→~잠'이 성립한다. 따라서 '커피를 마시지 않으면 잠을 충분히 자지 않는다(~커피→~잠)'가 도출되므로 결론에 들어갈 말로 적절한 것은 ④이다.

오답 분석

① 제시된 전제를 통해 '운동→커피'는 도출할 수 없으므로 ①'운동을 하면 커피를 마신다(운동→커피)'는 결론에 들어갈 말로 적절하지 않다.

② (나)의 대우 '~운동→야근'을 (다)와 연결하면 '잠→~운동→야근'이 성립하므로, '잠→야근'임을 알 수 있다. ②'잠을 충분히 자면 야근을 하지 않는다(잠→~야근)는 이와 모순되므로 결론에 들어갈 말로 적절하지 않다.

③ 제시된 전제를 통해 '야근→~운동'은 도출할 수 없으므로 ③'야근을 하는 날이면 운동을 하지 않는다(야근→~운동)'는 결론에 들어갈 말로 적절하지 않다.

4 논증 평가 – 강화·약화 종합형

정답 ④

정답 설명

④ ㉠은 시민들이 정책 결정 과정에 직접 참여할 때 정치적 정당성이 높아지고 효과적인 정책 운영이 가능하다는 직접 민주주의 이론의 주장이다. 이때 ㉠을 평가한 내용으로 적절한 것은 ④'ㄱ, ㄴ, ㄷ'이다.

- ㄱ: 예산 심의 과정에 주민들을 참여시킨 지방자치단체에서 예산 집행의 투명성이 향상되고 불필요한 예산 낭비가 감소했다는 연구 결과는 주민들의 참여로 정책이 효과적으로 운영된 사례에 해당한다. 이는 시민들이 직접 의견을 개진하고 결정에 참여하는 제도적 장치가 중요하다는 ㉠의 주장을 뒷받침하므로, ㉠을 강화한다. 따라서 ㄱの 평가는 적절하다.

- ㄴ: 환경 정책에 관한 시민 포럼에서 전문 지식이 부족한 참가자들이 감정적 판단에 의존하여 과학적 근거가 부족한 결론을 도출했던 사례는 시민들의 참여가 정책 결정에 효율성을 저하하는 사례에 해당한다. 이는 시민들이 정책 결정 과정에 직접 참여할 때 효과적인 정책 운영이 가능하다는 ㉠을 약화한다. 따라서 ㄴ의 평가는 적절하다.
- ㄷ: 직접 민주주의 제도가 활발한 국가에서 국민의 정책 만족도와 정부 신뢰도가 대의 민주주의 제도를 활용하는 국가보다 높게 나타났다는 조사 결과는 직접 참여 민주주의가 정치적 정당성과 정책 효과성 측면에서 장점을 가지는 사례에 해당한다. 이는 시민들이 자신의 삶에 영향을 미치는 결정에 직접 참여할 때 정책의 실행 과정의 순응도가 높아진다는 ㉠의 주장을 뒷받침하므로, ㉠을 강화한다. 따라서 ㄷ의 평가는 적절하다.

5 명제 추론 – 전제 추론   정답 ③

정답 설명
③ 제시된 진술을 기호화하면 다음과 같다.

> (1) 우승 경험 → 완벽한 팀워크
> (2) 우승 경험 ∧ 개인 기량
> [결론] 연습 시간 ∧ 개인 기량

(2)는 '우승 경험 ∧ 개인 기량'이므로 '우승 경험'을 '연습 시간'과 연결시킬 수 있는 전제 '우승 경험 → 연습 시간'이 추가된다면 결론인 '연습 시간 ∧ 개인 기량'을 이끌어 낼 수 있다. 이때 ③ '연습 시간이 길지 않은 야구팀은 모두 우승 경험이 없는 야구팀입니다(~연습 시간 → ~우승 경험)'는 '우승 경험 → 연습 시간'의 대우이므로 빈칸에 들어갈 말로 적절하다.

오답 분석
① '우승 경험이 있는 야구팀 중 일부는 연습 시간이 길지 않습니다(우승 경험 ∧ ~연습 시간)'가 추가되더라도 결론인 '연습 시간 ∧ 개인 기량'은 이끌어 낼 수 없으므로 ①은 빈칸에 들어갈 말로 적절하지 않다.
② '우승 경험이 있는 야구팀은 모두 선수들의 개인 기량이 뛰어납니다(우승 경험 → 개인 기량)'가 추가되더라도 결론인 '연습 시간 ∧ 개인 기량'은 이끌어 낼 수 없으므로 ②는 빈칸에 들어갈 말로 적절하지 않다.
④ '완벽한 팀워크를 갖추고 있는 야구팀은 모두 연습 시간이 길지 않습니다(완벽한 팀워크 → ~연습 시간)'가 추가되면 (1), (2)와 결합하여 '(우승 경험 → 완벽한 팀워크 → ~연습 시간) ∧ 개인 기량'이 성립한다. 이를 통해 결론인 '연습 시간 ∧ 개인 기량'은 이끌어 낼 수 없으므로 ④는 빈칸에 들어갈 말로 적절하지 않다.

6 논증 평가 – 강화·약화 단일형   정답 ②

정답 설명
② 제시문은 직장 점심시간을 현행 1시간에서 1시간 30분으로 확대해야 한다는 논지를 전개하고 있다. 그 근거로 현재 점심시간이 부족하여 직장인들이 제대로 된 휴식을 취하기 어렵다는 점과 유럽 국가들의 사례에서 보듯이 점심시간 확대가 직장 만족도와 오후 업무 효율성 향상에 기여할 수 있다는 점을 제시한다. 그러나 점심시간이 긴 직장일수록 연장 근무가 잦거나 업무 강도가 높아 임직원들의 스트레스 지수가 높게 나타났다는 연구 결과는 점심시간 확대가 오히려 직장인에게 부정적 영향을 미칠 수 있음을 보여준다. 이는 점심시간 확대를 통해 직장인 복지 향상과 업무 효율성 증대를 이룰 수 있다는 제시문의 핵심 논지를 반박하는 증거가 된다. 따라서 제시문의 논지를 약화하는 것으로 적절한 것은 ②이다.

오답 분석
① 점심시간을 90분으로 확대한 이후 직원들의 업무 만족도가 향상되었다는 조사 결과는 점심시간 확대의 긍정적 효과를 보여주는 사례에 해당한다. 이는 점심시간을 확대하자는 주장을 강화하는 사례이므로 ①은 제시문의 논지를 약화하는 것으로 적절하지 않다.
③ 전문가들이 점심시간 연장을 통한 충분한 휴식이 정신적 피로 해소와 창의적 사고 및 문제 해결 능력 향상에 기여한다고 평가한 것은 점심시간 확대가 긍정적 효과를 야기할 수 있음을 보여주는 사례에 해당한다. 이는 점심시간을 확대하자는 주장을 강화하는 사례이므로 ③은 글의 논지를 약화하는 것으로 적절하지 않다.
④ 직장인 1,200명을 대상으로 한 설문조사에서 84%가 점심시간 연장이 소통 증가 및 인간관계 개선에 기여할 것이라고 답한 것은 점심시간 확대가 건강한 직장 문화 조성에 기여할 수 있음을 보여주는 사례에 해당한다. 이는 점심시간을 확대하자는 주장을 강화하는 사례이므로 ④는 글의 논지를 약화하는 것으로 적절하지 않다.

7 명제 추론 – 결론 추론   정답 ④

정답 설명
④ 제시된 전제를 기호화하면 다음과 같다.

> (가) 조깅 → 스트레칭
> (나) 요가 → 명상
> (다) 조깅 ∨ 요가
> (라) ~조깅

(라)에 따라 '~조깅'이 확정되었으므로 (다)에서 선언지 제거를 통해 '요가'를 확정할 수 있다. '요가'를 (나)에 대입하면 전건 긍정을 통해 '명상'도 확정되므로 '~조깅', '요가', '명상'이 확정된다. 이때 주어진 전제를 통해 '스트레칭'의 진위는 판단할 수 없으므로 결론에 들어갈 말로 적절한 것은 ④ '스트레칭을 하는지 알 수 없다.'이다.

오답 분석

① (라)에 따라 '~조깅'이 확정되며 이를 통해 (다)에서 '요가'를 확정할 수 있다. 또한 '요가'를 (나)에 대입하면 '명상'이 확정되므로 '명상'뿐만 아니라 '요가'도 한다는 것을 알 수 있다. 따라서 '명상만 한다'는 ①은 결론에 들어갈 말로 적절하지 않다.

② 주어진 전제를 통해 '스트레칭'의 진위는 판단할 수 없으므로 '스트레칭을 하지 않는다(~스트레칭)'는 ②는 결론에 들어갈 말로 적절하지 않다.

③ (라)에 따라 '~조깅'이 확정되며 이를 통해 (다)에서 '요가'를 확정할 수 있다. 또한 '요가'를 (나)에 대입하면 '명상'이 확정되므로 '명상'을 한다는 것을 알 수 있다. 따라서 '명상을 하는지 알 수 없다'는 ③은 결론에 들어갈 말로 적절하지 않다.

8 논증 평가 – 강화·약화 종합형   정답 ③

정답 설명

③ 지역 사회에서 운영한 대부분의 질병 예방 프로그램에서 참여자들의 질병 발생률에 변화를 주지 못했다는 것은 지역 사회 기반의 건강 증진 프로그램이 개인의 건강관리 역량을 강화하지 못한 사례에 해당한다. 이는 지역 사회 기반의 건강 증진 프로그램이 강화되어야 한다는 (나)의 주장을 약화한다. 따라서 ③의 평가는 적절하다.

오답 분석

① 응급 환자에 대한 적극적·선제적 조치를 의무화한 국가에서 의료 사고 발생률이 높았다는 것은, 적극적인 치료의 위험성을 보여 주는 사례에 해당한다. 이는 질병을 적극적으로 치료하는 것을 추구하며, 치료 중심 의료의 가치가 응급 상황에서 분명하게 드러난다는 (가)의 주장을 약화한다. 따라서 ①의 평가는 적절하지 않다.

② 질병을 조기 발견할 수 있는 신형 의료 기기가 상용화된 후 과다 진단과 과잉 치료가 늘어나 환자의 경제적 부담이 가중된 것은 첨단 의료 기기가 도입된 이후 발생한 부작용 사례에 해당한다. 이는 첨단 의료 기술이 환자의 건강 회복과 고통 경감에 기여한다는 (가)의 주장을 뒷받침하지 못하고, 오히려 그 한계를 드러내는 것이므로 (가)의 주장을 약화한다. 따라서 ②의 평가는 적절하지 않다.

④ 고령화 사회에 진입한 이후 국민의 예방 접종 비용을 무상으로 지원한 국가에서 만성 질환 의료비가 줄어들고 국민의 건강 수준이 향상된 것은 예방 중심 의료가 만성 질환의 부담을 줄이고 경제적인 효과를 보인 사례에 해당한다. 이는 예방 접종 등의 예방 중심 의료가 국민 전체의 건강 수준을 향상시키고 만성 질환의 부담을 줄이는 데 기여할 수 있다는 (나)의 주장을 강화한다. 따라서 ④의 평가는 적절하지 않다.

9 논증 평가 – 강화·약화 단일형   정답 ①

정답 설명

① 제시문에 따르면 현대 경제학은 단순화된 수학적 공식으로 경제 현상을 설명하고 예측하려 하는데, ⊙은 이러한 접근법이 지나치게 수식에 의존하여 경제 현실을 제대로 반영하지 못한다고 비판한다.

이때 ⊙에서 경제학 분야의 주요 학술지 논문들이 점점 더 난해한 수학 공식을 사용하고 있다는 것은 현대 경제학이 수식에 지나치게 의존하고 있음을 보여주는 구체적 사례이다. 또한 난해한 수학 공식의 실효성에 대한 의문도 지속적으로 제기된다는 것은 수학적 공식이 복합적이고 미시적인 경제 현실을 제대로 반영하지 못함을 시사한다. 따라서 이는 ⊙을 강화하는 사례로 적절하다.

오답 분석

② 제시문에서 ⊙은 현대 경제학이 지나치게 수식에 의존하여 경제 현실을 제대로 반영하지 못한다고 비판한다. 이때 ②에서 노벨경제학상 수상자들의 연구 중 수리적 모델을 활용한 연구가 그렇지 않은 연구보다 인용 횟수가 더 많다는 것은 수식 중심 경제학의 학문적 가치와 영향력을 입증하는 사례이다. 따라서 ②는 ⊙을 강화하는 것으로 적절하지 않다.

③ 주요 경제 예측 기관들이 사용하는 계량적 분석 시스템의 예측 정확도가 지속적으로 향상되어 경제 정책 결정에 더욱 유용하게 활용되고 있다는 것은 수식이 현실 경제를 효과적으로 예측하고 설명할 수 있음을 보여주는 사례이다. 따라서 ③은 ⊙을 강화하는 것으로 적절하지 않다.

④ 경제학과 교수들을 대상으로 한 조사에서 수학적 지식을 적절히 활용한 연구가 현실 경제 현상을 더 정확하게 설명하고 예측할 수 있다는 응답이 80% 이상을 차지했다는 것은 경제학 전문가들이 수식을 활용하는 현대 경제학을 긍정적으로 평가하고 있음을 보여주는 사례이다. 따라서 ④는 ⊙을 강화하는 것으로 적절하지 않다.

10 명제 추론 – 진위 판단   정답 ④

정답 설명

④ 제시된 조건을 기호화하면 다음과 같다.

> (1) 갑 ∨ 을 ∨ 병 ∨ 정
> (2) (갑 ∧ 을) → 병 ≡ ~병 → (~갑 ∨ ~을) (대우)
> (3) 병 → 정 ≡ ~정 → ~병 (대우)
> (4) ~정

(4)에 의해 '~정'이 확정되고 이를 (3)의 대우에 대입하면 '~병'이 확정된다. 또한 '~병'을 (2)의 대우에 대입하면 '~갑 ∨ ~을'임을 알 수 있다. 이때 (1)에 의해 '갑, 을, 병, 정' 중 적어도 한 명은 회의에 참석해야 하므로, '갑' 또는 '을' 중 한 명은 반드시 회의에 참석함을 알 수 있다. 따라서 ④'갑이 회의에 참석하지 않으면 을이 회의에 참석한다(~갑 → 을)'는 반드시 참이 된다.

오답 분석

① (4)에 의해 '~정'이 확정이고 이를 (3)의 대우에 대입하면 '~병'이 확정된다. 따라서 '병'은 회의에 참석하지 않으므로, ①'갑과 병은 모두 회의에 참석한다(갑 ∧ 병)'는 거짓이다.

② (4)에 의해 '~정'이 확정이고 이를 (3)의 대우에 대입하면 '~병'이 확정된다. 이때 (1)에 의해 '갑, 을, 병, 정' 중 적어도 한 명은 회의에 참석해야 하므로, '갑' 또는 '을' 중 한 명은 반드시 회의에 참석함을 알 수 있다. 따라서 ②'갑과 을은 모두 회의에 참석하지 않는다(~갑 ∧ ~을)'는 거짓이다.

③ (4)에 의해 '~정'이 확정이므로 '정'은 회의에 참석하지 않는다. 다만 주어진 조건을 통해 '을'의 회의 참석 여부는 확정되지 않으므로 ③'을과 정은 모두 회의에 참석하지 않는다(~을 ∧ ~정)'는 반드시 참이라 볼 수 없다.

1 명제 추론 – 전제 추론
정답 ①

정답 해설

① 제시된 진술을 기호화하면 다음과 같다.

> (1) (습함 ∧ 따뜻함)→세균 증식
> (2) 정체된 물→(따뜻함 ∧ 오염됨)
> (3) ~질병 발생→(~오염됨 ∨ ~세균 증식)
> ≡ (오염됨 ∧ 세균 증식)→질병 발생 (대우)
> [결론] 정체된 물→질병 발생

(3)의 대우를 통해 '정체된 물→질병 발생'이라는 결론이 도출되기 위해서는 '정체된 물→(오염됨 ∧ 세균 증식)'이라는 전제가 확정되어야 함을 알 수 있다. 이때 (2)를 통해 '정체된 물→오염됨'은 확정됨을 알 수 있다. 더해서 (1)을 통해 '세균 증식'을 충족하기 위한 조건은 '습함∧따뜻함'임을 알 수 있고, (2)를 통해 '정체된 물→따뜻함'이 확정되므로 '정체된 물→습함'이 추가되어야 '정체된 물→세균 증식'이 확정됨을 알 수 있다. 따라서 결론을 이끌어내기 위해 추가해야 할 것으로 적절한 것은 ①'정체된 물은 습하다(정체된 물→습함)'이다.

오답 분석

② (3)의 대우를 통해 '세균 증식→질병 발생'은 이미 전제되었음을 알 수 있다. 따라서 ②'세균이 증식하는 곳은 질병이 발생한다(세균 증식→질병 발생)'가 추가되더라도 결론을 이끌어 낼 수 없으므로 적절하지 않다.

③ '질병이 발생하는 곳은 오염되어 있고 세균이 증식한다[질병 발생→(오염됨 ∧ 세균 증식)]'가 추가되더라도 결론을 이끌어 낼 수 없으므로 적절하지 않다.

④ '정체된 물은 오염되어 있지만 세균이 증식하지 않는다[정체된 물→(오염됨 ∧ ~세균 증식)]'가 추가되더라도 결론을 이끌어 낼 수 없으므로 적절하지 않다.

2 명제 추론 – 결론 추론
정답 ①

정답 설명

① 제시된 진술을 기호화하면 다음과 같다.

> (1) 과자A ∨ 음료수B
> (2) 음료수B→라면C ≡ ~라면C→~음료수B (대우)
> (3) 라면C→(쌀D ∧ 쌀E) ≡ (~쌀D ∨ ~쌀E)→~라면C (대우)
> (4) ~쌀D ∨ ~쌀E

이때 (4)에 의해 '~쌀D ∨ ~쌀E'가 확정되므로 (3)의 대우 '(~쌀D ∨ ~쌀E)→~라면C'에 의해 '~라면C'를 확정할 수 있다. 이때 '~라면C'가 확정되므로 (2)의 대우 '~라면C→~음료수B'에 의해 '~음료수B'임을 확정할 수 있다. '~음료수B'가 확정되므로 (1)에서 선언지 제거에 의해 '과자A'가 확정된다. 따라서 빈칸에 들어갈 말로 가장 적절한 것은 ①'과자가 A 진열대에 놓인다는 것(과자A)'이다.

오답 분석

② (3)의 대우와 (4)를 통해 '~라면C'가 확정되므로 '라면C'는 거짓이다. 따라서 ②'라면이 C 진열대에 놓인다는 것(라면C)'은 빈칸에 들어갈 말로 적절하지 않다.

③ (2)의 대우와 (3)의 대우, 그리고 (4)를 통해 '~음료수B'가 확정되므로 '음료수B'는 거짓이다. 따라서 ③'음료수가 B 진열대에 놓인다는 것(음료수B)'은 빈칸에 들어갈 말로 적절하지 않다.

④ (4)를 통해 '~쌀D ∨ ~쌀E'가 확정되므로 '쌀D ∧ 쌀E'는 거짓이다. 따라서 ④'쌀이 D 진열대와 E 진열대에 모두 놓인다는 것(쌀D ∧ 쌀E)'은 빈칸에 들어갈 말로 적절하지 않다.

3 명제 추론 – 전제 추론
정답 ①

정답 설명

① 제시된 진술을 기호화하면 다음과 같다.

> (1) 공정한 평가→~부정행위
> ≡ 부정행위→~공정한 평가 (대우)
> (2) 부정행위 ∨ 온라인 진행
> [결론] ~공정한 평가 ∨ 추가 검증

(1)의 대우와 (2)를 결합하면 '(부정행위→~공정한 평가) ∨ 온라인 진행'을 도출할 수 있고, 이에 따라 '~공정한 평가 ∨ 온라인 진행'이 확정된다. 이때 결론인 '~공정한 평가 ∨ 추가 검증'을 도출하기 위해서는 (1)의 대우와 (2)를 결합하여 도출한 전제의 '온라인 진행'과 결론의 '추가 검증'을 연결하는 전제가 필요하다. 따라서 결론을 이끌어 내기 위해 추가해야 할 전제로 적절한 것은 ①'온라인으로 진행되면 추가 검증을 받는다(온라인 진행→추가 검증)'이다.

오답 분석

② '온라인으로 진행되면 공정한 평가를 받는다(온라인 진행→공정한 평가)'가 전제로 추가되어도 결론을 이끌어 낼 수 없다.

③ '부정행위가 있으면 공정한 평가는 받지 않는다(부정행위→~공정한 평가)'는 (1)의 대우와 동치이므로 전제로 추가되어도 결론을 이끌어 낼 수 없다.

④ '공정한 평가를 받지 않으면 추가 검증을 받지 않는다(~공정한 평가→~추가 검증)'가 전제로 추가되어도 결론을 이끌어 낼 수 없다.

4 논증 평가 – 강화 · 약화 종합형
정답 ②

정답 설명

② ⓒ은 중앙은행의 과도한 독립성을 우려하며, 화폐 정책이 사회 각 계층에 다른 영향을 미치는 본질적으로 정치적인 선택이라고 주장한다. 또한 ⓒ은 고용 극대화, 불평등 완화와 같은 광범위한 경제적 목표를 고려하는 방식으로 중앙은행이 운영되어야 한다고 주장한다. 이때 중앙은행이 정치적 개입을 완전히 배제하고 물가 안정에만 집중한 결과 계층 간 불평등이 심화된 사례는 ⓒ이 우려한 바가 실제로 발생했음을 보여준다. 이는 중앙은행이 물가 안정에만 매몰되어서는 안 되며, 사회적 형평성과 같은 다양한 경제적 목표를 함께 고려해야 한다는 ⓒ의 주장을 직접적으로 뒷받침한다. 따라서 ②의 사례가 ⓒ의 주장을 강화한다는 평가는 적절하다.

오답 분석

① ㉠은 선거 주기에 맞춰 경기를 부양하려는 정부나 정치인들의 단기적 이해관계에서 벗어나, 중앙은행이 물가 안정이라는 장기적 목표에 집중할 수 있어야 한다고 주장한다. 이때 선거가 있는 해에 집권당이 중앙은행에 금리 인하 압력을 가해 경기 변동성이 커진 사례는 정치적 압력이 경기 변동성에 영향을 미친다는 것을 보여 준다. 이는 중앙은행의 독립성을 보장해야 한다는 ㉠의 주장을 강화한다. 따라서 ①의 연구 결과가 ㉠의 주장을 약화한다는 평가는 적절하지 않다.

③ ㉠은 중앙은행의 독립성이 높은 국가들이 대체로 낮은 인플레이션율을 유지했다고 주장한다. 이때 정치적 압력에 취약했던 중앙은행이 법적 독립성을 강화한 후 인플레이션율이 유의미하게 감소했다는 연구 결과는 중앙은행의 독립성 강화와 인플레이션율 감소 사이의 인과관계를 직접적으로 보여 준다. 이는 중앙은행의 독립성 강화가 물가 안정이라는 목표 달성에 기여한다는 ㉠의 주장을 강화한다. 따라서 ③의 연구 결과가 ㉠의 주장을 약화한다는 평가는 적절하지 않다.

④ ㉡은 화폐 정책이 사회 각 계층에 다른 영향을 미치는 본질적으로 정치적인 선택이라고 주장한다. 또한 ㉡은 인플레이션 억제를 위한 고금리 정책이 자본가와 대기업보단 노동자와 중소기업에 더 큰 부담을 준다고 지적한다. 이때 중앙은행의 독립성이 높아진 후 금리 인상 시기에 저소득층의 실업률이 고소득층보다 급격하게 증가하는 경향이 있다는 통계는 화폐 정책이 사회 각 계층에 다른 영향을 미치는 정치적인 선택이라는 점을 보여 준다. 이는 화폐 정책의 정치적 성격을 강조하는 ㉡의 주장을 강화한다. 따라서 ④의 통계가 ㉡의 주장을 약화한다는 평가는 직절하지 않다.

5 명제 추론 – 진위 판단
정답 ③

정답 설명

③ 제시된 진술을 기호화하면 다음과 같다.

> (1) 커피 ∨ 차
> (2) 커피→(과자 ∧ 케이크)
> (3) ~과자→주스 ≡ ~주스→과자 (대우)

(1)과 (2)를 결합하면 '(과자 ∧ 케이크) ∨ 차'이다. 이는 실질 함축을 통해 '~(과자 ∧ 케이크)→차'로 나타낼 수 있으며, 전건에 드모르간의 법칙을 적용하면 '(~과자 ∨ ~케이크)→차'로 나타낼 수 있다. 이어서 '(~과자 ∨ ~케이크)→차'는 전건 분리를 통해 '(~과자→차) ∧ (~케이크→차)'로 나타낼 수 있으므로 '~과자→차'와 '~케이크→차'가 모두 참임을 알 수 있다. 이때 '~케이크→차'는 '케이크 ∨ 차'와 동치이므로 제시된 진술들이 모두 참일 때 반드시 참인 것은 ③'케이크를 먹거나 차를 마신다(케이크 ∨ 차)'이다.

오답 분석

① '주스 ∨ 차'는 '~주스→차'와 동치이다. 이때 (3)의 대우를 통해 '~주스→과자'가 참임을 알 수 있으나, 제시된 진술을 통해 '~주스→차'가 참인지는 알 수 없다. 따라서 ①'주스를 마시거나 차를 마신다(주스 ∨ 차)'는 반드시 참이 되는 것은 아니다.

② 제시된 진술을 통해 '케이크→차'가 참인지는 알 수 없다. 따라서 ②'케이크를 먹으면 차를 마신다(케이크→차)'는 반드시 참이 되는 것은 아니다.

④ (1)을 통해 '~커피→차'가 참임을 알 수 있으나, 제시된 진술을 통해 '~커피→과자'가 참인지는 알 수 없다. 따라서 ④'커피를 마시지 않으면 과자를 먹는다(~커피→과자)'는 반드시 참이 되는 것은 아니다.

6 논증 평가 – 강화 · 약화 단일형
정답 ②

정답 설명

② (가)는 현대 사회의 일부 영역에서 공식적인 법체계의 이차 규칙이 효과적으로 작동하지 못하고, 비공식적인 규범과 관행이 법적 기능을 대체하는 경우가 있다는 주장이다. 이때 ②에서 국가 간 분쟁 발생 시 비공식 외교 채널을 활용해 분쟁을 조절하는 경우가 많다는 것은 비공식적인 규범과 관행이 국제법 등 공식적인 법체계를 대체한 사례에 해당한다. 따라서 (가)의 주장을 강화하는 것으로 가장 적절한 것은 ②이다.

오답 분석

① 선진국 사법 시스템이 모든 국민에게 평등하게 적용되며 효율적으로 분쟁을 해결한다는 것은 법체계의 이차적 규칙이 효과적으로 작동한 사례에 해당한다. 따라서 ①은 (가)의 주장을 약화시키는 사례에 해당한다.

③ 대기업들이 법적 분쟁이 발생하였을 때 정부 기관의 법적 중재를 통해 문제를 해결하는 경향이 있다는 것은 공식적인 법적 제도 내에서 분쟁을 해결하고자 한다는 것을 의미한다. 이는 법체계의 이차적 규칙이 적절히 기능하고 있음을 시사하는 사례에 해당한다. 따라서 ③은 (가)의 주장을 약화시키는 사례에 해당한다.

④ 법원이 국민 여론을 반영하여 일부 범죄에 대한 양형 기준을 수정한 것은 이차적 규칙 중 변경 규칙이 작동한 것이다. 이는 법체계의 이차적 규칙이 적절히 기능하고 있음을 시사하는 사례에 해당한다. 따라서 ④는 (가)의 주장을 약화시키는 사례에 해당한다.

7 명제 추론 – 결론 추론
정답 ④

정답 설명

④ 제시된 진술을 기호화하면 다음과 같다.

> (가) 공주→판단력
> (나) 모험→참을성 ≡ ~참을성→~모험 (대우)
> (다) 공주 ∧ ~참을성

(가)에 의하면 '모든 공주는 지혜로운 판단력을 갖추고 있다(공주→판단력)'는 것을 알 수 있다. 또한 (나)의 대우 '~참을성→~모험'과 (다)'공주 ∧ ~참을성'을 결합하면 '어떤 공주는 모험을 하지 않는다(공주 ∧ ~모험)'는 것을 알 수 있다. 이를 종합적으로 고려하면 지혜로운 판단력을 가진 공주들 중에 모험을 하지 않는 공주가 있다는 것을 추론할 수 있다. 따라서 빈칸에 들어갈 결론으로 가장 적절한 것은 ④'어떤 공주는 지혜로운 판단력을 갖추고 있으면서, 모험을 하지 않는다(공주 ∧ 판단력 ∧ ~모험)'이다.

오답 분석

① (나)의 대우 '~참을성→~모험'과 (다) '공주 ∧ ~참을성'을 결합하면 '공주 ∧ ~모험'이므로 공주 중에 모험을 하지 않는 공주가 있다는 것을 알 수 있다. 하지만 제시된 진술을 통해 공주 중에 모험을 하는 공주가 있는지는 알 수 없다. 따라서 ① '어떤 공주는 모험을 한다(공주 ∧ 모험)'는 빈칸에 들어갈 결론으로 적절하지 않다.

② (다) '공주 ∧ ~참을성'을 통해 공주 중에 참을성이 강하지 않은 공주가 있다는 것은 알 수 있다. 하지만 제시된 진술을 통해 모든 공주가 참을성이 강하지 않은지는 알 수 없다. 따라서 ② '모든 공주는 참을성이 강하지 않다(공주→~참을성)'는 빈칸에 들어갈 결론으로 적절하지 않다.

③ (가) '공주→판단력'과 (다) '공주 ∧ ~참을성'을 결합하면 '(공주→판단력) ∧ ~참을성'이므로 지혜로운 판단력을 가진 공주 중 참을성이 강하지 않은 공주가 있다는 것을 알 수 있다. 하지만 제시된 진술을 통해 지혜로운 판단력을 가진 공주 중에 참을성이 강한 공주가 있는지는 알 수 없다. 따라서 ③ '지혜로운 판단력을 가진 어떤 공주는 참을성이 강하다'(판단력 ∧ 참을성)는 빈칸에 들어갈 결론으로 적절하지 않다.

📖 개념 톺아보기

정언 명제의 함축 관계

어떤 명제가 참일 때 다른 명제가 반드시 참이 되는 관계를 함축 관계라고 한다. 정언 명제에서는 서술어의 질이 동일할 때 주어의 양이 큰 쪽이 주어의 양이 작은 쪽을 함축한다. 단, 주어의 양이 작은 쪽은 주어의 양이 큰 쪽을 함축하지 않는다.

(1) 전칭 긍정 명제와 특칭 긍정 명제

구분	예
전칭 긍정 명제	• 모든 P는 Q이다. • 모든 운동선수는 경기에 출전한다.
특칭 긍정 명제	• 어떤 P는 Q이다. • 어떤 운동선수는 경기에 출전한다.

→ 전칭 긍정 명제가 참이면 특칭 긍정 명제는 반드시 참이 되나, 특칭 긍정 명제가 참일 때 전칭 긍정 명제가 반드시 참이 되는 것은 아님

(2) 전칭 부정 명제와 특칭 부정 명제

구분	예
전칭 부정 명제	• 모든 P는 ~Q이다. • 모든 운동선수는 경기에 출전하지 않는다.
특칭 부정 명제	• 어떤 P는 ~Q이다. • 어떤 운동선수는 경기에 출전하지 않는다.

→ 전칭 부정 명제가 참이면 특칭 부정 명제는 반드시 참이 되나, 특칭 부정 명제가 참일 때 전칭 부정 명제가 반드시 참이 되는 것은 아님

8 논증 평가 - 강화·약화 종합형   정답 ③

정답 설명

③ 2문단에 의하면 B는 지리적 표시제가 자유 무역 원칙에 반하는 보호 무역 주의라고 비판하며, 후발 주자들의 시장 진입에 장벽을 형성하고 다른 지역의 생산자들에게 피해를 줄 수 있다고 주장한다. 이때 보편적으로 재배되던 작물이 특정 국가에서 지리적 표시제로 보호를 받게 됨에 따라 해당 작물을 재배하던 다른 국가의 농가들이 파산한 것은 특정 지역의 독점적 보호로 다른 지역 생산자들이 피해를 볼 수 있다는 B의 주장을 강화한다. 따라서 ③의 사례가 B의 주장을 강화한다는 평가는 적절하다.

오답 분석

① 1문단에 의하면 A는 지리적 표시제를 도입해 생산자의 경제적 이익을 극대화하고 해당 지역의 관광 경제 활성화 효과도 기대할 수 있다고 주장한다. 이때 지리적 표시 인증을 받은 지역에서 포도주 생산자들의 수익이 증가하고 지역의 관광객이 늘어난 사례는 지리적 표시제의 경제적 효과를 긍정한 A의 주장을 강화한다. 따라서 ①의 사례가 A의 주장을 약화한다는 평가는 적절하지 않다.

② 2문단에 의하면 B는 지리적 표시제가 자유 무역 원칙에 반하는 보호 무역 주의라고 비판하며, 이로 인한 부정적 경제 효과에 대해 언급하고 있다. 이때 지리적 표시제로 보호되는 후추 생산 지역의 젊은 세대가 전통 농사법을 계승하지 않는 현상은 지리적 표시제와 문화적 정체성의 상관관계에 대한 내용이므로 B의 주장과는 무관하다. 따라서 ②의 현상이 B의 주장을 약화한다는 평가는 적절하지 않다. 참고로, ②의 사례는 지리적 표시제가 지역의 전통 지식과 문화적 정체성을 보존한다는 C의 주장을 약화하는 것으로 볼 수 있다.

④ 3문단에 의하면 C는 지리적 표시제가 개발도상국의 전통 제품을 보호하고 이를 경제 발전의 동력으로 활용할 수 있다고 주장한다. 이때 지리적 표시를 등록한 후 인지도가 상승한 개발도상국 커피의 판매 이익 대부분이 다국적 기업에 돌아갔다는 조사 결과는 지리적 표시제가 지역의 경제 발전에 기여하지 못한 사례에 해당한다. 이는 지리적 표시제가 개발도상국 등에서 지역의 경제 발전의 동력으로 활용될 수 있다는 C의 주장을 약화한다. 따라서 ④의 조사 결과가 C를 강화한다는 평가는 적절하지 않다.

9 논증 평가 - 강화·약화 종합형   정답 ④

정답 해설

④ 대화에 대해 평가한 내용으로 적절한 것은 'ㄱ, ㄴ, ㄷ'이므로 답은 ④이다.
- ㄱ: 제시된 대화에서 수지는 현대 미술에서 전통적인 기법과 미학적 가치를 계승하는 것이 여전히 중요하다고 주장하며 진정한 예술 작품은 시대를 초월한 보편적 감동을 전달할 수 있어야 한다고 말한다. 이때 우수한 평가를 받은 현대 미술 작품들은 전통적인 기법을 활용하여 창작된 경우가 많다는 연구 결과는 전통적 기법의 가치를 강조한 수지의 주장을 뒷받침하는 사례이므로 수지의 입장을 강화한다. 따라서 ㄱ은 대화에 대한 평가로 적절하다.

- ㄴ: 제시된 대화에서 윤선은 디지털 기술, 관객 참여 전시, 설치 미술 등 실험적인 작품들이 현대 미술의 영역을 확장하고 있다고 주장하며 관객과의 소통 방식도 다양해져야 한다고 말한다. 이때 현대 미술관 관람객 중 65%가 전통적인 회화 작품 전시보다 디지털 기술을 활용한 관객 참여 전시에서 더 많은 시간을 보냈다는 조사 결과는 기존의 관습을 벗어나 새로운 시도와 혁신을 추구해야 한다는 윤선의 주장을 뒷받침하는 사례이므로 윤선의 입장을 강화한다. 따라서 ㄴ은 대화에 대한 평가로 적절하다.

- ㄷ: 제시된 대화에서 윤선은 현대 미술이 기존의 관습을 벗어나 새로운 시도와 혁신을 추구해야 한다고 주장하며 미술은 항상 시대의 변화를 반영하고 때로는 그 변화를 선도해 왔다고 말한다. 한편 수지는 혁신만을 추구하다 보면 작품의 본질적 의미가 퇴색할 위험이 있음을 우려한다. 이때 젊은 작가들의 실험적 작품이 국제 미술제에서 높은 평가를 받고 미술 시장의 새로운 트렌드를 형성했다는 비평문은 현대 미술에서의 혁신적 시도가 실제로 미술계에서 인정받고 있음을 보여주므로 윤선의 입장을 강화한다. 반면 혁신 추구가 작품의 본질적 의미를 퇴색시킨다는 수지의 우려와는 반대되는 사례이므로 수지의 입장은 약화한다. 따라서 ㄷ은 대화에 대한 평가로 적절하다.

10 명제 추론 – 진위 판단   정답 ④

정답 설명
④ 제시된 진술을 기호화하면 다음과 같다.

> (1) A→(B∧C) ≡ (~B ∨ ~C)→~A (대우)
> (2) ~C→~D ≡ D→C (대우)
> (3) D→~B
> (4) ~A→~E
> (5) D

(5)에서 'D'가 확정되었으므로 이를 (2)의 대우에 대입하면 'C'가 확정된다. 또한 'D'를 (3)에 대입하면 '~B'도 확정된다. 따라서 정답은 ④'C 제품은 출시됐고, B 제품은 출시되지 않았다(C ∧ ~B)'이다.

오답 분석
① (4)를 통해 'A 제품이 출시되지 않으면 E 제품도 출시되지 않음(~A→~E)'은 알 수 있으나, 제시된 진술을 통해 A 제품이 출시됐을 때 E 제품의 출시 여부는 알 수 없다. 따라서 ①'A 제품이 출시되면, E 제품도 출시된다(A→E)'는 반드시 참이 되는 것은 아니다.

② (3)과 (5)를 결합하면 '~B'가 확정되며, '~B'를 (1)의 대우에 대입하면 '~A'가 확정된다. 따라서 ②'A 제품은 출시됐고, B 제품도 출시되었다(A ∧ B)'는 반드시 거짓이 되는 내용이다.

③ (1)을 통해 'A 제품이 출시되면 B 제품도 출시됨(A→B)'은 알 수 있으나, 제시된 진술을 통해 B 제품이 출시됐을 때 A 제품의 출시 여부는 알 수 없다. 따라서 ③'B 제품이 출시되면, A 제품은 출시되지 않는다(B→~A)'는 반드시 참이 되는 내용이 아니다.

MEMO

MEMO

MEMO

2026 대비 최신판

해커스공무원

국어
노리 333 Vol.1

초판 1쇄 발행 2025년 9월 10일

지은이	해커스 공무원시험연구소
펴낸곳	해커스패스
펴낸이	해커스공무원 출판팀

주소	서울특별시 강남구 강남대로 428 해커스공무원
고객센터	1588-4055
교재 관련 문의	gosi@hackerspass.com
	해커스공무원 사이트(gosi.Hackers.com) 교재 Q&A 게시판
	카카오톡 채널 [해커스공무원 노량진캠퍼스]
학원 강의 및 동영상강의	gosi.Hackers.com

ISBN	979-11-7404-373-3 (13710)
Serial Number	01-01-01

공무원 교육 1위,
해커스공무원 gosi.Hackers.com

해커스공무원

· 해커스 스타강사의 **공무원 국어 무료 특강**
· **해커스공무원 학원 및 인강**(교재 내 인강 할인쿠폰 수록)
· 정확한 성적 분석으로 약점 극복이 가능한 **합격예측 온라인 모의고사**(교재 내 응시권 및 해설강의 수강권 수록)
· 필수어휘와 사자성어를 편리하게 학습할 수 있는 **해커스 매일국어 어플**

해커스공무원 **단기 합격생**이 말하는

공무원 합격의 비밀!

해커스공무원과 함께라면
다음 합격의 주인공은 바로 여러분입니다.

대학교 재학 중,
7개월 만에 국가직 합격!

김*석 합격생

영어 단어 암기를 하프모의고사로!

하프모의고사의 도움을 많이 얻었습니다. **모의고사의 5일 치 단어를 일주일에 한 번씩 외웠고**, 영어 단어 **100개씩은 하루에** 외우려고 노력했습니다.

가산점 없이
6개월 만에 지방직 합격!

김*영 합격생

국어 고득점 비법은 기출과 오답노트!

이론 강의를 두 달간 들으면서 **이론을 제대로 잡고 바로 기출문제로** 들어갔습니다. 문제를 풀어보고 기출강의를 들으며 **틀렸던 부분을 필기하며 머리에 새겼습니다.**

직렬 관련학과 전공,
6개월 만에 서울시 합격!

최*숙 합격생

한국사 공부법은 기출문제 통한 복습!

한국사는 휘발성이 큰 과목이기 때문에 **반복 복습이 중요하다고 생각**했습니다. 선생님의 강의를 듣고 나서 바로 **내용에 해당되는 기출문제를 풀면서 복습**했습니다.